|개정판|

독서치료 수퍼비전의 실제

국립중앙도서관 출판시도서목록(CIP)

독서치료 수퍼비전의 실제 / 저자: 임성관. -- 개정판. --
서울 : 시간의물레, 2014
    p. ;   cm

ISBN 978-89-6511-085-9 93010 : ₩20000

독서 요법[讀書療法]

029.4-KDC5
028-DDC21   CIP2014004559

|개정판| **독서치료 수퍼비전의 실제**

임성관 지음

시간의 물레

♣ 들어가기

　인생을 살아가면서 기쁠 때는 물론이고 슬플 때에도 달려가 거리낌 없이 이야기를 털어놓을 수 있는 사람이 주변에 있다면 얼마나 좋을까? 그래서 위안도 받고 조언도 들을 수 있다면 정말 행복할 것이다. 이때 위안과 조언을 주는 사람을 '멘토'라고 부르는데, 그 말에는 이런 의미가 담겨 있다고 한다.

　'멘토(Mento)'는 현명하고 신뢰할 수 있는 상담자, 지도자, 스승, 선생의 의미로 쓰이는 말로, 『오디세이아(Odyssey)』에 나오는 오디세우스의 충실한 조언자의 이름에서 유래한 것이다. 오디세이는 트로이 전쟁에 출정하면서 집안일과 아들 텔레마코스의 교육을 그의 친구인 멘토에게 맡기는데, 멘토는 오디세이가 전쟁에서 돌아오기까지의 10여 년 동안 텔레마코스의 친구이자 선생, 상담자이자 때로는 아버지 역할을 해주며 그를 정성껏 돌보아 주었다고 한다. 이후로 '멘토'라는 이름은 지혜와 신뢰로 한 사람의 인생을 이끌어 주는 지도자와 동의어로 사용되었다고 하니, 단순히 친구의 아들을 양육한 것에 머무르지 않고 한 사람의 인생을 설계해주었다는 면에서 그럴만한 가치가 충분하다고 생각된다.

　그렇다면 여러분들에게는 그런 '멘토'가 있는가? 특히 상황이 좋지 않을 때 기꺼이 시간과 마음의 공간을 허락해 주는 이가 가까이에 있는가? 아무리 생각해도 떠오르는 분이 없다면 어서 빨리 찾을 일이고, 얼굴과 음성이 그려지며 절로 미소도 지어진다면 앞으로는 그분께 더욱 감사한 마음을 가질 일이다. 내 인생의 항해를 함께 해주실 분이기 때문이다.

　그런데 상담 및 심리치료 분야에도 '멘토'가 있다. 그들은 한 치료사가 담당하고 있는 치료 작업이 무리 없이 진행될 수 있도록 조언을 아끼지 않는 것은 물론, 내담자 및 참여자를 보다 안전한 치료의 장으로 이끄는 역할도 한다. 그들은 '수퍼바이저(Supervisor)'라 불리며, 치료사의 발달과 내담자 및 참여자의 보호를 목적으로 '수퍼비전(Supervision)' 활동을 한다.

따라서 치료사들은 전문가의 반열에 오를 때까지, 아니 오른 이후에도 더 경험이 많은 전문가를 찾아가 자신이 맡고 있는 치료 작업을 원활히 수행하기 위한 수퍼비전을 지속적으로 받아야 한다. 그래서 진정한 치료사로 발전해 나가야 하는데, 아쉽게도 독서치료 분야에서는 수퍼비전이 제대로 이루어지고 있지 못하다. 이는 여러 영역과 대상에 걸쳐 독서치료 프로그램을 진행해 본 경험으로부터 수퍼비전을 해주는 수퍼바이저의 부재와도 관련이 있고, 수퍼바이지들은 수련 시간만을 급급하게 채워 자격증을 취득하는 데에만 열을 올릴 수밖에 없는 현실과도 연관된다. 즉, 자격 조건을 완수할 필요성은 갖고 있으나 제대로 치료 계획을 세우고 수행하려는 치료사들은 적다는 것이다. 필자는 이런 현상도 결국 수퍼바이저의 부재에서 온다고 생각한다.

이 책 『독서치료 수퍼비전의 실제』는 그런 필요성에 의해 쓰게 된 책이다. 필자 역시 독서치료 전문가라 칭할 수 있을 만큼의 실력과 경력을 갖고 있지 못하기 때문에 '수퍼비전'에 관한 책을 쓰는 것이 부담스럽고 부끄럽지만, 비교적 여러 영역에 걸쳐 다양한 대상자들과의 작업 경험은 누구에게도 뒤지지 않을 정도라 생각되어 선뜻 용기를 낸 것이다. 마침 휴독서치료연구소의 연구원들은 물론, 독서치료사 과정을 충실히 이행하고 있는 수강생 및 수련생들에게도 틈틈이 수퍼비전을 해주고 있어, 그 내용을 엮으면 초보적인 수준에서 공부를 해나가고 치료 프로그램을 운영하는 치료사들에게는 도움이 될 거라는 생각도 했다.

늘 그렇듯 또 한 권의 책을 내면서 감사 인사를 올릴 분들이 많다. 우선 수퍼비전의 핵심적인 내용이라고 할 수 있는 실제 부분에 자료를 제공해 주신 여러 수퍼바이지 분들에게 감사의 인사를 올린다. 그들은 휴독서치료연구소, 인천평생학습관, 경기도립 성남도서관, 제천시립도서관, 인천가좌중학교에서 독서치료사 과정을 마치고, 현장에서의 수련 과정을 거쳐 치료사로 활발히 활동을 하고 계신 분들이다. 그들의 프로그램은 독서치료사 심화과정 중에 설계 및 발표가 이루어진 것들로 대상이나 목표가

다양하다. 또한 양천도서관에서 어르신 독서치료 프로그램 진행자 양성 과정을 수료했던 분들의 프로그램도 담겨 있다.

앞서 필자는 치료사들에게 수퍼비전이 반드시 필요한 과정임을 역설했다. 그러나 내가 설계하고 운영한 프로그램을 누군가에게 내보인다는 것은 쉽지 않은 결정이다. 왜냐하면 실력이 고스란히 드러날 수밖에 없기 때문에, 그로 인해 부끄러울 수도 있기 때문이다. 그럼에도 불구하고 개인의 성장을 넘어 독서치료 발전을 위해 기꺼이 사례를 제공해 주신 선생님들께 진심으로 감사드린다. 더불어 어려운 여건 속에서도 조건 없이 책을 출간해 주시는 시간의 물레 권호순 사장님 외 직원분들, 사랑으로 응원해 주시는 가족들, 연구원들, 그밖에 여러분들께도 감사 인사 올린다.

마지막으로 작은 바람 한 가지만 전하고 싶다. 부디 이 책이 독서치료에서 수퍼비전이 왜 필요한지, 그렇다면 어떤 준비가 필요하며 어떤 내용에 걸쳐 이루어져야 하는지에 대한 이해를 도울 수 있었으면 하는 바람이다. 아직 갈 길이 먼 독서치료 분야를 위해, 치료가 치료다운 모습으로 자리 잡기 위해서라도 말이다.

2014년 2월
연구소에서
임 성 관

CONTETS

독서치료 수퍼비전의 개념

근래 조사된 미래의 유망 직업을 보면 상담 및 심리 치료에 관한 분야가 항상 상위권에 포진되어 있는 것을 볼 수 있는데, 이는 그만큼 다변화된 사회에서 사람들에게 발생되는 스트레스나 심리·정신적 장애가 많아진다는 방증일 것이다. 그 가운데서도 독서치료라는 분야는 누구나 책 한 권쯤 읽어본 경험이 있기 때문에 큰 저항감 없이 안전하고 쉽게 접근할 수 있고, 임상적으로 심각한 문제가 있는 사람뿐만 아니라 발달적인 차원에서의 문제를 예방적인 차원에서도 실시할 수 있기 때문에, 더욱 많은 사람들이 관심을 갖고 도전하는 것 같다. 더불어 독서치료 이외에도 다양한 치료 분야가 출현하고 있는데, 그것이 어느 영역이든 가장 중요한 점은 상담 및 심리치료를 담당하는 치료사의 자질이라 생각한다. 그러므로 치료사가 되려는 사람은 이론적인 지식 습득은 물론, 실습과 이에 대한 수퍼비전을 통해 계속적인 수련을 쌓아가야 한다. 따라서 이 장에서는 수퍼비전의 기본적인 개념과 구성 요소를 중심으로 독서치료에서의 수퍼비전에 대해 살펴보고자 한다. 단, 수퍼비전에 대한 이론이 상담을 중심으로 성립된 것인 만큼, 상담자와 상담이라는 의미 옆에 치료사와 치료라는 단어를 병기해 치료에의 접목을 꾀했음을 미리 밝힌다. 아울러 다음의 내용은 2007년 2월 대진대학교 독서문화연구소에서 발간된 『독서문화연구 제6호』에 실린 필자의 논문 내용을 다시 정리한 것임도 알려 드린다.

1. 수퍼비전의 개념과 기능

수퍼비전이란 무엇인가? 수퍼비전(supervision)은 관리, 감독, 지휘, 통제, 지도 교수에 의한 개인 지도의 의미를 담고 있는 단어로, 상담심리치료 분야에서는 치료사가 치료 작업을 하면서 어렵거나 궁금한 부분들을 경험이 풍부하여 숙련된 전문가인 수퍼바이 저에게 물어 그들의 지혜와 전문성을 얻는 행위를 말한다. 이는 곧 자신이 하고 있는 치료 작업의 성과를 높이고자 한 행위인 것이다. 따라서 치료사 자신은 물론 치료를 받으러 온 내담자 및 참여자를 위해서도 긍정적인 활동인데, 여러 학자들이 정리한 수퍼비전의 개념을 조금 더 살펴보자.

Loganbill 등은 상담에서의 수퍼비전이란, 한 개인이 다른 사람의 치료적인 능력을 발달·촉진시키기 위해 인간관계에 초점을 맞추어 이루어지는 집중적인 일대일의 관계 라고 정의하였다(Loganbill, Hardy & Delworth, 1982). 그들은 이러한 정의와 함께 수퍼비전 은 내담자의 안녕과 복지를 점검하는 기능을 하며, 수퍼바이지(supervisee)로 하여금 각 각의 발달 단계 속에서 성장해 나갈 수 있도록 도와주는 기능을 할 뿐만 아니라, 발 달과정상의 한 단계에서 다음 단계로 성장 발달해 나가도록 촉진시키는 역할을 하며, 동시에 수퍼바이지를 평가하는 기능을 한다고 설명하였다. 이와 유사한 맥락에서 Bernard와 Goodyear(1992)는, 수퍼비전을 상담분야의 선배 또는 보다 전문적인 위치에 있는 사람이 이 분야의 후배 또는 미숙한 구성원(들)에게 제공하는 일종의 개입이라고 정의하면서, 그 관계는 평가적이면서도 시간을 요하는 것이며, 후배들의 전문적인 기 능을 증진시키고 그들이 내담자에게 제공하는 전문적인 서비스(service)의 질을 감독하 며, 이 분야에 입문하려는 사람들에게 문지기(gate−guard)의 역할을 하는데 목적이 있 다고 정의하였다. Bernard(1994)는 이 정의를 다음과 같이 보다 더 자세히 발전시켜 설 명하였다. 첫째, 수퍼비전은 수퍼바이저(supervisor)가 수퍼바이지로 하여금 상담의 역동 속에서 능력과 통찰을 갖출 수 있도록 도와주는 능력과 기술의 개념이 포함된다. 둘 째, 수퍼바이저는 적어도 몇 개의 중요한 변인에 있어서 수퍼바이지보다 더 앞서 있 는 사람이며, 특히 수퍼바이지가 도움을 구하는 기술적인 영역에서 좀 더 앞서 있는 사람이라는 것이다. 이러한 의미에서 수퍼비전은 상담자를 평가하고 상담에서 무엇이 이루어지고 있는지를 판단하며, 다른 방향으로 나아가기를 제안하는 평가적인 요소가 포함이 된다. 셋째, 수퍼비전 관계는 수퍼바이지가 어느 정도의 발달적인 진보를 이룰 수 있을 때까지 지속이 된다는 어느 정도의 시간적인 기간을 잠정적으로 가정하고 있다. 넷째, 수퍼바이저는 수퍼바이지가 내담자에게 제공하고 있는 상담의 질을 감독하고 상담자의 학습목표와 내담자의 상담에 대한 욕구를 고려하는 수퍼비전을 할 수 있어야 한다. 이렇게 함으로써 수퍼바이저는 상담을 전공하려는 사람들에게 수문장 역할을 하게 되고, 이러한 역할은 상담자의 현재 내담자뿐만 아니라 미래에 그 상담자가 만날 수도 있는 내담자에 대한 책임까지도 담당하게 됨을 의미한다.

Watkins(1997)도 수퍼비전에 대한 Bernard의 정의에 동의하면서, 수퍼비전은 수퍼바이지에게 자신들이 하고 있는 상담(치료)에 대한 피드백을 받게 해주고, 그들이 행하고 있는 상담에 대한 질적인 통제를 담당하는 기능을 한다고 설명하였다. 이와 비슷한 맥락에서 Grenben(1991)은 수퍼비전의 기능을 다음과 같이 제안하였다. 즉, 수퍼비전이란 수퍼바이지에게 자신이 행하고 있는 상담(치료)에 대한 피드백(feedback)을 줄 뿐만 아니라, 수퍼바이지가 혼란이 되어 있거나 도움이 필요할 때 어떻게 할 것인지에 대한 적절한 안내를 해주며, 수퍼바이지가 상담(치료)장면에서 내담자의 역동이나 개입 또는 치료의 방향에 대한 대안적인 견해와 조망을 가질 수 있도록 도와주는 것이다. 뿐만 아니라 수퍼비전은, 수퍼바이지로 하여금 치료경험과 내담자에 대한 호기심을 갖도록 자극하고 그 호기심을 촉진시키며, 상담자(치료사)로서의 자기 정체감을 형성하는 과정에 기여하며, 그들이 상담(치료)을 배우고 행하는데 있어서 자신이 혼자가 아니라는 것을 알게 함으로써 안전한 피난처를 제공해 주는 기능을 한다. 이를 종합해 보면 상담(치료)에서 수퍼비전은 상담자(치료사)가 전문적인 상담자(치료사)로서 갖추어야 할 상담기술의 습득뿐만 아니라 상담자(치료사)로서의 정체감을 확립하는데 결정적인 도움을 주는 과정이다. 또한 수퍼비전의 기능은 수퍼바이지의 발달을 조력하는 차원과 상담자(치료사)로서의 수행에 대한 질적인 통제를 하고 평가를 하는 차원이 포함되며, 이 두 기능이 상호보완적으로 작용되어야 하는 과정이기도 하다.

2. 수퍼비전의 목적

수퍼비전의 목적은 크게 상담자(치료사)를 위한 것과 내담자를 위한 것으로 구분된다. 상담자(치료사)를 위한 수퍼비전의 목적은 상담자(치료사)의 자질 향상과 직업적 발달을 조정하는 것이고, 내담자를 위한 목적은 내담자에게 믿을 수 있고, 효과적인 상담 서비스를 제공하는 것이다.

1) 상담자(치료사) 발달

수퍼비전은 상담자(치료사)의 전문적인 기능을 향상시키는 것을 목적으로 하고, 수퍼비전의 구체적인 목표는 수퍼바이저의 이론적 배경에 영향을 받으며, 상담(치료) 분야의 현재 성격에 영향을 받게 된다. 상담 및 심리치료 이론에 따라 각 이론이 제시하는 상담자(치료사)의 기술에는 차이가 있지만, 일반적으로 상담 능력과 기술은 크게 상담 과정 기술, 내담자의 문제 진단 및 심리치료 계획에 대한 개념화 영역, 개인화 영역으로 나누어진다. 상담자(치료사)의 수퍼비전에 대한 기대는 수퍼비전 목표에 영향을 미치는데, 이는 초급·중급·고급 상담자(치료사)에 따라 다르다. 상담자(치료사)의 능력이나 기술 등 상담 실습생의 상담 수행을 돕는 것이 수퍼비전의 단기 목표라면, 장기적인 목표는 여러 가지 상담 영역에 있어서 상담자(치료사)가 자신의 발달 단계에 적절한 성장을 할 수 있도록 돕는 것이다.

2) 내담자 보호

내담자를 보호하는 것은 수퍼비전의 중요한 목적이다. 한 가지 경우는 경험과 상담 기술이 부족한 상담자(치료사)로부터 내담자를 보호하는 것이고, 더불어 내담자를 손상된(impaired) 상담자(치료사)로부터 보호하는 것이다. 그러나 수퍼비전에도 불구하고 초급 상담자(치료사)의 상담이 내담자에게 도움이 되지 않는다면, 보다 경험이 많고 내담자가 도움을 받을 수 있는 다른 상담자(치료사)에게 내담자를 의뢰하는 것이 바람직하다.

3. 수퍼비전 활동

1) 교육(훈련)

수퍼비전에서 교육은 상담자(치료사) 혹은 상담 실습생이 실습을 시작하기 전에 획득하지 못한 기술을 새로 배우고, 수업에서 익힌 기술을 상담에서 유용하게 사용하는 연습을 뜻한다. 수퍼비전에서의 교육은 수업에 덧붙여 상담자(치료사) 개인차를 고려한 활동을 제공한다.

2) 자문

자문은 도움을 필요로 하는 사람이 전문가에게 단기간에 걸쳐 의견을 묻거나 조언을 청하는 것이다. 즉, 경험이 있고 자격이 있는 상담심리치료사가 내담자의 작업과 관련하여 조금 더 경험이 많은 상담심리치료사나 그와 대등한 사람에게 자문을 구할 때의 과정을 통칭한다.

3) 상담

상담은 도움을 필요로 하는 사람이 전문적 훈련을 받은 사람과의 대면 관계에서 생활과제의 해결과 사고, 행동 및 감정 측면의 인간적 성장을 위해 노력하는 학습 과정이다. 수퍼비전에서 상담자(치료사)와 수퍼바이저는 대면 관계 속에서 상담과 심리치료의 방해 요소가 될 수 있는 상담자(치료사)의 미해결 과제의 해결과 사고, 행동 및 감정 측면의 인간적 성장을 위해 노력한다는 점에서 수퍼비전은 상담 활동을 포함한다.

4) 평가

평가는 수퍼비전을 교육, 상담, 자문과 구별되게 하는 수퍼비전 활동이다. 수퍼바이저는 상담자(치료사)의 능력과 상담회기 수행에 대해 평가하여 잘하는 영역은 강화하고, 부족한 영역은 보강할 수 있도록 도와주어야 한다. 실습생의 상담회기에 대한 평가는 한 회기의 상담이 효과적으로 진행되었는지, 내담자에게 적절하게 반응하였는지, 현 회기(session)가 다음 회기와 연관이 되고 있는지, 다음 회기의 계획은 어떤 것인지 등을 점검하는 것이다.

4. 수퍼비전 관계

긍정적이고 지적인 수퍼비전 관계는 종종 성공적인 수퍼비전의 필수적인 조건으로 인용된다(Heppener & Roehlke, 1984). 상담관계에서 공감과 존중, 믿음과 수용적인 태도가 좋은 상담관계를 형성하는데 필수적인 조건인 것처럼, 수퍼비전 관계에서도 이러한 조건들이 필수적이다. Worthen과 McNeill(1996)의 연구에 의하면, 상담 수련생들은 수퍼바이저와 수퍼바이지 사이의 좋은 수퍼비전 관계를 긍정적인 수퍼비전 경험에 기여하는 가장 중요한 요인으로 꼽았다고 보고하면서, 이러한 관계는 따뜻함과 수용, 존중, 이해, 그리고 신뢰를 바탕으로 이루어지며, 유능한 수퍼바이저는 자기공개를 잘하고 실험적 분위기를 제공하며, 수퍼바이지의 실수에 대해 허용적인 분위기를 제공함으로써 이러한 관계를 형성할 수 있다고 설명하였다. 좋은 수퍼비전 관계를 수립하려는 궁극적인 목표는 수퍼바이지의 발달과 태도의 변화를 돕고 대인관계에서의 장점과 단점을 인식하게 하려는 것이다. 수퍼바이저는 수련생들의 전문적인 기능과 관련된 자기 인식을 돕고 개인적인 치료양식(Therapeutic style)의 발전을 꾀할 수 있도록 조력해야 한다(Ronnestad & Skovholt, 1993). 특히 수퍼비전 관계에서는 상담관계에서 흔히 나타나는 전이와 역전이, 그리고 저항과 같은 대인관계에서 나타나는 현상들이 나타날 수도 있지만, 효과적인 수퍼비전을 위해서 수퍼바이저는 내담자에게 직접적인 초점을 맞추는 동시에 수퍼바이지에게도 관심을 기울이는 병렬적인 관계를 동시에 고려해야 한다. 여기서 말하는 병렬적 관계란 수퍼비전에서는 수퍼비전 관계와 상담관계가 동시에 고려되어야 한다는 의미이다. 이는 수퍼비전의 개념 속에는 수련생들의 발달적인 욕구와 수퍼바이저의 유능함 여부에 의해 영향을 받을 뿐만 아니라, 수퍼비전 목표와 방법 및 초점이라는 기본적인 이슈들이 공존함을 의미하기 때문에 이에 대한 고려가 이루어져야 할 것이다. 이런 수퍼비전은 상담자(치료사)로서의 발달 수준에 따라 수퍼비전 관계를 강화하는 방법에 차이가 있다.

1) 초급 상담자(치료사)

초급 상담자(치료사)는 수퍼비전 관계에서 무엇을 기대해야 하는지를 모르기 때문에 불안하다. 또한 높은 평가 불안을 갖고 있기도 한데, 이는 수퍼바이저에게 자신을 많이 드러내야 한다는 부담감으로 작용하기도 한다. 초급 상담자(치료사)들이 수퍼비전에서 기대하는 것은 ① 면접 기술의 발달, ② 상담에 있어서의 교육적인 훈련, ③ 자신에 대한 각성을 발달시키는 방법에 대한 학습 등이다. 신종임(2003)의 연구에 의하면 개인 상담을 진행하는 과정에서 경험하는 어려움으로 초보상담자(치료사)의 경우 처치 개입기술, 내담자 문제에 대한 이론적·역동적 설명, 치료목표의 수립과 처치 계획, 내담자 문제의 평가, 핵심 메시지 알아차림 등의 순이라고 한다. 따라서 수퍼바이저는 지지적이고 수용적이며, 실수를 허용하는 분위기를 형성해야 하고, 피드백을 제공할 때 구체적인 설명을 덧붙일 필요도 있다.

2) 중급 상담자(치료사)

중급 상담자(치료사)의 과거 수퍼비전 경험은 현재 수퍼비전 관계에 대한 기대에 영향을 미친다. 따라서 수퍼비전 내용은 중급 상담자(치료사)의 경험과 기대를 고려하여 계획되어야 하는데, 중급 상담자(치료사)가 개인 상담을 진행하는 과정에서 경험하는 어려움은 치료 목표의 수립과 처치 계획, 처치개입기술, 핵심메시지 알아차림, 내담자 문제의 평가, 내담자 문제에 대한 이론적·역동적 설명, 상담자(치료사)-내담자 상호과정 알아차림 순으로, 사례이해 영역과 상담계획(치료계획) 및 사례관리 영역에 대한 어려움을 많이 느끼는 것으로 나타났다고 한다. 중급 상담자(치료사)는 자신의 자율성을 수퍼바이저가 지지하지 않는 경우 갈등을 일으키는 경우가 많다고 하는데, 때문에 수퍼바이저는 자기 개방적 태도로 실습생의 장점을 인정하고 모델링 할 수 있도록 해야 한다.

3) 고급(숙련) 상담자(치료사)

고급 상담자(치료사)는 이미 많은 수퍼비전을 거친 상태다. 따라서 수퍼바이저는 예전의 수퍼비전 경험을 탐색할 필요가 있는데, 고급 상담자(치료사)가 개인 상담을 진행하면서 경험하는 어려움은, 내담자 문제의 평가, 상담자(치료사)-내담자 상호작용 알아차림, 처치개입기술, 비언어적 메시지 감지 및 이해, 치료목표의 수립과 처치계획, 핵심메시지 알아차림, 수퍼비전 과정 및 성취 등의 순이라고 한다. 따라서 고급 상담자(치료사)는 수퍼비전에서 보다 복잡한 개인의 발달, 전이, 역전이, 수퍼비전과 상담의 평행 과정, 내담자의 상담자(치료사)에 대한 저항과 자기 방어에 대해서 검토하는 것을 기대한다. 수퍼바이저는 고급 상담자(치료사)의 전문가로서의 직업적 발달과 정체감 형성에 특히 주의를 기울여야 한다. 고급 상담자(치료사)는 이제 독립적인 전문 상담자(치료사)로 활동을 시작할 시기이며, 상담자(치료사)에게 수퍼바이저로 역할을 전환할 시점에 와 있다. 따라서 수퍼바이저는 고급 상담자(치료사)의 미래 진로를 탐색하는 과정에 도움을 주어야 한다.

5. 독서치료에서의 수퍼비전

사실 우리나라에 독서치료가 본격적으로 도입·소개된 것이 어느덧 10년이 넘었음에
도 불구하고, 아직 다양한 대상과 주제 분야에서의 프로그램이 많지 않기 때문에 수
퍼비전에 관해 이야기하는 것이 시기상조처럼 느껴질 수 있다. 하지만 단 몇 사람만
이 활동을 하고 있다고 해도, 그들을 위한 것은 물론 앞으로 독서치료 분야에 투신할
많은 사람들을 위해 올바른 수퍼비전 체계를 잡아나가는 것이 좋겠다. 이는 현재 우
리나라에서 제대로 된 독서치료 수퍼비전을 해줄 수 있는 수퍼바이저가 없다는 면에
서의 가이드라인 제시라고 봐도 좋겠다. 그렇다면 독서치료 수퍼비전은 어떤 면에서
이루어져야 하는가에 대해 하나씩 살펴보고자 한다.

1) 내담자 및 참여자의 독서 흥미 및 수준 평가

독서치료에서는 인쇄된 독서 자료가 주 매개체가 되기 때문에, 내담자 및 참여자가
책을 읽거나 관련 활동에 기본적인 관심을 갖고 있어야 한다. 또한 문제 유형에 따라
내담자 및 참여자에게 적합한 자료를 선정해야 하기 때문에, 그들의 독서 수준을 평
가해 보는 것이 중요하다. 따라서 수퍼비전에서도 치료사가 내담자 및 참여자의 독서
에 대한 기본 흥미 및 수준을 제대로 파악했는가에 대해 다루어야 한다.

2) 내담자 및 참여자의 문제 파악 및 심리검사 평가

의뢰가 되거나 자발적으로 심리상담 및 치료 상황에 도달한 내담자 및 참여자들은,
주로 호소하는 어떤 문제를 갖고 있다. 그런데 호소하고 있는 문제가 무엇인지 자신
조차 제대로 파악하지 못하기 때문에 중언부언하는 경우도 있다. 하지만 치료의 목적
및 목표를 설정하고, 문제를 해결하기 위한 도움을 주어야 하는 치료사로서 그들의
문제를 정확하게 파악할 필요가 있다. 이를 돕기 위해 내담자 및 참여자의 심리 상태
및 문제를 알아보기 위한 검사를 실시하기도 하는데, 수퍼비전에서는 이런 부분들을
다룰 필요가 있겠다. 특히 심리검사의 경우 실시 및 방법 적절성의 여부, 해석의 명확
성 여부 등을 반드시 점검해야 한다.

3) 목적과 목표 설정 및 프로그램 구성

프로그램의 목적은 결국 내담자 및 참여자의 문제 유형을 완화하거나 제거하는 것이겠지만, 그 목적을 이루기 위한 세부적인 목표의 수립은 그들과 함께 결정해야 한다. 가끔 내담자 및 참여자의 의견을 무시한 채 치료사 혼자서 높은 수준의 목적이나 목표를 세워두고 그들에게 도달할 것을 종용하는 경우가 있는데, 이는 바람직하지 않다. 따라서 현재 내담자 및 참여자의 여러 부분을 고려해 정한 기간과 프로그램 구성 내용에 따라 도달할 수 있는 목적과 목표인지 검토할 필요가 있다. 또한 목적과 목표에 맞는 프로그램을 구성했는지도 반드시 살펴봐야 한다.

4) 선정 자료

독서치료에서의 자료는 치료를 돕기 위한 촉매이자 매개체라고 이야기했다. 따라서 가장 중요한 요소라고 볼 수 있는데, 때문에 자료의 적절성에 대한 부분은 세밀하고도 정확하게 다루어줄 필요가 있다. 그러자면 수퍼바이저 역시 해당 자료에 대한 구체적인 정보를 갖고 있어야 하는데, 매 회기마다 사용한 자료를 다 읽어볼 수는 없기 때문에 수퍼바이지로 하여금 도서류의 경우는 간단한 요약 내용을, 시 등의 자료는 원문을 제시하도록 요청할 필요가 있겠다. 그렇지 않고 간단한 제목과 형태만으로 자료의 적절성 유무를 판단한 뒤 이루어지는 수퍼비전은 바람직하지 않은 형태이다.

5) 관련 활동

독서치료에서는 책을 읽는 것 자체만으로도 카타르시스 등의 효과가 있다고 하지만, 더욱 중요한 것은 그 이후 이루어지는 활동이라 볼 수 있다. 따라서 독서지도에서 사용하는 다양한 방법들이 실제 활용되는데, 활동을 통해 얻어진 결과물에만 초점을 맞출 것이 아니라 그 활동을 선택하게 된 이유에서부터 구체적인 과정까지를 짚어볼 필요가 있겠다.

6) 반응, 공감, 경청

일반 상담 및 심리 치료에서와 마찬가지로 적절한 반응이나 공감, 경청에 대한 반영은 수퍼비전에서 빼놓을 수 없는 요소이다. 이 요소들은 내담자 및 참여자가 상담자(치료사)로부터 보호와 지지, 격려 등을 받고 있다는 느낌이 들게 해, 결과적으로 치료 상황을 이끌어 나갈 수 있는 힘을 제공해 주기도 한다. 독서치료 역시 상담 및 심리치료적인 바탕이 가장 먼저, 그리고 가장 많이 깔리게 되므로, 반응과 공감, 경청에 대한 부분이 적절히 이루어지고 있는지 살펴볼 필요가 있겠다.

2장 독서치료 수퍼비전의 준비

앞서 살펴본 것처럼 수퍼비전은 명확한 목적이 있는 만남이다. 따라서 수퍼비전 활동을 통해 그 목적을 달성하려면 일정한 절차와 함께 양식을 갖추어야 함은 물론, 수퍼바이저와 수퍼바이지 모두 그만큼의 준비를 해야 한다. 따라서 이번 장에서는 준비의 측면을 간략히 살펴보려 한다. 보다 자세한 내용들은 『(상담 및 조력전문가를 위한) 수퍼비전의 실제 / 시그마프레스』 외 여러 책들에 워낙 잘 설명되어 있으니 참고하시면 좋겠다.

1. 독서치료 수퍼비전 양식

독서치료 수퍼비전을 받으려는 수퍼바이지는 일정한 양식에 따라 현재 진행하고 있거나 이미 진행을 마친 사례에 대해 정리를 할 수 있어야 한다. 따라서 이 양식에 채워진 내용만 봐도 수퍼바이저들은 그가 초심 치료사인지 여러 차례 수퍼비전 경험이 있는 숙련 치료사인지를 알 수가 있다. 왜냐하면 아무래도 초심 치료사들은 경험이 적다 보니 어떤 사안이 중요한지를 잘 모른 채 장황한 내용들을 기술해 놓는 일이 많은데 비해, 숙련 치료사들은 자신이 필요한 부분을 잘 알고 있으므로 그와 관련된 내용들을 체계적으로 정리하기 때문이다. 그래서 초심 치료사에 대한 수퍼비전 활동 때에는 양식에 맞게 정리하는 방법도 다루어지게 되는데, 양식에 맞게 내용을 기술하는 것은 치료사에게 다시 한 번 사례를 체계적으로 정리해 볼 수 있는 기회를 준다. 더불어 수퍼바이저는 물론 수퍼비전 활동에 참여하는 동료 치료사들에게도 사례를 개괄적으로 이해할 수 있는 자료가 되어 준다. 그러므로 수퍼바이지는 접수면접(interview) 자료에서부터 심리검사의 결과, 각 회기별 진행 내용들을 꼼꼼히 챙겨서 일목요연하게 정리할 필요가 있다. 또한 내담자 및 참여자와의 치료 장면을 녹음했거나 녹화한 자료가 있으면 필히 지참을 해서 함께 나눌 수 있도록 준비하는 것도 필요하다. 왜냐하면 녹음기에 담긴 치료사와 내담자(참여자)의 음성은 물론이고 서로의 반응 양식, 영상에 담긴 몸짓과 태도 또한 수퍼비전을 통해 점검할 수 있는 부분들이기 때문이다. 만약 녹화를 한 영상을 나눌 수 있다면 녹음된 음성으로는 확인할 수 없는 측면까지 볼 수 있으므로 더 많은 피드백을 받을 수 있겠다. 다만 수퍼비전을 위한 사례 발표 시 중요하면서도 필요한 점은 내담자(참여자)에게 동의를 구해야 한다는 점이다. 물론 발표 시 내담자 및 참여자를 알 수 있을만한 정보들은 지우거나 바꾸기 때문에 그가 누구인지 짐작할 수조차 없지만, 그래도 그런 장면에 노출되는 것 자체가 부담으로 다가오는 분들도 계시기 때문에 윤리적인 측면에서의 확인은 반드시 필요한 절차이다.

그럼 이제 독서치료 수퍼비전을 위한 양식을 살펴보겠다. 이 양식은 상담 및 심리치료 분야에서 활용되는 양식을 독서치료에 맞게 살짝 변형한 것으로, 초심 치료사들이 이해하기 쉽도록 각 항목마다 구체적인 설명을 곁들였다. 그러니 내용을 꼼꼼히 읽어보시고 직접 작성하는 연습도 해보시면 좋겠다.

독서치료 사례 발표

날짜 : ____ 년 ___ 월 ___ 일

⇒독서치료 사례로 수퍼비전을 받는 날짜를 기재하면 된다.

수퍼바이저 : _____

⇒수련 감독자, 즉 사례에 대해 관리 감독을 해주시는 선생님 성함을 적으면 된다.

수퍼바이지 : _____

⇒사례를 발표하면서 수련을 받는 치료사의 이름을 적으면 된다.

1. 내담자 기본 자료

1) 인적 사항

⇒내담자 및 참여자에 대한 사항을 적는 곳이다. 내담자의 경우 성별과 나이, 현재 소속 등을 적으면 되고, 참여자들인 경우에는 초등 저학년생, 중학생, 고등학생, 대학생, 주부, 어르신 등으로 구분을 지으며 총 몇 명인지 등을 적으면 된다.

2) 치료 신청 동기

⇒어떤 동기에서 치료를 신청하게 됐는지를 묻는 부분으로, 내담자 및 참여자들이 예상하는 치료의 효과나 목표를 점검할 수 있다. 또한 자발적인 동기에 의해 치료가 성립된 것인지 아니면 타의에 의해 억지로 이루어진 상황인지에 대한 점검도 가능하다. 집단 치료인 경우에는 사전 면담을 하거나, 첫 회기 때 참여 동기를 묻게 되면 드러나는 내용이다.

3) 가족 사항

⇒ 함께 생활하고 있는 가족에 대해 상세히 기록하는 부분이다. 가족 구성원의 이름까지 적을 필요는 없고, 아버지, 어머니, 형, 누나, 오빠, 동생의 위치에 따른 구분을 먼저, 이어서 나이를, 마지막으로 내담자와의 관계를 탐색해 적으면 된다. 집단 치료인 경우는 '치료 신청 동기'에서와 마찬가지인데, 가족과의 관계가 치료 목표가 아니라면 향후 회기 중에 자연스럽게 나올 수도 있는 부분이기 때문에 먼저 파악하지 않아도 된다.

2. 주요 호소 문제

⇒ 말 그대로 치료를 받으러 와서 주로 호소하는 문제가 무엇인지를 적는 곳이다. 내담자 및 참여자들은 결국 자신에게 뭔가 문제가 있다고 생각을 하기 때문에 치료를 받으러 오는 것이다. 따라서 언제부터 그런 문제가, 어떤 이유 때문에 발생한 것 같은지, 반복되는 경향은 있는지, 파생된 문제가 더 있는지 등을 자세히 물어야 한다. 만약 내담자 및 참여자가 자신의 문제를 구체적으로 밝히기 어려운 아동 및 청소년들이라면, 부모님이나 선생님들과 같이 주변에서 도움을 주실 분들에게도 상황을 확인해 볼 필요가 있다. 하지만 이런 경우 내담자인 아동 및 청소년들은 문제에 대한 인식이 전혀 없고, 오히려 부모님이나 선생님만 심각하게 여기는 경우도 있기 때문에 한쪽의 말만 듣고 치우친 기술을 하면 안 되겠다. 대신 객관적으로 누구의 호소 문제가 이렇다는 식으로 기술을 하면 되겠다. 역시 집단 치료인 경우에는 사전 면담 시 확인해야 하는 항목이다.

3. 내담자에 대한 행동 관찰

⇒ 객관적인 측면에서의 첫 인상과 행동 관찰을 통한 내용을 정리하는 부분이라고 보면 되겠다. 키나 몸집, 생김새나 입은 옷의 상태 등 외적인 특성들은 물론, 말이나 행동과 같이 표현적인 면에서 관찰되어지는 부분들로 유추할 수 있는 심리 정서적인 상태에 이르기까지의 내용을 적는 곳이다. 치료사는 가능한 여러 측면들을 예민하게 점검할 필요가 있고, 그 내용을 바탕으로 유추를 했을 때 수퍼비전 활동 시 지지를 받을 수 있을 것이다. 만약 그렇지 않다면 어떤 근거에서 그런 내용이 도출되었는지에 대한 질문을 받을 것이다.

4. 심리검사 결과

⇒ 심리검사에는 다양한 종류가 있다. 따라서 치료사들은 여러 검사를 필요에 따라 실시하고 해석할 수 있는 자질을 키워야 한다. 더불어 내담자 및 참여자에게 필요한 적정 검사를 판별하고, 내가 실시할 수 없으면 대신 받을 수 있는 곳을 알고 있어 그곳으로 의뢰를 할 수도 있어야 한다. 물론 이 경우에도 받아온 검사 결과를 읽을 수는 있어야겠지만 말이다. 어쨌든 이 항목은 실시한 심리검사 결과를 정리해서 제시하는 곳이다. 이 경우에도 투사검사를 실시했다면 원본 자료도 함께 제시를 할 필요가 있다. 하지만 프로파일이나 수치가 나오는 객관적 검사들은 검사지를 훼손하거나 뭔가 특이할 사항이 없다면 그 내용만 제시를 하거나, 특이 사항만 따로 정리해 적어도 무방하겠다. 다음은 독서치료를 위해 자료를 선정할 때 지침으로 삼기 위한 검사인 '독서 흥미 및 수준'과 기타 여러 검사들에 대한 설명이다.

1) 독서 흥미 및 수준

⇒ 내담자 및 참여자들은 어떤 분야에 흥미를 갖고 있는지, 또한 그들의 독서 수준 (독서 능력)은 어느 정도인지를 알아보기 위한 검사이다. 이 검사는 독서치료적 상호작용을 위한 중요한 매체인 문학작품을 선정하는 지표가 되어 준다. 따라서 독서치료에서는 반드시 실시할 필요가 있다. 그러나 아직까지 여러 대상에 걸쳐 세분화하여 실시할 수 있는 검사가 마땅히 없기 때문에, 독서치료적 관점에서 독서 흥미와 수준을 점검해 볼 수 있는 검사의 개발이 시급하다.

2) 기타

⇒ 자아존중감이나 사회성 검사, 우울을 보는 BDI, 결혼한 부부가 얼마나 만족을 하며 살아가고 있는가에 대해 전반적인 점검을 할 수 있는 MSI, 정신증의 영역까지 볼 수 있는 다면적 인성검사 MMPI, 어르신들의 치매를 감별하는 MMSE, 성격유형을 진단해 볼 수 있는 에니어그램과 MBTI, 진로 적성을 보는 홀랜드나 스트롱, 지능검사의 대표 격인 KEDI-WISC나 K-WAIS, 투사검사이거나 투사적인 목적으로 활용할 수 있는 HTP나 KFD, BGT나 SCT 등 검사의 종류는 매우 다양하다. 그러므로 치료사는 검사를 실시하는 목적을 정확히 수립해, 그에 맞는 검사를 매뉴얼대로 실시를 해서 결과를 얻을 필요가 있다. 왜냐하면 만약 어느 한 부분이라도 잘못된 면이 있다면 그 검사는 유의미하게 활용될 수 없기 때문에, 결국 피검자를 더 힘들고 불안하게만 만든 셈이

다. 그러니 피검자를 위해서라도 적정 검사를 골라 효율적으로 실시를 하라. 더불어
결과를 정확히 해석해 치료에도 반영을 하면 되겠는데, 이 항목에서는 바로 그런 면
들이 제대로 이루어졌는지를 점검한다. 따라서 검사에 따라 정리하는 양식은 조금씩
차이가 있다. 이에 대한 내용은 심리 평가에 대한 책들을 참고하시면 좋겠다.

5. 치료사가 파악한 내담자의 문제

⇒ 여기까지 이르렀다면 이미 치료사는 확보된 여러 자료들을 바탕으로 내담자 및
참여자가 갖고 있는 문제에 대해 큰 그림을 그려볼 수 있다. 바로 그 내용을 상세히
기술하면 되는 곳이다.

6. 치료의 목표 및 전략

⇒ 내담자 및 참여자들에 대한 큰 그림이 그려졌다면 이제 치료사는 치료를 위한
목표와 전략을 수립해야 한다. 이 두 가지 요소는 치료의 성패를 결정지을 수 있고,
자료를 선정하는 데에도 영향을 미치며, 나아가 전체 프로그램의 기간 및 회기에도
영향을 미친다.

1) 목표

⇒ 목표에는 장기목표(종합목표)와 단기목표(세부목표)가 있다. 목표는 독서치료를 통
해 충분히 달성해 나갈 수 있는 것들로 설정할 필요가 있으며, 역시 그 중심에는 프
로그램에 참여하는 내담자와 참여자를 우선으로 두어 그들의 입장에서 기술되어야 한
다. 치료의 기간이나 내담자의 문제와 상태 등에 따라 달라질 수는 있지만, 일반적으
로 목표는 많지 않은 것이 좋고, 한 줄에 한 문장씩 간결하게 기술하는 것이 바람직
하다.

2) 전략

⇒ 전략은 앞서 세운 목표를 어떻게 달성할 것인가의 방법론에 대한 측면이다. 예를
들면 사회성을 증진시키기 위한 목표로 진행되는 초등학생 집단에서 '전래 놀이'를 주
로 활용해 서로 어울릴 수 있는 기회를 많이 주고자 했다면, 그것이 바로 전략이 되
는 셈이다. 이처럼 치료 프로그램의 각 회기에는 세부목표에 따른 전략이 다 깃들어

있다. 하지만 치료를 진행하다 보면 전략대로 맞아떨어지지 않는 경우가 있기 때문에, 그럴 때 융통성을 발휘해 목표를 이루어 낼 수 있는 순발력을 얼마나 발휘하느냐의 측면도 중요한 평가 요소가 되겠다.

7. 프로그램 구성 및 활동

⇒장기목표가 세워졌으면 치료사는 전체 치료 기간을 가늠해 세션 별 세부목표를 정하고 자료를 선정한 뒤 관련 활동까지 넣어 프로그램을 구성해야 한다. 물론 이처럼 계획을 세운다고 해도 내담자의 상태 등 여러 측면에서의 변수가 있기 때문에 수정 보완을 거듭해야 하지만, 전체 프로그램의 흐름을 잡아본다는 점과 발생 가능한 변수를 예측해 미리 예방할 수 있다는 점, 목표에 맞게 진행이 되고 있는 것인가에 대한 치료사로서의 불안감 등도 덜어낼 수 있다는 면에서 반드시 필요한 작업이다. 프로그램 구성에 대한 예는 다음과 같은데, 이미 종결이 된 프로그램이라면 수정 보완이 된 계획표를, 현재 진행 중인 프로그램이라면 수퍼비전 이전까지 수정 보완된 계획표를 제시하면 되겠다. 다음은 그 예시이다.

세션	세부목표	선정 자료	관련 활동
1	자아 유능감 확립	도서 - 너는 특별하단다	나의 자랑 베스트 10
2	가족관계 탐색	영화 - 가족의 탄생	우리 가족을 소개합니다!
3	정서 표출하기	동시 - 가끔	모방 시 쓰기

8. 수퍼비전을 통해 도움 받고 싶은 점

⇒치료사가 수퍼비전을 받아야겠다고 생각을 품은 데에는 그럴만한 이유가 있을 것이다. '도움 받고 싶은 점'에는 바로 그 내용을 상세히 기술하면 되는데, 전반적으로 점검을 해달라고 할 수도 있고, 아니면 세부적으로 들어가 '치료 기간과 목표가 잘 설정 되었는지', 혹은 '심리검사 결과를 제대로 도출해 적용을 맞게 한 건지', '선정 자료는 내담자에게 적절한지', '관련 활동은 목표를 이루기 위해 적정한지' 등에 대해 물어도 된다.

9. 치료 과정

⇒ 의뢰 과정에서부터 접수면접 및 심리검사, 이후 목표를 정해 실제 프로그램을 운영해 나갈 때까지의 과정을 간략히 기록하면 된다. 혹시 과정 중 치료사나 내담자의 사정, 법정 공휴일이나 진행 기관의 사정으로 빠진 주가 있다면 그 내용도 적어야 한다. 예를 들면 이렇게 말이다.

1) 접수면접 : 2010년 3월 5일 금요일 14:00~14:50

2) 1세션 : 2010년 3월 12일 금요일 14:00~14:50

3) 2010년 3월 19일 금요일 내담자 사정으로 치료 쉼

4) 2세션 : 2010년 3월 26일 금요일 14:00~14:50

10. 각 회기(Session)별 진행 내용

⇒ 각 회기별로 치료사의 입장에서 볼 때 중요했던 면들, 수퍼비전을 통해 도움을 받고 싶은 면과 일치되는 부분들을 기록하는 곳이다. 만약 총 진행 횟수가 많으면 각 회기를 모두 기록할 수 없기 때문에 단계별로 정리할 수도 있다.

생각보다 정리할 내용이 많아 놀라셨는가? 치료사에게는 내담자 및 참여자의 어려움을 이해할 수 있는 남다른 눈이 필요할 듯싶은데, 내게는 아직 없는 것 같아 당황스러우신가? 혹시 그렇다고 하더라도 걱정하실 필요는 없겠다. 왜냐하면 수련을 통해서 점차 나아질 것이므로. 또한 그런 마음을 갖고 있는 치료사라면 제대로 된 치료를 하기 위해 열심히 공부하고 준비하는 것은 물론, 수퍼바이저에게 찾아가 자문도 구할 테니 말이다. 마지막으로 한 가지 더 드리고 싶은 조언은, 한국상담심리학회의 경우 수퍼비전을 위한 사례 준비 시 A4 20페이지를 넘지 않는 것이 통상적이다. 그러니 독서치료 수퍼비전에서도 최대 20페이지를 넘기지 않아, 치료사 스스로도 사례를 간략하면서도 핵심적으로 요약하는 훈련을 스스로 했으면 한다.

2. 수퍼바이지

자신의 사례에 대해 수퍼비전을 받고자 하는 수퍼바이지는, 우선 어떤 목적으로 수퍼비전을 받고자 하는지를 명확히 할 필요가 있다. 이는 앞 장에서 살펴본 것처럼 치료사의 배경이나 경력에 따라 다를 수 있는 부분으로, 만약 처음 수퍼비전을 받기 때문에 아무것도 모르겠다면 전반적인 내용을 봐달라고 부탁하며 중간 중간 떠오르는 내용 중심으로 어려웠던 점들을 자연스럽게 나누어도 무방하겠다.

그런 다음에는 자신이 궁금해하는 부분을 명쾌히 응답해 줄 전문가를 찾을 필요가 있다. 일반적으로 대학원에서 상담 및 심리치료 분야를 전공한 분들은 그 당시 교수님들을 찾아가는 경우가 가장 많은데, 마침 그분이 적임자이면 상관이 없으나 이론적인 배경에 비해 실제 현장에서의 치료 경험이 없다면 다른 분을 찾아보는 것도 괜찮겠다. 왜냐하면 수퍼비전은 이론적인 면은 물론 실제적인 면에서의 조언도 필요한 작업이기 때문이다. 특히 대상에 따라, 치료가 이루어진 장소에 따라 다른 관점에서 볼 수 있는 섬세한 작업이기 때문에, 이왕이면 내가 진행한 상황에 맞게 두루 경험해 보신 수퍼바이저를 선택하는 것이 바람직하다.

수퍼바이저와 수퍼비전 날짜와 시간 등의 조율이 끝나면 수퍼바이지는 앞서 제시한 양식에 맞춰 사례를 정성껏 준비해야 한다. 페이지와 만남 시간의 제한이 있기 때문에 그에 맞출 필요가 있겠고, 혹 기술하지 못한 부분들은 수퍼비전 당시에 설명을 통해 보충하면 되겠다. 양식에 맞춰 준비가 끝나면 수퍼바이저가 미리 검토해 볼 수 있도록 적어도 일주일 전까지는 이메일로 보내야 한다. 더불어 사례 발표에 참여하는 다른 동료들이 있다면 역시 사전에 읽어볼 수 있는 시간을 확보해 메일 등으로 전달을 해야 한다.

자, 드디어 수퍼비전 당일이다. 수퍼바이지는 당일에도 준비할 부분이 많은데, 우선 녹음 혹은 녹화된 자료를 볼 수 있는 기기들을 설치하고 점검할 필요가 있다. 간혹 현장에서 오작동이 되는 경우가 있어 보거나 듣지 못하는 상황이 발생하기도 하는데,

이는 내담자 및 치료사에 대해 이해할 수 있는 중요한 한 축을 잃는 것과 같다. 그러므로 사전에 철저한 점검을 할 필요가 있고, 나아가 공개 사례 발표인 경우 자리의 배치나 다과, 당일에 참여하는 분들을 위한 여분의 사례 자료 등의 준비도 신경을 써야 한다. 물론 이런 부분들은 동료의 도움을 받는 것도 좋다.

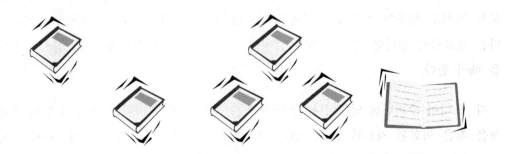

3. 수퍼바이저

수퍼바이저에게 있어 수퍼비전은 자신의 경험을 후배들에게 나누어 주는 자리이면서, 동시에 내담자 및 치료사와 치료 동맹 관계를 맺는 공식적인 시간이기 때문에, 그만큼의 부담을 가질 수밖에 없는 활동이다. 그럼에도 불구하고 수퍼비전을 실시하기로 합의를 했다면, 수퍼바이저는 원활한 수퍼비전 활동을 위해 다음과 같은 준비를 할 필요가 있다.

먼저 수퍼바이지의 요청을 받고 수락을 한 수퍼바이저는 정해진 날짜에서 적어도 일주일 전까지는 정리된 사례를 받아 보아야 한다. 사례가 도착하면 꼼꼼하게 읽어보며 수퍼바이지가 요청한 수퍼비전 내용들은 어떤 것이 있는지 확인을 하고, 나아가 어떤 답을 줄 것인지, 추가적으로 물을 것은 없는지 등에 대해 살펴본다.

수퍼비전 당일, 수퍼바이저는 시간에 맞게 도착을 해 수퍼바이지의 요청에 따른 피드백을 주며 수퍼비전 활동을 이끈다.

3장 독서치료 수퍼비전의 실제

　치료사가 성장하는 데에는 크게 몇 가지 방법이 있다. 그 가운데 으뜸은 역시 리더(치료사)와 코리더(보조 치료사)가 되어 현장에서 경험을 쌓는 것이다. 그러나 현장은 경력이 없는 치료사들에게 열려 있지 않고, 경력이 있는 치료사들에게도 늘 두려운 곳이다. 따라서 독서치료 이론 과정을 마친 뒤에는 수련생으로 등록을 해서 최소 한 학기 이상 전문적인 수련을 받을 필요가 있다. 이후 어느 정도 준비가 되면 계속적으로 수퍼바이저의 평가를 받으면서 내가 비교적 자신 있게 치료할 수 있는 대상과의 만남을 통해 첫발을 내딛을 필요가 있다. 최근 몇 개월간의 이론 과정 수료만으로 독서치료 프로그램을 진행하는 이들이 나오고 있는데, 이는 매우 바람직하지 않은 현상이다.

　치료사로 성장하는 두 번째 방법은 수퍼비전을 받는 것이다. 수퍼비전은 다양한 형태와 목적으로 이루어질 수 있는데, 특히 이제 막 치료를 시작한 치료사들은 매 회마다 수퍼비전을 받는 것이 좋다. 만약 사정이 여의치 않다면 몇 회 진행 후 한 번씩이라도, 그것도 어렵다면 중간에 한 번이라도 받는 것이 좋다. 나아가 치료를 모두 마친 후에도 그동안 진행한 내용들을 정리해 수퍼비전을 받는다면, 다음에 비슷한 대상과 같은 목표로 치료를 진행할 때 큰 도움이 될 것이다. 따라서 치료사는 수퍼비전을 위해 내가 진행하고 있는 프로그램이 끝나면 매 회마다 일지를 작성해야 한다. 만약 집단 치료를 진행하고 있다면 집단 구성원 개개인별 특성 및 활동 사항을 적을 수 있는 칸이 마련된 일지를 작성해야 하며, 개인 치료인 경우에도 꼼꼼하게 적어두어야 한다. 더불어 사용한 활동지도 잘 모아둘 필요가 있다.

　마지막 세 번째 방법은 관련 논문이나 단행본 등을 읽는 것이다. 이 작업은 독서치료 분야의 최신 동향을 알 수 있게 해주는 것은 물론이고, 반복적으로 학습하지 않으

면 잊기 쉬운 이론적인 면들을 계속적으로 유지시켜 줄 것이다. 특히 학위논문은 목
표에 따라 사용한 자료는 물론이고 심리검사 용지 등의 부록도 첨부가 되어 있어 얻
을 것이 많으니, 시간이 날 때마다 찾아서 읽을 필요가 있다.

자, 그럼 이제 수퍼비전의 실제를 만나보자. 수퍼비전을 위해 3장에 소개되는 프로
그램들은 필자로부터 독서치료 기본 및 심화, 고급과정, 특별 과정(어르신을 위한 독서치
료 프로그램 진행자 양성 과정)을 수강했던 분들의 것으로, 사전에 동의를 구한 것임을 밝
힌다. 수강생들은 대부분 상담 및 심리치료 분야를 처음 접한 이들로, 자신의 관심 주
제 영역과 대상에 따라 일정한 양식에 맞추어 프로그램을 짠 뒤 모두 수퍼비전을 받
았다. 프로그램 계획 양식은 사전에 제공했으나 각 수퍼바이지의 준비 여하에 따라
약간 변형된 것도 있으며, 활동지까지 담겨 있는 프로그램도 있고 그렇지 않은 것도
있다.

3장의 내용은 독서치료 프로그램을 수퍼비전 해주는 수퍼바이저를 위한 측면도 있
지만, 처음 프로그램을 계획해 보거나 수련생, 연구원, 치료사 등으로 활동을 하는 이
들을 위한 것이기도 하므로, 가능한 수퍼바이지들이 제출한 그대로의 내용을 담았다.
단 수퍼바이지의 이름은 비밀 보장을 위해 대신 '임○○' 식으로 명시하겠다. 그럼 이
제부터 각각의 프로그램과, 그에 따른 수퍼비전 내용을 만나보도록 하자.

1. 아동 대상 프로그램

1) 수퍼바이지 임○○ : 도덕성(배려심)이 부족한 아이를 위한 독서치료

▶독서치료 프로그램 계획

1. 프로그램 제목(주제)
도덕성(배려심)이 부족한 아이를 위한 독서 프로그램 적용

2. 프로그램의 목표
'착하면 손해 본다.', '약아야 살아남을 수 있다.'는 말을 자주한다. 하지만 이것은 오해다. 도덕성은 모든 행동과 연관되어 있다. 집중력, 또래관계, 과잉행동, 공격성, 공격적 행동, 왕따 가해 및 피해행동 등 모든 행동과 모두 연결되어 있다. 도덕성이란 선악을 구별하고 옳고 그름을 바르게 판단하며 인간관계에서 지켜야 할 규범을 준수하는 능력을 말한다. 도덕성의 요소로는 정서적인 면(양심, 공감, 이타성), 인지적인 면(자제력, 책임감, 분별력, 공정성), 그리고 행동이 포함된다. 도덕성을 결정하는 것은 판단력, 의지, 의사결정과 관계되어 있다. 도덕성은 연습이다. 생각과 행동을 일치시킬 때만 의미를 갖는 것이다. 이번 프로그램을 통해 상대방의 감정을 알고, 남을 배려하는 마음을 키워 올바른 또래관계를 형성시키는 데 목적이 있다.

3. 프로그램의 구성
12회, 세션 당 1시간으로 구성

4. 참여 대상
개인(초등1학년, 남자). 아동특성(자기중심적이며 배려심이 부족하여 교우관계 원만치 못함. 언어적인 표현력이 다소 부족함. 글은 읽으나 독해력이 부족함. 생각하기 싫어함. 인정의 욕구는 매우 강함).

5. 프로그램 세부계획

세션	세부목표	선정 자료	관련 활동
1	마음 열기	도서 : 물음표에서 느낌표까지 (이어령 / 웅진) 도서 : 오른 발, 왼발. (토미 드 파올라 / 비룡소)	물음표와 느낌표에 대해 이야기 나누기, 블록놀이하며 마음 열기, 어항그림 그리고 이야기 나누기
2	감정 알기	도서 : 알리키 인성교육 1 - 감정(알리키 / 미래M&B)	역할놀이 하기(해보고 싶은 것으로 정하기), 여러 상황 주고 그 때 나의 감정 알아보기
3	감정 드러내기	도서 : 화가 나는 건 당연해! (미셸린느 먼디 / 비룡소)	화날 때 어떻게 표현하나요?/ 원만한 대처법, 나만의 화 푸는 법 찾기, 신문지 찢기 놀이
4	예의 알기	도서 : 알리키 인성교육 2 - 예의(알리키 / 미래M&B)	역할놀이를 통해 다양한 상황에서 예의 공부하기, 한 가지 정해 3주간 실천표 작성하고 실행하기
5	관계 돌아보기	도서 : 나 안 할래 (안미란 / 아이세움)	이야기 속 주인공 되어보기, 입장 이해하기, 해결방법 찾기
6	대화법 알기	도서 : 알리키 인성교육 3 - 대화(알리키 / 미래M&B)	다양한 대화방법 이해하기, 실 전화 놀이하기, 나 자신과 대화하기 (일기 쓰기)
7	관계 점검하기 1	도서 : 오목볼록 별 이야기 (미야케 야스코 / 한국몬테소리)	올바른 인간관계(다름을 인정하기), 나만의 조각이불 만들기(나의 장단점)
8	관계 점검하기 2	도서 : 웬델과 주말을 보낸다고요? (케빈 헹크스 / 비룡소)	역할놀이(해보고 싶은 역할- 바꾸어서 다시), 자신의 경험 이야기(상처를 주었거나, 받은 것)
9	관계의 중요성	도서 : 우리는 친구 (앤서니 브라운 / 웅진주니어)	책 이야기 나누기, 나의 친구관계는 어떤가?, 내가 노력할 점 찾아가기
10	관계 증진하기 1	도서 : 평범한 메리의 특별한 행동 (에밀리 피어슨 / 세상모든책)	15일 동안의 기적(그림으로 나타내기), 작은 일부터 시작해요(내가 할 수 있는 일)
11	관계 증진하기 2	도서 : 나랑 같이 놀자 (마리 홀 에츠 / 공주니어) 도서 : 만복이는 풀잎이다 (안도현 / 태동어린이)	밖으로 나가서 살펴보기 자연이 친근하게 느껴지는 이유는? (나 드러내지 않고도 다가오게 하는 그 무엇) 자연물과 친구하기(자연 속으로 동화되기)
12	마음 다지기	도서 : 고마워, 친구야! (케더린 케이브 / 작은책방)	소감 나누기 친구에게 편지 쓰기

☞ 수퍼비전

수퍼바이지 임○○님은 초등학교 선생님으로 재직 중인 분이다. 시어머니를 모시는 며느리의 입장이기 때문에 더욱 시간이 부족했을 텐데도 열심히 수업에 참여하셨으며, 밝은 웃음 속에 상황을 제대로 파악하는 능력이 뛰어났던 분이다. 독서치료 프로그램은 담당하고 있는 학급에 속한 아동 1명을 대상으로 했으며, 도덕성(배려심) 향상을 목표로 준비하셨다. 그럼 수퍼비전 내용을 살펴보자.

1) 목표 설정에 대한 면

수퍼바이지 임○○님은 목표에 꽤 여러 내용들을 기술했다. 이를 테면 양심, 공감, 이타성, 자제력, 책임감, 분별력, 공정성, 판단력, 의지, 의사결정 등 말이다. 그러나 이를 프로그램 계획에는 반영하지 못했다. 대신 프로그램 계획에는 '관계'를 위주로 설정을 했다. 따라서 도덕성과는 동떨어진 느낌이다. 따라서 세부목표는 앞서 기술한 항목들로 채우는 것이 바람직하겠다.

2) 선정 자료에 대한 면

현 프로그램 계획대로만 선정 자료를 살펴본다면 비교적 적절하게 골라 넣으신 편이다. 그러나 세부목표를 모두 정비해야 하므로, 선정 자료 또한 모두 바뀌어야 한다.

3) 관련 활동에 대한 면

프로그램을 처음 계획하거나 독서치료를 처음 실시하는 치료사들은 시간에 대한 감이 부족하다. 따라서 계획한 활동을 하다가 시간을 초과하거나, 혹시나 하는 마음 때문에 여러 활동을 준비하고 그것을 다 채워서 해야 한다는 강박관념에 시달리기도 한다. 그러나 절대 그럴 필요가 없다. 미리 여러 활동을 준비하는 것은 괜찮으나 한 가지 활동만으로도 각 세션 별 목표를 이룰 수 있다면 그것으로 족하다. 이런 측면에서 볼 때 이 프로그램 계획에 들어가 있는 활동들은 모두 실시한다는 가정 하에 봤을 때 시간을 초과할 가능성이 높다. 또한 6세션의 '실 전화 놀이하기'는 매우 적절해 보이는 활동이지만, 7세션의 '나만의 조각이불 만들기', 11세션의 '자연물과 친구하기' 등은 부적절하다. 다만 일대일로 진행되며 대상 아동이 초등학교 1학년 학생이므로 설정만 잘 된다면 '역할놀이'가 큰 도움을 줄 수도 있겠다.

4) 종합 평가

내담자는 도덕성(배려심)이 부족한 8세 아동이다. 그렇다면 이 아이는 왜 도덕성(배려심)이 부족할까? 이는 치료를 위해서 한 번쯤 고민하고 파악해 봐야 할 문제이다. 따라서 수퍼비전 시간에 혹 파악하고 계신지 여쭈어 봤더니, 함께 살고 있는 식구가 10명이라고 답하셨다. 그렇다면 우리는 이런 추측을 해볼 수가 있다. 10명이나 되는 가족 속에 특히 형제가 여러 명이라면 어떤 측면에서든 경쟁이 치열할 것이다. 그렇기 때문에 다른 사람을 생각하기보다는 나 자신을 먼저 챙겨야 한다. 그렇지 않으면 내 몫은 없을 테니까. 물론 부모님들이 알아서 분배를 잘해준다면 좋겠지만, 그렇다고 해도 아이들의 마음은 늘 부족하기만 하지 않은가. 따라서 어떤 부분에서건 늘 허기지지 않을까 싶다. 이어서 그 아동이 도덕성(배려심) 부족으로 인해 현재 겪고 있는 어려움은 무엇인지에 대해서도 살펴봐야 한다. 마침 아동은 수퍼바이지의 반에 속한 학생이기 때문에 또래와의 관계는 쉽게 파악할 수 있을 것이다. 그런 다음 내담자를 중심으로 다른 아이들이 좋아하는 행동과 싫어하는 행동에는 무엇이 있는지 등을 관련 활동에 접목시켜 활용했다면 훨씬 자연스럽고도 현 생활에 도움도 될 수 있는 활동으로 전개할 수 있지 않았을까 하는 아쉬움이 남는다.

2) 수퍼바이지 민○○: 초등학교 저학년 마음의 상처에서 벗어나기 독서치료

▶ 독서치료 프로그램 계획

1. 프로그램 제목(주제)

마음의 상처에서 벗어나기, 마음을 즐겁게 갖기

2. 프로그램의 목표

부모의 부재로 인한 마음의 상처를 갖고 있는 어린이들에게 그들이 갖고 있는 상처들을 돌아보게 한다. 그것들이 자기혼자만의 상처가 아님을 알고 드러내서 돌아보고 이해하고 남들에게도 일어난 일임을 알게 한다. 상처는 상처일 뿐 나 때문이 아니라는 것을 알며, 새로운 눈으로 세상을 바라보고 건강한 자기를 만들어 가도록 한다.

3. 프로그램의 구성

12회

4. 참여대상

초등학교 저학년

5. 프로그램 세부 계획

세션	세부목표	선정자료	관련활동
1	마음열기 자아 인식	도서 : 초등학생을 위한 정서지능 중에서	자기소개하기, 약속 지키기 서명, 자료-이것이 나예요!
2	자기 마음 알기	동시 : 파란마음 하얀 마음	모방 시 쓰기(내 마음에 빛이 있다면)
3	상처 돌아보기 1	도서 : 아빠는 하인리히 거리에 산다	마음에 와 닿는 낱말 찾아 쓰기, 까닭을 이야기하기, 나를 슬프게 하는 일 이야기나누기
4	상처 돌아보기 2	도서 : 양치기 소년 시 : 말을 위한 기도(이해인)	양치기소년이 거짓말을 해서 잃은 것과 얻은 것은? 내가 양치기소년이라면?
5	화 표현	도서 : 초등학생을 위한 정서지능 중에서, 도서 : 울퉁불퉁 화가 나	화가 나게 되는 상황, 분위기, 사람에 대해 알아본다. 화를 잘 내는 방법 알아보기
6	마음비우기	도서 : 왜 나한테만 나쁜 일이 생기지	나빴던 일 마음에서 꺼내서 종이에 써서버리기-블랙홀, 태우기
7	내 마음 열기	도서 : 개구리와 두꺼비는 친구, 함께	역할극 해 보기 : 개구리 역, 두꺼비 역 느낌 적어보기, 말하기
8	필요한 것 알아보기	도서 : 사람은 무엇으로 사는가	내가 천사(구두장이)였다면, 나를 행복하게 했던 일에 대해 이야기 나누기
9	친구사귀기	도서 : 나에게도 친구가 생겼어요	내가 꼬마 아저씨였다면?, 친구 구하는 광고문쓰기, 내가 친구에게 해 줄 수 있는 것
10	따뜻한 마음 기르기	도서 : 나 안 할래, 도서 : 로쿠베, 조금만 기다려	다른 사람의 아픈 점 이해하고 양보하기 배려하는 마음 갖기
11	친구 되어주기	도서 : 알버트	알버트 역할극해보기-소중한 것은 희생과 함께 얻을 수 있음
12	나에게 선물주기 마무리	도서 : 조커	나에게 필요한 조커 만들기, 소감 나누기

☞ 수퍼비전

수퍼바이지 민○○님은 현재 자신이 담당하고 있는 학급의 9세 여아 한 명을 대상으로 한 프로그램을 설계했다. 대상 아동은 부모님이 1년 반 동안 별거를 하다가 최근 이혼을 했으며, 그 후 아빠와 지내고 있다고 한다. 한 세션 당 운영 시간은 3~40분으로 설정을 했고, 총 12회에 걸쳐 진행을 한 개인 치료를 위한 프로그램 설계이다.

1) 목표 설정에 대한 면

마음의 상처가 없는 사람도 있을까? 숨을 쉬고 살아 있는 사람이라면 누구나 상처가 있을 것이다. 따라서 수퍼바이지의 목표는 너무 포괄적인 느낌이다. 집단 치료 프로그램도 아닌 개인 치료 프로그램이라면 목표를 더욱 세분화했을 필요가 있다. 또한 치료 대상이 9세 아동임을 감안할 때 과정 중에 통찰을 얻기는 힘들 것이다. 그런데 목표를 기술한 부분에는 '자기 혼자만의 상처가 아님을 알고 드러내서 돌아보고 이해하고 남들에게도 일어난 일임을 알게 한다'고 적었다. 이는 너무 과한 목표가 아닌가 생각된다. 더불어 프로그램 계획표에 들어가 있는 세부목표들은 세션과 세션 간의 연결 고리가 미약하다. 예를 들어 3세션의 '상처 돌아보기 1'과 4세션의 '상처 돌아보기 2'는 전혀 연결 고리가 없다. 즉 4세션에서는 '거짓말'을 다룰 것이 아니라 3세션과의 연결을 시도하던가, 아니면 별거와 이혼의 상처를 갖고 있는 대상이니만큼 관련된 상처를 다루었어야 한다. 그러나 수퍼바이지는 전혀 관련이 없는 목표로 진행을 했다. 이런 관점에서 보자면 10세션도 그렇고 목표가 바람직하지 않게 설정된 부분들이 몇 곳 있다. 그럼 목표의 흐름을 어떻게 가져가면 좋았을까? 수퍼바이지가 설정한 틀을 크게 벗어나지 않는 선에서 조율을 하자면, 자아 인식 → 자기 마음 알기 → 내 마음 열기 → 친구 사귀기 → 상처 드러내고 서로 감싸주기 정도면 문안하지 않았을까 싶다. 그러나 이 또한 집단 치료에서 가능한 목표이지 치료사와의 일대일 작업에서는 적절하지 않은 면이 많다.

2) 선정 자료에 대한 면

수퍼바이지는 선정 자료를 대부분 도서로 넣었다. 그런데 여기에도 몇 가지 문제점이 있다. 그것은 선정 자료의 분량이 제각각이어서 어떤 세션을 위해서는 미리 책을 구해 읽어 와야 하는 부담도 있다는 점이다. 만약 내담자가 책을 읽어오지 않는다면 다른 대안을 마련해 두어야 할 필요가 있다. 또한 8세션에 들어가 있는 '사람은 무엇으로 사는가'는 9세 아동이 이해하기에는 너무 철학적인 주제라고 생각된다. 독서치료 프로그램을 위해 자료를 고를 때는 프로그램에 참여하는 대상에 관한 전반적인 사항, 프로그램의 목표, 프로그램 운영 시간 등 여러 측면들을 고려해야 한다. 하지만 이 프로그램은 그런 고려가 면밀하게 이루어지지 못했다.

3) 관련 활동에 대한 면

세션 별 자료 선택의 아쉬움은 관련 활동에까지 영향을 미친다. 그도 그럴 것이 활동은 자료에 따라 결정되는 면이 크기 때문이다. 수퍼바이지 민○○님은 자료 선택에서와 마찬가지로 활동에 있어서도 완급의 조절에 실패한 면이 있다. 예를 들어 10세션의 활동은 내담자의 마음을 오히려 빠른 시간 내에 덮어버리는 역효과를 불러올 수 있고, 11세션의 활동은 너무 어려운 주제를 담고 있지 않은가 하는 생각도 든다. 4세션의 활동은 앞서 이야기 했듯 앞뒤로 전혀 연결 고리가 없는 것들이기도 하고 말이다.

4) 종합 평가

수퍼바이지 민○○님은 나이 50을 앞둔 초등학교의 교사이다. 따라서 오랜 기간 동안 아이들과의 생활 덕분에 누구보다 그들을 이해하고 따뜻한 마음으로 보듬어 줄 수 있는 자질을 충분히 갖추었다. 그러나 치료는 엄마와 같은 마음만으로 이루어지는 것이 아니다. 아니 오히려 그런 마음이 객관적인 눈과 귀를 흐리게 만들기도 한다. 치료 장면에서 이중 관계를 제한하는 것이 바로 그런 이유 때문이기도 한데, 이 프로그램의 계획은 어쩌면 거기서부터 잘못됐는지도 모르겠다. 그래도 부모의 별거와 이혼을 경험한 제자를 돕고 싶어 하는 선생님의 마음은 얼마나 따뜻한가? 그러니 앞서 지적한 부분들을 다시 고려해 프로그램을 수정한다면 훨씬 좋은 만남을 기약할 수 있을 것이다. 민선생님의 작은 관심과 사랑이 분명 그 아이를 올바르게 세울 것이라 확신한다.

3) 수퍼바이지 윤○○ : 혼자 자란 아이의 나눔과 배려심 향상 독서치료

▶독서치료 프로그램 계획

1. 프로그램 제목

혼자 자란 아이의 나눔과 배려심 향상

2. 프로그램의 목표

형제 없는 아이가 다른 사람에게 나누어 주고 도와주고 배려하는 마음을 갖도록 한다.

3. 프로그램의 구성

12회기, 주 1회, 회기마다 90분 수업

4. 참여 대상

초등학교 3~4학년, 4명

5. 프로그램 세부 계획

세션	세부목표	선정 자료	관련 활동
1	친밀감 형성	KHTP, SCT, 별칭 짓기	프로그램소개, 자기소개, 규칙 정하기, 별칭 짓고 상징물로 표현, 사전 검사
2		무지개 물고기	무지개 물고기 만들기, 자아존중감 검사
3		황금률, 우리 마을 멋진 거인	발문, 내가 먼저 베풀기, 멋진 거인에게 줄 수 있는 것은?
4		숲속의 단짝친구, 간식을 먹으러온 호랑이	발문, 서로 돕고 나누기
5	나누기, 베풀기, 도와주기, 배워서 나누어주기	으뜸 헤엄이	장단점 적어보기, 풍선에 단점 적어 놀다가 터뜨리기
6		썰매 타는 암소 무, 청소하는 암소 무	종이 눈 꽃 만들기, 내가 할 수 있는 청소는?
7		동시-발, 동시-둘이 서로 만나	모방 시 써보기
8		아름다운 가치사전 1	가치 우선순위 정해보기, 빈칸 채우기
9	마무리	아름다운 가치사전 2	인내항목 적어보기, 행복의 열매 적어보기
10		개구리네 한솥밥, 손 큰 할머니의 만두 만들기	발문, 어떻게 도와줄 수 있나?, 가족에게 편지쓰기
11		행복한 청소부	발문, 주인공에게 편지쓰기
12		아낌없이 주는 나무	남에게 꼭 필요한 존재임을 알기, 나무에게 보내는 칭찬편지 쓰기, 소감 나누기

<1세션>

	❖ 나의 별칭 짓기 ❖
1	
2	
3	
4	
5	
6	
7	
8	

내가 가장 좋아하는 별칭은   입니다.

이 별칭은 나에게   의미가 있습니다.

<2세션>

◉ 내 물건 중에서 친구에게 나눠주고 싶은 것이 있다면 적어보세요.

<7세션>

발

권오삼

나는 발이지요.
고린내가 풍기는 발이지요.
하루 종일 갑갑한 신발 속에서
무겁게 짓눌리며 일만 하는 발이지요.
때로는 바보처럼
우리끼리 밟고 밟히는 발이지요.

그러나 나는,
삼천리 방방곡곡을 누빈 대동여지도
김정호 선생의 발.
아우 내 거리에서 독립 만세를 외쳤던
유관순 누나의 발.
장백산맥을 바람처럼 달렸던
김좌진 장군의 발.
베를린 올림픽에서 금메달을 딴
손기정 선수의 발.

그러나 나는,
모든 영광을 남에게 돌리고
어두컴컴한 뒷자리에서 말없이 사는
그런 발이지요.

『아름다운 가치사전 / 채인선 글,
김은정 그림 / 한울림어린이』

\<8세션\>

◉ 가치 우선순위 정해 보기

번호	가치 말	나의 순위	비고
1	감사		
2	겸손		
3	공평		
4	관용		
5	마음 나누기		
6	믿음		
7	배려		
8	보람		
9	사랑		
10	성실		
11	신중		
12	약속		
13	양심		
14	예의		
15	용기		
16	유머		
17	이해심		
18	인내		
19	자신감		
20	정직		
21	존중		
22	책임		
23	친절		
24	행복		

❊ 인내란? 짝꿍과 할 이야기가 있어도 공부시간에는 참는 것.

❊ 자신감이란? 산을 다 오르고 나서 다음에는 좀 더 높은 산을 오를 수 있다고 생각
하는 마음

❊ 정직이란? 유리창을 깼을 때 바로 선생님께 말하는 것.

❊ 존중이란? 친구를 놀리거나 안 좋은 별명으로 친구를 부르지 않는 것.

❊ 책임이란? 친구에게 빌려온 책을 깨끗이 보고 일고 나서 바로 돌려주는 것.

❊ 친절이란? 유리문을 밀고 나올 때 뒷사람이 나올 때 까지 문을 잡고 있는 것.

❊ 행복이란? 친구를 깜짝 놀라게 해줄 선물을 만들 때 즐거운 상상을 하는 것.

아름다운 가치 사전

1. 겸손 : 남을 존중하고 자신을 내세우지 않는 마음입니다.

2. 공평 : 어느 한쪽에 치우치지 않고 서로 공정하게 나누는 것입니다. 이것은 평등과 정의, 존중의 개념을 포함합니다.

3. 관용 : 상대방이 자신과 다르다는 사실을 인정하고 받아들이는 것, 남의 잘못이나 실수를 너그럽게 용서하는 것의 의미가 있습니다.

4. [   ] : 신뢰와 신용입니다. 반드시 그럴 거라고 확신하는 마음입니다.

5. 배려 : [   ]

6. 보람 : 자기가 해낸 일의 결과나 역할에 대해 얻는 만족감과 성취감을 말합니다.

7. [   ] : 어떤 사람이나 대상을 아무런 보상 없이 위해 주는 마음입니다.

8. 성실 : 어떤 일을 할 때 마음으로 정성을 다하고 몸으로는 최선을 다하는 것입니다.

9. 신중 : [   ]

10. 약속 : 앞으로 할 일을 다른 사람이나 자신과 미리 정해두는 것입니다.

11. [   ] : 우리에게 무엇이 옳은지 그릇된 일인지를 알려주는 마음의 목소리입니다.

12. 예의 : 상대방을 존중하고 마음을 나타내는 행동과 마음가짐을 말합니다.

13. 용기 : [   ]

14. [   ] : 자신의 능력이나 가치를 알고 있는 마음입니다.

15. 인내 : 참고 견디는 것입니다.

16. 정직 : 마음이 바르고 곧은 것을 말합니다.

17. 존중 : 대상 자체를 소중히 여기며 그들의 권리를 옹호하는 태도를 말합니다.

18. 책임 :

19. ⬚ : 사람을 대하는 태도가 사려 깊고 상냥하며 겸손한 것을 말합니다.

20. 행복 : 기쁨과 만족에 겨워 즐겁고 흐뭇해하는 것입니다.

답안 : 믿음, 가까이 있는 사람에게 마음을 써 주는 것입니다, 사랑, 자신의 행동이나 결정에 조심스런 태도를 가지는 것입니다, 양심, 어려움 특히 두려움에 직면했을 때 표출되는 씩씩하고 굳센 마음입니다, 자신감, 자기가 맡은 일이나 임무를 말합니다, 친절

<9세션>

◉ 행복이 열리는 나무

나를 행복하게 하는 행복의 나무 열매를 써보세요.

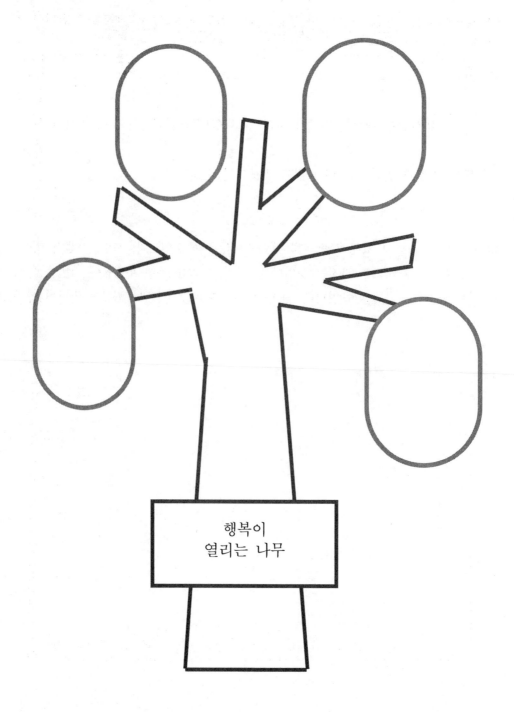

행복이
열리는 나무

<10세션>

◉ 가족에게 편지 쓰기

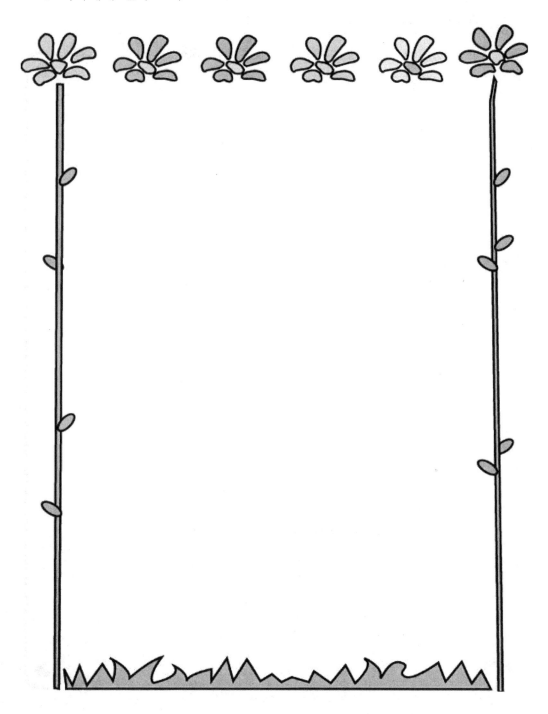

<11세션>

◉ 주인공에게 편지 쓰기

<12세션>

◉ 아낌없이 주는 나무

📖 아낌없이 준다는 것은 무엇을 말하는 것일까요?

📖 아낌없이 주는 존재에는 어떤 것들이 있을까요?

📖 나에게도 아낌없이 주는 나무가 있나요?

📖 나도 누군가에게 아낌없이 주는
   나무가 될 수 있을까요?

📖 내가 소년이라면 나무에게 어떤 말을 해 주고 싶은가요?

📖 소년과 나무에게 하고 싶은 말이나 칭찬을 써보세요.

☞ 수퍼비전

수퍼바이지 윤○○님은 미술치료 등 여러 분야를 공부하신 분이다. 또한 대학에서 유아교육을 전공하셨기 때문에 맑으면서도 조근 조근한 목소리가 아주 인상적이기도 하다. 기본 및 심화과정을 함께 공부하면서 작은 고추가 맵다는 속담을 증명해주신 수강생 윤○○님의 프로그램에 대한 수퍼비전을 시작해 보자.

1) 목표 설정에 대한 면

이 프로그램은 초등학교 3~4학년 아동 중 형제 없이 혼자 자랐기 때문에 나눔과 배려심이 부족하거나 없는 4명에게, 타인을 도와주고 배려하는 마음을 갖도록 돕기 위한 목표를 갖고 있다. 우선 여기서 참여자를 4명으로 설정한 것이 독특한데, 이는 수퍼바이지 스스로 고백하기를 감당할 수 있을 만한 인원이기 때문이란다. 치료사 한 사람이 진행하는 집단 치료 프로그램에 10명 이상의 참여자가 함께한다면, 분명 치료사 혼자 여러 역할을 해야 하기 때문에 무척 힘들 것이다. 그래서 이처럼 참여 인원의 숫자를 줄이는 것도 프로그램의 효과를 높일 수 있는 방법이 된다. 그러나 혼자 자랐기 때문에 나눔과 배려심이 부족하다는 논리는 다시금 생각을 해봐야 할 부분이 아닐까 싶다. 따라서 참여 아동들이 실제로 그렇다는 점을 입증하기 위해서는 주변 어른들과의 사전 면담을 통해 확인을 해야 했음은 물론이고, 적정 진단 검사를 활용해서 검증을 했을 필요성도 있다. 그런 다음 이런 목표를 바탕으로 12세션 동안 진행을 했더니 이만큼의 변화가 있었다고 말을 해야 한다는 것이다. 그러나 그 두 측면 모두 치밀하게 이루어지지 못한 듯싶어 아쉽다. 프로그램의 세부 계획에 들어가 있는 세부목표는 2회부터 11회까지 뭉뚱그려진 면도 있다. 따라서 목표를 보다 세부적으로 나눌 필요가 있음을 말씀드렸다.

2) 선정 자료에 대한 면

이 프로그램을 위한 선정 자료들도 세션 당 두 권씩 선택되어진 경우가 많은 등, 자료가 적절하지 않거나 부족해 보이지는 않는다. 다만 8세션의 '아름다운 가치사전'과 11세션의 '행복한 청소부'는 목표와 큰 관련성이 없어 보였다.

3) 관련 활동에 대한 면

치료 장면에서 심리진단검사를 활용하는 것은 매우 흔한 일이다. 그러나 제대로 활용하는 경우는 적다. 특히 이처럼 처음 프로그램을 계획하거나 치료 전반에 관한 이해가 아직 부족한 분들은, 잠깐 배워서 알고 있는 몇 가지의 검사를 기회가 될 때마다 두루 써보려는 마음을 갖고 있다. 다시 말해 딱히 관련성이 없거나 매우 미비한 검사라 해도 자신이 알고 있는 것이 그것뿐이니 실습 삼아서 활용을 해본다는 것이다. 수퍼바이지 윤○○님에도 그런 느낌이 드는데, 적정 검사를 효율적으로 사용하지 못한 것도 문제이지만 사전검사 이후 사후검사를 하지 않았다는 점은 더 큰 문제이다. 물론 치료사들이 주의해야 할 부분 중 하나가 바로 심리진단검사 결과에 집착하는 것이고, 단순히 숫자 몇 개, 그래프의 유의미한 높이 차이 정도로 효과가 있고 없고를 말할 수 없음을 늘 마음 깊이 담아두어야 하지만, 그래도 질적으로 분석을 하지 않는 이상 가장 먼저 눈에 띄는 것은 역시 숫자와 그래프로 구현되는 검사 결과이기 때문에 이왕 실시를 할 거라면 제대로 할 필요가 있다. 그 점 이외 이 프로그램에서 눈에 띄는 문제점은 활동이 만들기와 쓰기 두 가지로 크게 정리된다는 점이다. 이런 현상은 앞서 수퍼바이지의 경력에서 이미 언급되었던 미술치료와 독서치료의 접목 결과라는 느낌이다. 또한 6세션처럼 세션의 세부목표 및 선정 자료와 어울리는 않는 활동이 들어간 곳들도 있다. 이런 면들은 개선되어야 할 부분이다.

4) 종합 평가

치료사가 다른 여러 분야의 치료를 두루 공부한다는 것은 매우 적절한 노력이다. 왜냐하면 다양한 매체에 대한 이해를 통해 내가 진행하는 치료에 접목을 시켜 도움도 받을 수 있기 때문이다. 하지만 아무리 그렇다고 해도 주가 되는 치료가 있다면 활동 역시 그쪽으로 초점을 맞추어야 한다. 물론 오랜 경험으로 어떤 분야든지 자유자재로 다룰 수 있는 위치에 있다면 상관이 없으나, 대부분의 치료사들은 그렇지 못하기 때문에 우선은 본질에 충실할 필요가 있다는 생각이다. 가끔 관련 활동으로 미술을 택하는 분들 가운데에는 무엇보다 시간이 잘 가고, 프로그램을 마친 뒤 전시도 할 수 있는 무엇인가가 만들어지기 때문이라는 이유를 내세우기도 하는데, 이는 모두 바람직하지 않은 생각들이다. 독서치료 작업은 누군가에게 무엇인가를 내보이기 위한 작업이 아니다. 더욱이 시간을 때우는 작업은 더더군다나 아니라는 점을 우리 모두가 다시 한 번 상기하자. 마지막으로 필자는 독서치료 프로그램에 '수업'이라는 말을 붙이는 점에 대해 매우 못마땅하게 생각한다. 물론 아동 및 청소년을 대상으로 한 치료 작업에서는 '교육'이 빠질 수 없지만, 그렇다고 해서 우리는 무엇인가를 가르치기만 하는 것은 아니다. 우리나라에서의 '수업'은 상호작용이기보다는 일방통행적인 느낌이 강하기 때문에, 치료 작업 시에는 있는 그대로 독서치료 프로그램이라는 용어를 사용했으면 하는 바람이다.

4) 수퍼바이지 류○○: 사회성 향상과 높은 자존감으로 건강해지는 나 찾기
독서치료

▶독서치료 프로그램 계획서

1. 프로그램 제목
사회성 향상과 높은 자존감으로 건강해지는 나 찾기

2. 프로그램 목표
새로운 사회 환경에 놓인 아이들에게 책읽기와 여러 가지 활동들을 통해 긍정적인
자아형성에 도움을 준다. 사회성 향상과 높은 자존감 회복으로 건강해지는 나를 찾는
데 목표가 있다.

3. 프로그램의 구성
매주 1회 90분 진행, 총 12회 차로 구성.

4. 프로그램 참여 대상
새로운 환경에 접하고 사회성 향상이 필요한 초등학교 3~4학년 아동 10명 내외

5. 프로그램 세부 계획

세션	주제	세부목표	선정 자료	관련 활동
1	마음 열기	프로그램 소개 및 자기소개	이름 보따리	-자기소개와 마음 열기 -뻥튀기 구멍으로 들여다 본 세상 -이름 보따리에서 찾은 친구 소개하기
2	자기 탐색	나의 성장 과정	프레드릭	-지금까지 내 삶을 살펴보고 기억에 남는 일 떠올리기 -나의 인생 곡선 -문장완성 검사(SCT)
3	감 정	감정 인식하기	-출렁출렁 기쁨과 슬픔 -감정은 다 다르고 특별해	-내 마음 속의 감정을 영역별로 나눠 보기 -감정 신호등 -감정을 나타내는 형용사 살펴보기
4		감정 표출 (화 조절하기)	화야, 그만 화 풀어	-부정적인 감정을 잘 드러내고 해소하기 -화가 난 풍선 -나만의 화를 표현하는 방법 알기 -신문지 펀치/신문지 찢기 놀이
5	관계 증진	관계 증진 방법 익히기	학과 해오라기 〈동시 : 왜가리/말이 안 통해〉	-말이 안 통했던 경험, 경청과 대화를 통한 소통의 중요성 알기 -'말 전하기 놀이'를 해보고 느낌 나누기 -기린 대화법, 자칼 대화법
6	관 계 쌓 기	가족 관계	-아빠를 화나게 하는 10가지 방법 -우리 집 우렁이 각시 -아빠는 파출부	-아빠를 기쁘게 하는 10가지 방법 -아빠의 자리 점검해 보고 편지 쓰고 부치기
7		친구 관계	-짜장, 짬뽕, 탕수육 -화요일의 두꺼비	-친구 관계에서 문제 상황 극복하기, 교우관계 확장 -나의 경험에 비추어 이야기 나누기 -등장인물에게 편지쓰기
8		선생님 관계	-우리 선생님이 최고야 -선생님을 화나게 하는 10가지 방법	-선생님이 화나면 정말 화나면? -선생님을 화나게 하는 방법/ 기쁘게 하는 방법 -선생님의 화난 얼굴 표현하기(요리시간)
9		관계 다지기	-또랑물 -까만 크레파스와 요술기차	-시 쓰기 -협동 기차로 완성한 협동 시
10	자 존 감	자존감 높이기	-치킨 마스크 -내 귀는 짝짝이	-나에겐 이런 장점이 있어. 나의 자랑 베스트 10 -나만의 개성을 살린 마스크 만들기
11	나의 꿈	나의 꿈	-빨간 나무 -동영상 : 어린이를 기다려 주세요	-나의 꿈 변천사 -나의 희망 나무 만들기
12	마 무 리	마무리하기	온 세상에 친구가 가득	-그동안 재미있었던 일, 기억에 남는 일 이야기 나누기 -친구들과 우정을 소중하게 간직해요 -롤링 페이퍼 -과자 파티!!

☞ 수퍼비전

수퍼바이지 류○○님은 독서지도사로 활동을 하고 계신 분이다. 고향이 경상도인지 억양이 있으면서도 또랑또랑한 목소리는 구연동화를 하면 잘 어울리겠다는 생각이 절로 드는 분이기도 하다. 하지만 수업 시간에는 매우 조용히 참여하신 경향이 있어 한번은 필자가 출석을 하셨는지의 여부도 몰랐던 적이 있다. 이처럼 수퍼바이지들은 저마다의 개성을 갖고 있다. 따라서 기억이 나는 범위 내에서 묘사를 해드리고 있는데, 이는 프로그램 설계 전반을 이해하는 데에도 도움이 되기 때문이다. 즉 치료사들이 내담자 및 참여자에 대해 여러 측면들을 파악하면 할수록 치료가 매끄럽게 진행될 수 있는 것과 마찬가지로, 수퍼바이저가 수퍼바이지에 대해 더욱 많은 면들을 알고 있다면 훨씬 도움이 될 수퍼비전을 해 줄 수 있다는 말이다. 그럼 수퍼비전으로 들어가 보자.

1) 목표 설정에 대한 면

수퍼바이지 류○○님도 프로그램 목표를 '자아존중감'과 '사회성' 향상 두 가지로 설정했다. 그런데 자아존중감이 높아야 사회성 또한 높아지고, 결국 자아존중감이 확립되어야 사회성 또한 힘을 발휘할 수 있기 때문에 얼마든지 함께 다룰 수가 있다. 그러나 프로그램의 계획과 운영은 이런 내용을 알고 준비했는가 그렇지 않은가에 따른 차이가 날 수 있다. 프로그램의 세부 계획을 보면 자아를 탐색하고 자신의 감정을 짚어본 뒤, 가족과 친구 관계 등의 관계로 나아갔다가 다시 내게로 방향이 돌아오는데, 이런 흐름보다는 나에게 초점이 맞추어졌다가 자아존중감까지 확립을 한 후에 관계 쪽으로 나아가는 것이 바람직하겠다.

2) 선정 자료에 대한 면

이 수퍼바이지지의 프로그램에 들어간 선정 자료들 중 신선하게 느껴진 것은 9세션의 '또랑물' 정도이다. 나머지 자료들은 너무나 많이 알려져 있고, 독서치료 장면에서도 두루 활용된 것들이다. 그래서 목표도 새롭지 않기 때문에 선정 자료를 조금 더 개발했더라면 좋았겠다는 아쉬움이 남는다. 또한 6세션의 세부목표는 가족 관계를 점검하고 증진시키기 위한 것인데, 정작 선정된 자료들은 '아빠' 쪽으로만 맞춰져 있다.

차라리 '모든 가족은 특별해요 / 토드 파 지음'처럼 전 가족을 아우를 수 있는 책을 선정했더라면 더 나았을 거라 생각된다. 더불어 11세션의 '빨간 나무'는 그림책이면서 내용 또한 짧지만 워낙 심오하기 때문에 참여자들은 이해하기가 어렵지 않을까 싶다.

3) 관련 활동에 대한 면
선정 자료와 마찬가지로 이미 필자가 여러 프로그램에서 활용했던 것들이 대부분이어서 신선하지는 않았다. 그래도 현 프로그램에 대입해 보면 적절한 편이기는 하다.

4) 종합 평가
'자아존중감'과 '사회성'은 아동을 대상으로 한 발달적 독서치료에서 가장 많이 사용되는 주제이다. 따라서 특별히 신경을 쓰지 않는 이상 새롭다는 느낌을 줄 수는 없다. 그러니 처음 얼마 동안은 그렇다고 해도 점차 자신의 색깔이 십분 발휘된 프로그램들을 계획해 나가셨으면 한다.

5) 수퍼바이지 고○○: 초등 4·5학년 자존감 향상을 위한 독서치료

1. 프로그램 목표

긍정적인 자아개념은 아이들이 살아가는 데 있어서 가장 기본적인 힘이 될 것이다. 자존감이 높은 아이들은 주변상황에 흔들리지 않고 자신을 믿으며, 자신의 결 그대로 삶을 성공적으로 가꾸어 갈 것이다. 자존감이 높은 아이가 되려면 주변에서 아이의 모습 그대로를 인정하고 지지해 주어야 한다.

그러나 환경은 아이들에게 항상 지지적이지는 않다. 존재 그 자체로 인정받지 못한 아이들은 자신을 믿지 못하며, 스스로 삶의 주체가 되지 못하고 다른 이들의 인정을 받기 위한 타인의 삶을 살게 된다.

이에 본 프로그램은 그런 아이들에게 자신에 대한 이해를 바탕으로 자신의 내면의 힘을 믿고 스스로를 사랑하는 법을 찾아가도록 돕는데 그 목표가 있다.

2. 프로그램 참여 대상

초등학생 4~5학년, 3명

3. 프로그램 구성 및 진행 계획

주1회 총 12회, 1회 50분

4. 프로그램 세부 계획

세션	세부목표	선정 자료	관련 활동
1	프로그램 소개 마음열기	난 내가 참 좋아!	별칭 명패 만들기 및 자기소개 약속 지키기 서명 나의 비밀 공책 만들기 거울 보며 나의 모습 그리기 자신의 손, 좋아하는 것, 가족 등 그리고 이야기 나누기
2	내 안의 욕구 찾기	피아노 치기는 지겨워 동시 : 마법 지팡이가 생긴다면	하기 싫은 것, 하고 싶은 것 모방 시 쓰기
3	나에 대한 이해	난 곰인 채로 있고 싶은데	원래의 나, 만들어진 나
4	서로 다른 우리들 인정	프레드릭 동시 : 빠른 달팽이	나, 친구, 가족의 다른 점 인정의 편지쓰기
5	나의 장점 찾기	까마귀 소년 단 한 가지 기술	장점 찾기, 장점이야? 단점이야?
6	자신감 키우기 칭찬	오소리가 우울하대요 동시 : 칭찬 값	자랑베스트10 나에게 주는 칭찬 자격증 친구에게 주는 칭찬 자격증
7	자신감 키우기 용기	까불지 마 누가 더 용기 있을까	'까불지 마' 릴레이 이야기 이어가기 진정한 용기란?
8	자신감 키우기 인정과 지지	틀려도 괜찮아 돌의 가치	틀려도 괜찮아-편지쓰기 나를 존중하는 방법에 대해
9	신념 키우기	정상에 도달한 개구리 동시 : 쑥쑥쑥, 쑥	개구리는 어떻게 성공했을까? 꼭 성공하고 싶은 것, 성공하기 위해 노력해야 할 것 나누기
10	긍정의 변화	다 잘 될 거야! 마음으로 얻은 승리	'다 잘 될 거야 마법의 주문 만들기
11	잠재력 믿기	모치 모치 나무 동시 : 누구 힘이 더 셀까요	내가 한 거 맞아? 나의 잠재 능력 찾아보기
12	자기수용	동시 : 난 내가 참 좋아	모방 시 쓰기 소감 나누기 사랑의 서약서 쓰기

서 약 서

나 _____은 나 _____에게 다음과 같이 약속합니다.

나 _____은 나의 마음을 늘 살펴 주겠습니다.
슬픈지, 화가 났는지, 즐거운지 알아봐주고 위로해주고 격려해주고 기뻐해주겠습니다.

하루에 한가지씩은 나의 좋은 점을 발견해 주고 칭찬해주겠습니다.

내가 하고 싶은 일이 무엇인지, 내가 잘할 수 있는 일이 무엇인지 살펴봐주고 응원해주겠습니다.

내가 비록 _____하더라도 인정해주고
내가 비록 _____하더라도 응원해주고
내가 비록 _____하더라도 사랑해주고
내가 비록 _____하더라도 _____해주고
내가 비록 _____하더라도 _____해주고
내가 비록 _____하더라도 _____해주고

내가 어떠한 상황에 있더라도
나를 인정해주고 응원해주고 _____사랑해주겠습니다.

년   월   일

이름 :

증인 :

칭찬 자격증

칭찬받는 사람 :

칭찬받는 일 :

주는 사람 :

상 장

이름 :

위 어린이는

상장을 수여함.

주는 사람 :

☞ 수퍼비전

수퍼바이지 고○○님은 참 조용한 분이다. 동시에 어딘가 자기만의 세계가 있는 듯한 느낌도 든다. 작은 체구여서인지 아파 보일 때도 있고, 전반적으로 에너지가 많아 보이거나 기가 세다는 느낌이 든 적은 없다. 그래서인지 여름에도 민소매 등 아주 짧은 옷도 거의 입지 않으신 것 같다. 그런 그녀가 계획한 프로그램은 초등학교 4-5학년을 위한 것이다. 함께 만나보자.

1) 목표 설정에 대한 면

자아존중감 향상은 모든 치료 프로그램에서 가장 기초적이면서도 중요한 목표이다. 따라서 그동안에도 많이 다루어졌기 때문에 신선하지는 않다. 또한 자료나 활동들도 새로운 것을 개발해 내기가 어려울 수 있기 때문에 프로그램을 처음 계획하는 분들에게는 오히려 더 어려울 수도 있는 주제이다. 또한 사람들마다 자아존중감이 낮은 이유는 각양각색이다. 그러니 프로그램을 계획하기 전 내가 다루어야 할 대상자들은 어떤 측면에서 자아존중감이 낮은지를 먼저 검토한 후에 설정을 한다면 더욱 도움이 되는 작업을 할 수 있을 것이다. 향후에 프로그램을 계획하실 분들은 이 점을 꼭 염두에 두시기 바란다.

2) 선정 자료에 대한 면

프로그램 계획에 들어가 있는 자료만 대략 훑어 본 분들은, 다양해 보이는 자료들에 숨어 있는 함정을 눈치 채지 못할 것이다. 그 동시들이 어느 책에서 인용이 된 것인지를 찾아보기 전까지는 말이다. 수퍼바이지 고○○님은 아주 바쁜 상황에서 수퍼비전을 준비했었나 보다. 그래서인지 딱 두 권의 책에서 모든 자료를 선정해 버렸다. 물론 그 자료들이 해당 목표에 부합이 된다면 아무런 상관이 없을 수도 있지만, 만약 참여자들이 그 책을 한꺼번에 읽어 버린다면 문제가 발생할 수 있다. 예전 우리 연구소의 한 연구원께서도 초등학생들의 가치관 정립을 위한 프로그램 계획 시 '아름다운 가치 사전'이라는 책 한 권만을 선정한 적이 있는데, 필자는 그런 선택이 참여 아동들을 지루하게 만들 것이므로 다른 자료와 적절한 선에서의 융화가 필요하다고 지적한 적이 있다. 따라서 이 선정 자료들 역시 그런 위험을 갖고 있다. 그러니 책에 대한 소개는 프로그램을 종결할 때 하고, 각 세션에는 해당 동시를 복사해서 활용하면 되겠다.

3) 관련 활동에 대한 면

독서치료 프로그램에서의 첫 세션은 치료사나 참여자 모두에게 매우 중요하다. 특히 치료사는 참여자들에게 프로그램의 목표를 분명히 밝히고, 더불어 그들 스스로의 목표를 설정할 수 있도록 도와야 한다. 또한 원활한 작업을 위해 함께 지켜야 할 규칙도 설정을 해야 하고, 서로 소개를 나눌 수 있는 기회도 주어야 한다. 그러려면 편안하면서도 일사불란한 면이 있어야 하는데, 이 프로그램의 첫 회에서는 향후 진행될 세션마다 활용할 '나의 비밀 공책 만들기'가 들어가 있어 제 시간에 마칠 수 없을 듯한 불안감이 든다. 따라서 쉽게 구할 수 있는 일반 공책을 주고 매 세션마다 활동한 내용을 붙이도록 하거나, 아니면 20매 정도의 클리어 파일을 구입해 각자가 활동지를 끼워 나갈 수 있도록 대체하는 것이 훨씬 여유롭겠다. 또한 7세션의 '까불지 마 릴레이 이야기 이어가기'나 11세션의 '내가 한 거 맞아?' 등의 활동도 세부목표와의 관련성이나 치료사 자신의 숙련도가 부족한 듯싶어 다른 것으로 교체했으면 하는 바람을 전했다.

4) 종합 평가

독서치료 프로그램은 문학작품을 매개로 어려움이 있는 사람들과 상호작용을 하는 작업이다. 따라서 적정 문학작품을 고르고, 특히 아이들인 경우 목표를 이루기 위한 적정 활동까지 구상해 보는 작업이 필요하다. 이 가운데 필자는 자료를 고르는 일이 가장 어렵다고 생각하는데, 그렇다고 해서 열심히 읽고 찾아보는 것 외 별다른 길이 있는 것도 아니다. 그러니 쉽게 가려는 마음을 애초부터 갖지 말고, 이 어려운 작업 하나하나가 내담자 및 참여자를 돕는 과정이라는 일념으로 임했으면 한다. 물론 그런 작업이 너무 힘들면 수퍼바이저에게 문의하라. 그들은 그럴 때에도 도움을 주기 위해 존재하는 것이니까.

6) 수퍼바이지 김○○ : 초등 고학년 경계선 지능 아동의 긍정적 자아 찾기 독서치료

▶독서치료 프로그램 계획안

1. 프로그램의 주제

초등학교 고학년 경계선 지능 아동의 긍정적 자아 찾기.

2. 프로그램의 목표

여러 방면(학교, 또래집단, 학습, 부정적 자아)에서 어려움을 겪고 있는 아동의 마음을 읽어 주고, 사회의 편견을 극복하여 자신감을 회복하도록 돕는다.

3. 프로그램의 구성

총 12회기 프로그램(2회 / 주,　60분 / 회)

4. 참여대상 : 12세, 남

경계선 지능의 학생이며, 부진한 성적과 원활하지 못한 친구 관계 속에서 학교생활의 어려움이 있음.

경계선 지능(Borderline intellectual functioning)

경계선 지능은 지능이 정상아와 정신지체아 사이에 교묘히 걸쳐 있는 경우를 말합니다.

IQ가 85 이상인 경우 정상아에 속하고 70이면 정신지체의 범주에 속하는데, '경계선 지능'은 그 사이에 낀 지능지수 71~84의 아이들을 가리킵니다.

다음은 경계선지능 아이들이 보이는 행동들입니다.

만약 아이가 유난히 답답하다면 다음의 사항을 체크해보세요.

▶무엇인가를 가르칠 때 이해가 너무 느려서 속이 답답한 적이 한두 번이 아니다.

▶하나를 가르치려면 수십 번 반복해야 겨우 알아듣는다.

▶하나를 가르쳐주면 하나만 겨우 알고 응용하지 못한다.

▶사과는 알지만 사과가 과일이라는 것은 알지 못하는 등 개념형성이 어렵다.

▶말은 하지만 조금 어려운 단어들은 이야기하지 못한다.

▶책을 읽어도 줄거리나 내용을 잘 이해하지 못한다.

▶제자리에 앉아서 집중하기가 어렵고 몸을 뒤틀거나 산만하다.

▶제 나이에 비해 어리고 유치한 행동을 많이 한다.

▶눈치 없는 행동을 많이 해 늘 지적 받는다.

▶말보다는 몸짓이나 행동으로 의사를 표현한다.

▶친구를 귀찮게 하는 일이 많아 친구가 없고, 아이들이 따돌리는 경우가 많다.

5. 프로그램 세부 계획

세션	주제	세부목표	선정 자료	관련 활동	비고
1	마음 열기	자기소개 - 나는 누구일까	일곱 마리 눈먼 생쥐 -시공주니어, 이게 나야	나를 소개 합니다, 내 이름 꾸미기	활동지, 도화지, 색연필, 사인펜
2	관계	나와 가족	모든 가족은 특별해요 -문학동네어린이, 힘이 되어 주는 가족 -동시	문장 완성 검사, 가족사진 말풍선	색도화지, 검사지, 사진
3	감정	감정인식	출렁 출렁 기쁨과 슬픔 -아이세움	오늘 기분이 어때요, 기분을 색으로 표현 한다면	활동지, - 감정(기쁨-슬픔)
4		감정조절	소피가 화나면- 정말, 정말 화나면… - 케이유니버스, 깡통 차기 -동시	화가 난 풍선, 화나는 상황 점검 및 표출 방법 찾기	풍선, 활동지
5	다름	누구나 장애는 있다	이안의 산책 -큰북작은북, 깃털 없는 기러기 보르카 -비룡소	눈 가리고 소리 듣고 찾아가기	방울, 안대 - 마티유의 까만색 세상
6		극복하기	칠판 앞에 나가기 싫어 -비룡소, 넌 왕따가 아니야	나에게 왕관 씌워 주기, 날려버린 종이비행기	색종이, 내 사진
7	행동 수정	기다리기	끈기 짱 거북이 트랑퀼라 -보물창고, 노란 양동이	도미노 게임, 젠가	도미노, 젠가 - 나 혼자 기다렸어요
8		단정한 몸가짐	내 짝꿍 최영대 -재미마주	운동화 매듭 묶기, 머리부터 발끝까지 단정히 정리하기	전신거울, 빗, 로션, 운동화
9		학습능력 키우기	피튜니아, 공부를 시작하다 -시공 주니어, 무지막지 백작 -미세기	일일 생활 계획표 작성	활동지
10	꿈	날개달기	배고픈 애벌레, 강아지 똥 -길벗 어린이	나비 날개 완성하기, 나의 자랑 베스트 10	활동지, 색연필, 사인펜, 색종이
11		나의 꿈	나는 꿈이 너무 많아 -다림	나의 꿈 목록 작성	활동지
12	다짐	종결	꽃들에게 희망을 -시공 주니어	미래의 나에게 편지 쓰기	활동지

☞ 수퍼비전

수퍼바이지 김○○님은 유아교육과를 졸업하고 어린이집 및 유치원에서 오랫동안 근무한 경력을 갖고 계신 전업주부이다. 독서치료 심화과정을 수강하던 중 초등학교 병설유치원에 취직이 되어 다시 일을 시작하기도 하는 등, 특히 유아에 대한 이해가 넓은 분이다. 그런데 그녀에게는 장애가 있는 아들이 한 명 있다. 필자도 잠깐 만나본 적이 있는데 무척 예의가 바르고 유쾌한 아이였다. 그러나 안타깝게도 장애가 있기 때문에 학교생활을 하면서 크고 작은 어려움을 겪고 있었다. 그래서 김○○님은 아이에게 도움이 될 수 있는 것을 열심히 찾아다니셨고, 그러던 중 독서치료와의 만남을 갖게 된 것이었다. 사실 이 프로그램은 수퍼바이지 자신의 아들을 위해 계획된 것이다. 물론 엄마이자 아들인 이중관계라서 직접 치료를 하기보다는 다른 치료사에게 의뢰를 하는 것이 바람직하지만, 가장 가까이에 있고 누구보다 아이에 대해 잘 알고 있는 사람이며, 어떤 도움이든 주고자 하는 엄마의 마음이 얼마나 안타깝고도 뭉클한가. 그래서 그런 점들을 감안하여 처음부터 부적절하다며 거절하지 않고 수퍼비전을 실시했다.

1) 목표 설정에 대한 면

이 프로그램은 장애아를 대상으로 한다. 때문에 일반 아동에 비해 목표가 더욱 세부적이며 간결할 필요가 있다. 그러려면 우선 진단을 받기 위해 실시한 검사 결과를 살펴볼 필요가 있다. 이 장에는 제시가 되고 있지 않지만 수퍼비전 중에는 확인을 할 수가 있었는데, 그런 점들은 매우 중요하게 다루어질 필요가 있다. 독자들에게는 제시가 되지 않아 답답한 마음이시겠으나, 어쨌든 그런 결과 수퍼바이저로서 내린 결론은 현재 여러 측면에서 겪고 있는 부정적인 측면들을 제거함으로 인해 긍정적인 자아를 찾을 수 있도록 도울 수밖에 없다는 것이었다. 더불어 인지치료(Cognitive Therapy)가 효과적일 것 같다는 의견도 전달을 했다. 프로그램의 세부 계획으로 들어가 살펴보면 2세션의 주제 부분 '관계'는 목표에 부합되지 않아 보인다. 그래서 빼버리고 아동에게 더욱 초점을 맞출 수 있는 주제로 교체하도록 했다.

2) 선정 자료에 대한 면

수퍼바이지 김○○님은 대부분의 세션에 두 권의 책을 넣었고, 또 어떤 세션에는 '비고'란에 또 한 권의 책을 넣기도 했다. 그래서 자료는 충분히 골라서 활용할 수 있을 수준이라는 생각이 든다. 경계선 지능인 아동을 위해 그림책과 분량이 적은 동화책을 고른 점은 매우 적절해 보인다.

3) 관련 활동에 대한 면

독서치료 프로그램을 계획해 본 사람들은 12세션짜리 프로그램 하나를 짜는 것이 얼마나 힘든 일이지를 잘 안다. 오죽하면 수퍼바이지 가운데 한 분은 선생님이 새삼 위대해 보인다고까지 말을 했을까. 그러다 보니 이미 나와 있는 프로그램들을 참고하는 경향이 짙다. 물론 자료를 바꾸고 활동 역시 자신이 할 수 있는 것 위주로 창의적으로 구성을 하기도 하지만, 어떤 경우에는 거의 그대로 답습을 하는 경우도 있다. 마치 현재 나와 있는 대부분의 석사학위 논문들이 그런 것처럼. 그러다보면 무엇보다 프로그램의 신선도가 떨어진다. 이 프로그램 역시 활동 면에 있어서는 그렇게 신선하지가 않다. 그것이 한 가지 문제라면 문제로서, 세부적으로 3세션의 '오늘 기분이 어때요'와 '기분을 색으로 표현한다면'은 똑같이 색칠을 해야 하는 활동이므로 후자를 '기분을 단어로 표현한다면' 정도로 바꾸어 보는 것도 괜찮겠다.

4) 종합 평가

우선 이 프로그램은 아직 임상적 독서치료에 대한 인식이 부족한 우리나라 실정에 비추어 봤을 때, 장애아를 대상으로 했다는 점만으로도 가치가 있다 하겠다. 또한 신선함은 부족하지만 세부목표에 맞는 자료와 관련 활동까지 잘 구성한 점 역시 높이 평가된다. 다만 치료사가 엄마라는 점은 가장 큰 단점이라 생각되므로, 객관성 확보를 위해서라도 실제 치료는 다른 치료사에게 의뢰를 하는 것이 바람직하겠다.

2. 청소년 대상 프로그램

1) 수퍼바이지 하○○·김○○ :청소년기(중학생) 분노조절을 위한 독서치료

◆ 프로그램의 목적과 필요성

분노의 표현은 지극히 정상적인 반응이며 살아가면서 피할 수 없이 마주치는 문제이기도 하다. Gaylin(1984)은 인간이 스트레스 상황에서 자신을 지키기 위하여 자신이 가진 방어기제를 활성화 시키고 자신을 깨어 있게 하는 것이라고 하였다. 그러나 이 분노의 강도, 빈도, 그리고 지속정도가 과도할 때 분노가 제대로 표현되지 못하고 타인 및 자신을 향하여 파괴적인 공격성을 띠고 육체적 손상을 입힐 뿐 아니라 대인관계에서도 많은 문제를 발생시킨다. 분노를 어떻게 표현할 것인가 하는 문제는 인간의 삶의 과정에서 중요하다. 특히 사춘기의 청소년기는 분노를 스스로 통제하는 제반 준비를 갖추지 못하였고 통제되지 않은 분노로 인해 많은 적응상의 문제와 어려움을 겪고 있다. 또한 갈등의 상황에서 자신의 정서를 어떻게 표현해야 하는지 방법을 잘 몰라 분노의 표출로 공격성이 더욱 커지는 경향이 있다.

청소년들에 분노의 감정 이해와 표현을 통하여 감정을 조절하는 능력을 강화하고 분노로 인한 공격성 감소와 올바른 감정표현을 통하여 타인과의 소통과 대인 관계의 어려움을 극복할 수 있도록 돕고자 한다.

◆ 프로그램의 구성

운영횟수 및 시간 : 총 16회기(100분)

참여대상 : 중학교 전 학년 10여 명 이내

장소 : 도서관 프로그램실

세션	세부목표	선정자료	관련활동
1	마음열기	도서: 나(다나카와슈타로/한림) 도서: 김수한무~(조중애/비룡소)	프로그램소개, 집단서약서 별칭 짓기, 자기소개, 사전분노조절검사
2	감정 살피기 1	도서: 감정은 다 다르고 특별해 (엠마브라운존/미세기)	감정주머니 감정일지 만들기/쓰기
3	감정 살피기 2	도서: 화가 날 때도 있는 거야 (홀테크로일/풀빛)	나의 감정 밥상 차리기
4	관계점검 1 나와 가족	도서: 백만 년 동안 절대 말 안해 (허은미/웅진주니어)	동적 가족화에 말풍선 달기
5	관계점검 2 나와 친구	도서: 베베와 싸웠어요 동영상: 별일 없냐구요	역할극
6	관계점검 3 나와 선생님	도서: 지각대장 존(존버닝햄/비룡소) 시: 이런 선생님 제일 싫어 (안오일/그래도괜찮아)	협동 시 쓰기
7	분노 감정 표현하기 1	도서: 울퉁불퉁 화가 나 中 여러 얼굴의 화(허은비/아이세움)	화의 가면 벗기기와 스크래치
8	분노 감정 표현하기 2	도서: 누가 내 머리에 똥 쌌어? (베르너홀츠바르트/사계절)	분노 감정 표출 다트 게임
9	감정조절 1	도서: 화가 둥!둥!둥! (김세실/시공주니어)	감정 온도계와 감정 체크판
10	감정조절 2	도서: 오늘도 화났어 (셰리 새프런 /내인생의 책)	상황별 격한 생각과 차분한 생각
11	생각변화 1	도서: 늑대가 들려주는 아기돼지 삼형제이야기(존셰스카/보림)	생각 신호등
12	생각변화 2	도서: 행복한 자기 감정 표현학교 中 나만의 착각(방미진/다산어린이)	비합리적 사고의 변화 화의 긍정적 효과
13	행동변화 1	도서: 화내지 말고 예쁘게 말해요 (안미연/상상스쿨)	잘 듣고 솔직한 내 마음 전하기
14	행동변화 2	도서: 가시소년(권자경/리틀씨앤톡)	분노의 에너지를 태워라!
15	변화된 내 모습 지지하기	도서: 크림 너라면 할수 있어 中 후회·오늘의 너 (미야니시타츠야/시공주니어)	석고붕대뜨기
16	분노 자신있어요	도서: 다 잘 될 거야 (프리델슈미트/어린이작가정신)	사후검사, 롤링페이퍼

☞ 수퍼비전

수퍼바이지 하○○·김○○○님은 오랜 세월 북 아트를 연구하고 강의하신 분들이다. 따라서 예술적인 측면에서의 감각을 갖고 계신 것은 물론이고, 전문성과 성실성도 갖춘 분이라는 것을 알 수 있었다. 두 분은 같은 분야에서 활동을 하셨기 때문에 서로에 대해 이미 잘 알고 계셨는데, 그래서인지 심화과정 수업 중에도 늘 함께 앉은 것은 물론이고 한팀이 되어 프로그램도 같이 설계를 했다. 따라서 다른 팀에 비해 더 좋은 프로그램이 만들어지지 않았을까 하는 기대를 하게 만들었다.

1) 목표 설정에 대한 면

이 프로그램은 중학생을 대상으로 하며, 종합목표는 분노를 조절할 수 있도록 돕는데 있다. 아시다시피 청소년기는 모든 것이 불일치하다고 규정할 정도로 자기 자신은 물론 주변 사람들에게도 혼란스럽다. 이 혼란은 여러 측면에서 발휘가 되는데, 특히 감정의 측면에서도 조절을 곤란하게 만들어 부정적인 감정을 쉽게 폭발시키는 상황을 빚는다. 따라서 세부목표에서는 그 부분을 잘 녹여서 구현했을 필요가 있다. 두 분이 기술한 세부목표의 흐름을 보면 전반적인 감정을 살피고 관계 점검으로 이어진다. 이 부분에서 아쉬움이 남는데, 관계를 점검하고자 했다면 그 안에서 분노 감정이 유발되는 상황들을 점검하고 그럴 때 어떻게 표출을 시키는지, 만약 표출을 하고 있지 못하다면 그 원인은 무엇인지 등을 파악하는 기회로 삼았어야 한다. 이어서 분노 감정을 표출할 수 있는 기회를 주고, 나아가 인지－정서－행동을 바꾸어 향후에는 분노를 적절히 조절할 수 있도록 도와준다면 더 나은 흐름이 되었을 것이다.

2) 선정 자료에 대한 면

두 분이 선정한 자료는 그림책이 대부분이다. 세션 당 시간이 100분이고, 발문 및 관련 활동을 통한 상호작용에 더 많은 비중을 두었다면 이해가 가는 상황이기도 하지만, 분량이 아닌 내용적인 측면에서는 수준을 높일 필요가 있다. 또한 분노 감정 역시 정서적인 측면이기 때문에 동영상이나 음악을 적절히 활용하는 것도 좋은 방안인데, 그 부분이 부족해서 아쉬운 마음이었다.

3) 관련 활동에 대한 면

독서치료에서 활용할 수 있는 활동은 작문에서부터 미술, 연극, 놀이, 음악 등 다양하다. 그런데 그 분야를 두루 활용하기 위해서는 치료사가 많이 알고 있어야 한다. 그런 측면에서 봤을 때 두 분이 선정한 관련 활동은 다양한 분야를 고루 포함하고 있다. 또한 첫 세션을 제외한 모든 세션에 활동 한 가지만을 선택한 점도 잘한 결정으로 보인다. 왜냐하면 활동을 완성하느라 시간에 쫓기지 않고 여유롭게 상호작용 할 수 있는 기회를 만들어 줄 수 있기 때문이다.

4) 종합 평가

대상이 누구든 분노라는 감정을 다루려면 치료사에게 힘이 있어야 한다. 여기서 말하는 힘은 현장에서의 경험과 신체적·정신적 힘을 모두 아우른다. 따라서 현장 경험이 부족한 분들은 감히 분노조절 프로그램을 계획해 보고자 하는 용기를 내지 못한다. 그런 면에서 두 분에게는 분명 힘이 있다. 그러므로 그 힘을 잘 발휘해서 프로그램을 수정 보완하고, 향후 현장에 접목을 시킨다면 참여 청소년들에게 도움을 줄 수 있을 것이다.

2) 수퍼바이지 이○○ : 사춘기 여중생의 엄마와의 소통 및 관계 증진을 위한 독서치료

1. 프로그램의 필요성 및 목표

청소년들은 부모에게 독립하기를 원하면서도 또한 보호받기를 원합니다. 부모의 간섭은 싫지만 관심은 받고 싶어 하기 때문에 부모 입장에서 이해하기 힘든 행동을 합니다. 부모는 자녀의 이런 행동 때문에 힘들고 자녀는 부모가 자신의 마음을 이해하지 못한다고 서운해합니다. 가장 가깝고 힘이 되어야 할 관계인데도 대화를 통한 충분한 이해가 없기 때문에 서로에게 상처가 되는 관계가 됩니다. 청소년기는 정체성을 갖고 개인의 삶의 과정에 영향을 끼치는 가치 체계를 확립하는 시기입니다. 자신의 감정을 두루 탐색하고 이해할 기회를 가져야 하며 특정한 방식으로 자신의 욕구, 감정, 사고, 그리고 신념을 발달시킬 수 있도록 자신에게 중요한 타인들과 의사소통하는 방법을 배울 필요가 있습니다.

사춘기를 겪게 되는 청소년 시기는 누구나 겪고 지나가는 '통과의례' 같은 시기입니다. 몸과 마음이 변화하는 이 시기의 청소년은 스스로도 자신이 왜 이런 마음이 드는지 알지 못하기 때문에 예민해지고 다른 사람을 배려할 여유가 없습니다. 그래서 주변 사람들과 자꾸 부딪치게 되고 상처받고 더 예민해집니다. 이 마음을 이해하고 존중하는 동시에 타인의 감정도 중요하다는 것을 배우고, 충분한 대화를 통해 부모와의 관계가 원만하도록 돕는데 목표가 있습니다.

2. 프로그램 구성

1) 운영 시간 : 주 1회 90분, 총 12세션
2) 참여 대상 : 엄마와 소통이 어려운 여중생 10명

3. 프로그램 운영 방안

이 시기의 참여자들이 학습량이 많아 자료를 읽을 시간이 부족하다는 점을 고려하여 대부분 비교적 간단한 그림책으로 선정했으며 분량이 많은 책은 활용할 부분만 발췌해 사용할 것이고 더 읽을 자료는 따로 첨부하겠습니다. 원래는 자녀와 부모가 함께 참여하는 프로그램을 계획했습니다. 그러나 부모와 자녀가 함께 참여하기가 어렵다는 점을 고려하여 자녀만 참여하는 프로그램으로 구성했으며, 자녀만 참여하는 프

로그램의 한계를 조금이라도 보완하기 위하여 2세션부터 11세션까지 총 10회의 소통
일지를 쓰도록 구성했습니다.

4. 프로그램 계획

세션		세부목표	선정 자료	관련 활동
1	마음 열기	소통 점검	동영상 – 엄마 말 들어	*프로그램 소개, 자기소개, 약속정하기 *소통 점검하기 – 검사지 활용
2		내 감정 표현	도서 – 난 빨강 ('꼭 그런다.' 등) 광고 – 진짜 하려고 했는데	*지점토로 내 마음 표현하기 *모방 시 쓰기
3	서로에 대한 이해	엄마 마음 알기	도서 – 너를 이만큼 사랑해 광고 – 그 기억마저 행복한 우리 아들 딸	*나는 엄마를 얼마나 알고 있을 까? – 표 *콜라주기법으로 엄마 표현하기
4		대화법 점검	영상 – 마더 송 도서 – 그래도 괜찮아 ('다 너 잘 되라고' 등)	우리 집 대화 풍경 묘사
5	소통 하기	대화법 배우기 1	도서 – 내 말 좀 들어주세요, 제발.	*자기 말만 하기 → 듣기만 하기 → 소감 나누기 *거울 놀이 (경청 연습)
6		대화법 배우기 2	도서 – 엄마는 날 몰라	*엄마 때문에 못 살아 → 엄마 때문에 살아 *대화법 연습 → 기린대화법
7		대화법 배우기 3	도서 – 엄마는 뭐든지 자기 맘대로야.	역할극
8	관계 개선 및 관계 증진	관계 개선 1	도서 – 돼지 책	*엄마의 하루 일과 기록 (엄마의 쪽지 편지 활용) → 소감 나누기 *엄마와의 관계 개선을 위한 실 천 리스트 만들기
9		관계 개선 2	도서 – 엄마 나 사랑해요? 노래 – 디어 맘	엄마를 위한 노래 만들기
10		관계 증진 1	도서 – 엄마가 고마워	엄마의 쪽지에 답장하기
11	마무리	관계 증진 2	엄마는 항상 네 곁에 있단다.	엄마와 나의 앨범 만들기
12			딸들이 자라서 엄마가 된다.	*다시 쓰는 엄마와 나의 이야기 *소감 나누기

☞ 수퍼비전

수퍼바이지 이○○님은 독서치료 과정 강좌를 가장 오래, 가장 많이 수강한 분이다. 기본 과정을 두 번, 심화 과정을 두 번, 3년 넘는 기간 동안 총 네 번이나 들었으니, 이론을 수강한 시간과 실력이 정비례한다면 가장 좋은 실력을 갖춘 치료사일 것이다. 필자도 궁금해서 그 이유를 물었는데, 전공자가 아니어서 낯선 용어도 많은 등 잘 이해가 가지 않은 부분이 있어서라고 답하셨다. 이어서 두 번째 들을 때에는 확실히 이해가 더 잘 되었다고 하셨으니, 현재 수강 중인 분들도 고려해 볼 부분이라 생각된다. 이런 측면을 종합했을 때, 수퍼바이지 이○○님은 정말 성실한 분이다. 또한 배우고자 하는 열정도 높고 그것을 실천으로 옮기는 노력도 행하는 분이라는 것을 알 수 있다. 이런 면들은 책을 열심히 읽는 등 필요한 자료를 모으거나 현장에서의 활동으로도 이어지는데, 그렇다면 프로그램은 어떻게 설계했는지 하나씩 살펴보도록 하자.

1) 목표 설정에 대한 면

이 프로그램은 여중생을 대상으로 하며, 종합목표는 엄마와의 소통 및 관계 증진을 돕는데 있다. 즉, 대상은 여자 중학생이지만 주양육자이자 동성인 엄마와의 관계를 더 나아지게 하는데 목표를 둔 것이다. 이런 종합목표를 구현하기 위해 수립한 1차 세부목표의 흐름은 마음 열기−서로에 대한 이해−소통하기−관계 개선 및 관계 증진−마무리이다. 이어서 세션 별 2차 세부목표도 정했는데, 이는 1차 세부목표를 더 세부적으로 쪼갠 것이다. 따라서 2차 세부목표에 대한 피드백을 하자면 2·3회는 '서로에 대한 이해'라는 표현이 적절하지 않다. 왜냐하면 이 프로그램에는 자녀인 여중생만 참여를 하고, 여중생의 입장에서 자신을 돌아보고 엄마의 마음도 헤아려 보는 정도이기 때문이다. 그러므로 '서로'는 아닌 것이다. 이어서 총 4세션에 걸쳐 할애를 한 '대화법'에서도 아쉬움은 남는다. 왜냐하면 참여자인 여중생과 엄마 사이에 왜 소통이 원활하지 않은지, 왜 관계가 좋지 않은지에 대한 근원적인 점검과 그에 대한 해결책을 모색하고 있지 못하기 때문이다. 대신 겉으로 드러나는 대화만을 다루는 것은 표면적인 문제만을 다루는 느낌이다.

2) 선정 자료에 대한 면

이○○님 역시 여중생 참여자들은 학습량이 많아 자료를 읽을 시간이 부족하다는 점을 고려하여 비교적 간단한 그림책으로 선정했으며, 분량이 많은 책은 활용할 부분만 발췌해 사용하는 방법을 택했다. 이는 적절한 선택이었다고 생각이 되며, 조금 더 욕심을 낸다면 참여자가 여중생이면서 엄마도 여성이라는 점을 감안해 정서적인 면을 자극할 수 있는 이야기로 출발을 해서, 이성적인 면도 발휘할 수 있도록 돕는 자료를 선정하는 전략을 발휘했다면 좋았겠다.

3) 관련 활동에 대한 면

작문에서부터 미술, 연극, 놀이에 이르기까지 다양한 활동이 담겨 있다. 따라서 참여 학생들은 다양한 방법으로 자신을 표현할 수 있는 기회를 얻을 수 있을 것이다. 그러나 매 세션마다 무엇인가를 만들어 내야 하는 부담이 발생할 수도 있겠다.

4) 종합 평가

프로그램을 설계한 이○○님 역시 여성이다. 따라서 이 프로그램은 세 명의 여성이 서로 연결되어 있는 상황이다. 이는 동성이기 때문에 서로에 대해 이해할 수 있는 폭이 넓을 수 있다는 장점과 동시에, 동성이기 때문에 다른 성의 시각으로 바라볼 수 없다는 한계를 동시에 갖고 있다. 특히 소통과 관계 개선을 위해서는 적정 방안이 필요하다는 측면에서 보자면, 세 여성의 연결이 최상의 조합은 아니라 생각된다. 따라서 치료사의 측면과 설계한 프로그램의 측면 양쪽 모두에서 객관성을 확보하면서 적정 방안을 모색해 제공할 수 있도록 수정 보완한다면, 더 좋은 프로그램이 될 수 있을 것이다.

3) 수퍼바이지 김○○ : 청소년 자아정체감 향상을 위한 독서치료

1. 프로그램 목표

청소년 자아정체감 독서치료 프로그램은 청소년기의 학생들이 자신의 삶을 주체적으로 살 수 있도록 돕기 위한 프로그램이다.

따라서 자신의 참모습이 무엇인지 탐색해 보고 자신이 진정으로 바라고 원하는 것이 무엇인지 고민해 보고 자신을 가족과 친구들에게 열린 마음으로 드러냄으로써 서로를 이해하고 배려하는 마음을 지닐 수 있다고 본다.

자신을 정성껏 들여다보고 이를 바탕으로 주변과의 관계를 원활히 하여 행복한 삶을 누릴 수 있는 기회를 제공하고자 한다.

2. 프로그램 참여 대상

중학교 2~3학년생, 6명

3. 프로그램 구성 및 진행 계획

중학교 2~3학년생 6명을 대상으로 주1회 총 12회(60분 진행)에 걸쳐 이루어질 계획이다. 다루고 있는 영역은 프로그램에 관한 전반적인 소개와 운영방법을 설명하고 구성원들 간의 친밀감을 형성하며 나 자신과 가족, 친구의 관계, 감정(화, 슬픔), 가치관, 진로에 대한 고민 등이다.

4. 프로그램 세부 계획

세션	세부목표	선정 자료	관련 활동
1	프로그램의 목적과 운영방법을 설명 친밀감을 형성	악어오리 구지구지, 아름다운 책, 책을 읽는 기쁨 / 이해인	프로그램소개, 우리들의 약속 나의 소개(별칭 짓기), 자기소개하기, 책 읽는 즐거움 낭송
2	나 자신 알기 - 순수한 나	나 / 김광규, 곰이라고요 곰 (수일이와 수일이)	서약서 읽기 나 모방 시 짓기 원래의 나와 만들어진 나
3	나 자신 알기 - 흥미와 적성	치킨 마스크, 행복한 청소부 (씁쓸한 초콜릿)	나의 흥미와 적성 독서 후 느낌나누기
4	관계 : 가족	엄마가 사라진 어느 날, 아빠는 1등만 했대요, 아무에게도 하지 못한 말 -우리 집	가족들이 나에게 가장 많이 하는 말은? (가장 좋았던 말, 가장 싫었던 말) 가족 상징 표현
5	관계 : 친구	오리와 부엉이, 벌거벗은 코뿔소, 친구가 되려면 / 신형건, 소외당하기 쉬운 열 가지 태도	고민 나눠보기(관계의 어려움) 모방 시 지어보기 친구 자랑하기
6	감정 : 화	화가 난 수박 씨앗, 난 토라져(문제아), 마빡 맞기 / 시	만다라 화가 나는 것은 어떤 것일까? 화가 났을 때 어떻게 해야 할까 생각해보기 모방 시
7	감정 : 슬픔	슬픔을 치료해 주는 비밀 책	7가지 처방을 따라 해 보기 또는 슬픔을 치료해 주는 나만의 비밀 책 만들기
8	가치관 : 용기	용기, 조금만 조금만 더	나의 장점 단점 적어보기 단점 종이비행기 써서 날려 보내기
9	가치관 : 끈기	바른 가치관, 갈매기의 꿈	끈기를 가지고 해보고 싶은 거 써 보고 성공하기 위해 노력해야 할 것 써서 나눠보기
10	꿈과 비전 나 자신의 꿈 찾기	난 황금 알을 낳을 거야!	직업흥미검사-워크넷 나만의 꿈의 목록작성하기
11	꿈과 비전 나의 꿈과 손잡기	13살 내일을 잡아라, 그래 멋진 직업을 찾고 말테야!	꿈을 이룬 나의 사진첩 만들기
12	평가		마법의 병 채우기 소감문 작성하기

우리들의 약속

나는 우리가 재미있고 유익한 집단이 되도록 하기 위해
다음과 같은 규칙을 잘 지키겠습니다.

1. 모임 활동에 적극적으로 참여하겠습니다.

2. 다른 사람의 생각을 존중하겠습니다.

3. 나와 친구들의 성장을 위해 성실히 노력하겠습니다.

4. 친구들의 비밀을 남에게 알리거나 이용하지 않겠습니다.

5. _____

20 .   .   .

이름   (서명)

나의 소개

나는 ____년 _월 _일에 _남 _녀 중 _째로 태어났다.
내가 태어난 계절은 _____이다.

내가 제일 좋아하는 사람은 _____이고
나를 가장 좋아하는 사람은 _____이다.

나는 초등학교 1학년 때 ___반이었다.

내가 제일 좋아하는 과목은 _____이고
제일 잘 하는 과목은 _____이다.

내 얼굴에서 제일 자신 있는 부분은 _____이다.
왜냐하면 _____이기 때문이다.

내가 즐겨가는 미용실은 _____이다.

내가 즐겨하는 게임은 _____이다.

내 스트레스는 _____를 하면 풀린다.

_____하다면 진짜 행복할 거 같다.

나는 _____로 불리고 싶다.
왜냐하면 _____이기 때문이다.

책을 읽는 기쁨

이해인

좋은 책에서는 좋은 향기가 나고
좋은 책을 읽는 사람에게도
그 향기가 스며들어
옆 사람까지도 행복하게 한다.

세상에 사는 동안
우리 모두 이 향기에 취하는
특권을 누려야 하리라

아무리 바빠도 책을 읽는 기쁨을
꾸준히 키워나가야만 우리는
속이 꽉 찬 사람이 될 수 있다

언제나 책과 함께 떠나는 여행으로
삶이 풍요로울 수 있음에 감사하라
책에서 우연히 마주친 한 구절로
내 삶의 태도가
예전과 달라질 수 있음을
늘 새롭게 기대하며 살자

『꽃삽 / 이해인 지음 / 샘터』

나

김광규

살펴보면 나는
나의 아버지의 아들이고
나의 아들의 아버지고
나의 형의 동생이고
나의 동생의 형이고
나의 아내의 남편이고
나의 누이의 오빠고
나의 아저씨의 조카고
나의 조카의 아저씨고
나의 선생의 제자고
나의 제자의 선생이고
나의 나라의 납세자고
나의 마을의 예비군이고
나의 친구의 친구고
나의 적의 적이고
나의 의사의 환자고
나의 단골술집의 손님이고
나의 개의 주인이고
나의 집의 가장이다

그렇다면 나는
아들이고
아버지고
동생이고
형이고
남편이고

오빠고
조카고
아저씨고
제자고
선생이고
납세자고
예비군이고
친구고
적이고
환자고
손님이고
주인이고
가장이지
오직 하나뿐인
나는 아니다

과연
아무도 모르고 있는
나는
무엇인가
그리고
지금 여기 있는
나는
누구인가

『대장간의 유혹 / 김광규 지음 / 미래사』

원래의 나와 만들어진 나

원래의 나	만들어진 나

나의 흥미와 적성

1. 내가 잘하는 것에 ○표를 하여 봅시다.

·말하기	·책읽기	·시, 극본 낭독하기
·글짓기	·글씨 쓰기	·조사하기
·지도보기	·외우기	·셈하기
·도형그리기	·공부	·그래프 그리기
·동, 식물관찰	·식물 재배	·건전지 실험
·물체 실험	·악기 연주	·날씨공부
·무늬 꾸미기	·그리기	·음악 감상
·바느질하기	·애완동물 그리기	·찰흙 만들기
·웅변하기	·각종 수집	·용돈 기입장 쓰기
·기계 분해 조립	·요리	·연극하기
	·영어	·그 외 잘하는 것

2. 위에서 표한 것 중에서 가장 자신 있는 것 세 가지를 차례로 써 봅시다.

1)

2)

3)

3. 내가 잘하는 운동에 ○표를 하여 봅시다.

·단거리 달리기	·평균대 운동	·합기도
·오래 달리기	·구름사다리 옮겨가기	·태권도
·턱걸이, 매달리기	·무용	·던지기
·막대운동	·도움닫기 멀리뛰기	·후프 돌리기
·매트운동	·탁구	·등산
·줄넘기	·야구	·늑목 운동
·뜀틀 운동	·핸드볼	·수영
·오래달리기	·축구	·철봉운동
·맨손체조	·배구	·농악(소고)
·제자리 멀리 뛰기	·농구	·제기차기
·윗몸 일으키기	·권투	·널뛰기

4. 위에서 ○표한 것 중 가장 자신 있는 운동 세 가지를 써 봅시다.

1)

2)

3)

5. 공부나 운동 외에 내가 잘 하는 것이 있으면 세 가지만 써 봅시다.
    1)
    2)
    3)

6. 선생님이나 가족 또는 친구들이 나를 보고 무엇을 잘 한다고 칭찬했는지 적어
   봅시다.

    부모님께서 잘한다고 하신 것

    선생님께서 잘한다고 하신 것

    나의 형제·자매가 잘 한다고 한 것

    친구들이 잘한다고 한 것

7. 앞으로 내가 더 잘하고 싶은 것은 무엇인지 세 가지만 적어 봅시다.
    1)
    2)
    3)

8. 내가 잘하는 것을 더 잘하게 된다면 가질 수 있는 직업을 적어 봅시다.

가족들이 나에게 가장 많이 하는 말은?

가장 좋았던 말	가장 싫었던 말

가족 상징 표현

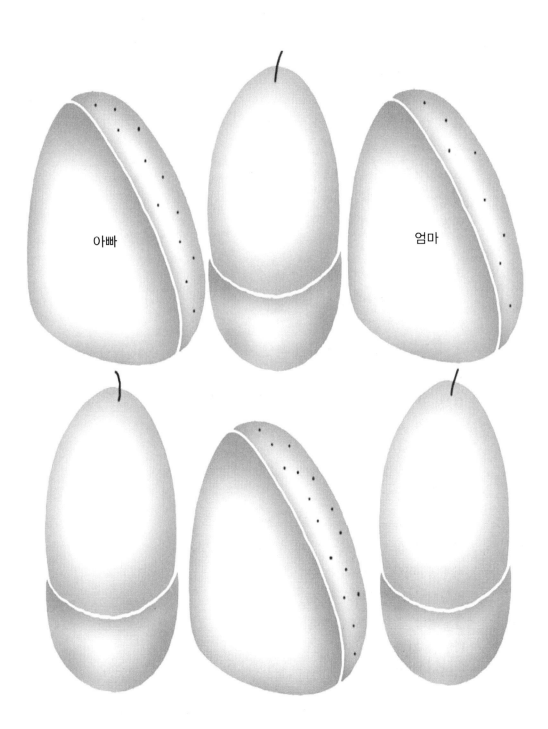

친구가 되려면

신형건

지우개랑 친해지려면
글씨를 자꾸 틀리면 되지.
몸이 다 닳아 콩알만해진 지우개가
툴툴거리는 소리, 귀에 들려올 때
그 소리에 솔깃 귀 기울일 수 있으면
그제서야 지우개랑 진짜
친구가 되는 거지.

마당가에 삐죽 고개 내민
돌부리와 친해지려면
네댓 번 걸려 넘어져 보면 되지.
눈 감고도 그 돌부리가 환히 보일 때
돌부리가 다리를 걸기 전에
슬쩍, 밉지 않게 걷어차 줄 수 있을 때
그제서야 돌부리와도
친구가 되는 거지.

바람과 친해지려면
그냥 불어오는 쪽을 바라보면 되지.
머리카락 흩뜨리고 달아나게 내버려 두면 되지.
하지만, 바람과 정말 친구가 되려면
바람개비를 만들어야 하지.
팔랑팔랑 춤추는 바람개비를 입에 물고
바람을 가슴에 안으며
달려야 하지.

『거인들이 사는 나라 / 신형건 시, 김유대 그림 / 푸른책들』

소외당하기 쉬운 열 가지 태도

1. 그가 없을 때 그를 비웃는다면

2. 모든 대화에서 당신만 계속 말한다면

3. 그가 말할 때 끼어들어 당신의 자랑을 시작한다면

4. 당신의 생각과 다른 말을 할 때 그 사람의 말을 무시한다면

5. 그의 관심보다는 당신의 관심에만 초점을 맞추어 말한다면

6. 항상 상대보다는 당신이 더 중요하다고 느낀다면

7. 그를 있으나마나한 존재로 여긴다면

8. 만나면 말로 싸워서 꼭 이긴다면

9. 그의 단점을 지적하고 꼭 수정하게 만든다면

10. 다른 사람에게 당신의 잘못을 절대 사과하지 않는다면

당신은 당신이 사랑하는 사람들로부터
소외될 것입니다….

친구 자랑하기

우리 반 친구 중에서 한 명 찾아 다른 사람에게 자랑해 보기

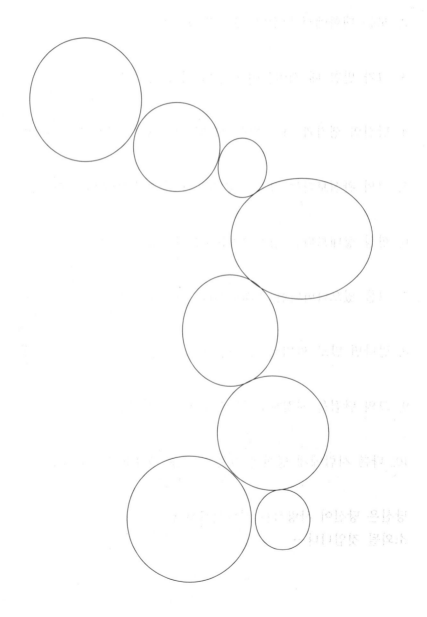

만다라를 색칠하고 나서~

(안에서부터 색칠했니? 아님 밖에서부터?)

- 내가 색칠한 만다라에 제목을 붙인다면?

- 만다라를 색칠한 후 나의 느낌은?

마빡맞기

박상욱

한 대 맞으면
눈물 나오고
두 대 맞으면
코피 나오고
세 대 맞으면
별이 보이고
네 대 맞으면
눈에 뵈는 게 없다.

『국어시간에 시 읽기 1 / 배창환 엮음 / 나라말』

화가 나는 것은 어떤 것일까?
화가 났을 때 어떻게 해야 할까 생각해보기

내가 화가 났던 순간들,

화에 관하여 적어 볼까?

어떨 때 화가 나는지 알면 미리 마음을 다스릴 수 있단다.

나의 장점 단점 적어보기

장점	단점

나만의 꿈의 목록 : 꿈의 크기가 삶의 크기다

배우고 싶은 것

여행하고 싶은 곳

만나고 싶은 사람들

개인적으로 꼭 해야 할 일들

깜빡하고 잊을 정도로 아주 사소한 꿈들

마법의 병

"○○○, 넌 사랑받기 위해 태어난 사람이야!"

소감문

이 름:
별 칭:
희 망:

🔵 더 하고 싶은 말은?

🔵 지금 내 느낌은?

☞ 수퍼비전

수퍼바이지 김○○님은 15년 넘게 도서관의 사서로 재직 중이다. 그러나 책읽기의 즐거움을 모르고 있었는데, 독서치료사 과정을 마친 뒤 이렇게 책을 읽으면 되겠구나 하는 방향성이 조금은 정립됐다고 한다. 덕분에 책읽기가 재미있다고 하니 이는 부수적인 소득이라 생각된다. 더불어 그녀는 이런 저런 이야기를 많이 하는 스타일이 아니다. 오히려 생각을 많이 하는 것처럼 보이는, 늘 차분하고 절제된 인상이다. 또한 제대로 하지 못함에 대해 스스로가 싫기 때문에 선택한 부분에 대해서는 최선을 다하기도 한다. 그래서 선정 자료도 미리 다 구입해 읽어보고 발표 당일 가져오기도 했다. 그럼 프로그램은 어떤지 하나씩 살펴보도록 하자.

1) 목표 설정에 대한 면

청소년기에 있어 자아정체감 확립은 매우 중요한 과업이다. 따라서 주제 및 목표 설정은 무난해 보인다. 그러나 프로그램 계획의 세부목표에서는 순서를 바꾸거나 몇 개의 세션은 아예 다른 것으로 교체를 하는 것이 필요해 보인다. 우선 4~5세션의 세부목표는 '관계속의 나'라는 커다란 틀에서 살펴보면 적절할 테고, 6~7세션의 감정에 대한 부분은 아예 빼도 무방하겠다. 또한 8~9세션의 가치관 가운데 '용기'와 '끈기'를 임의적으로 선택한 이유는 설명이 필요해 보였다. 다시 한 번 정리하면 1~3세션은 그대로 두고, 4~5세션은 '관계속의 나'로, 10세션의 '꿈과 비전 나 자신의 꿈 찾기'를 6세션으로 이동, 이후 세션에서는 내가 찾은 꿈을 이루기 위해 필요한 것들을 중심으로 전개해 나가면 좋겠는데, 그 가운데 하나가 8~9세션의 가치관이 되겠다. 더불어 프로그램 참여 대상과 시간을 보면 6명과 60분 동안 진행을 하겠다고 했는데, 그 이유는 아직 치료를 해 본 경험이 없기 때문이란다. 솔직한 답변이었지만 특히 시간이 부족해 보이므로 90분 이상으로 다시 설정할 필요가 있겠다.

2) 선정 자료에 대한 면

선정 자료는 적절한 것도 있지만, 한 세션에 모두 활용하기에는 너무 양이 많고 각 자료마다 수준 차이 또한 큰 편이다. 그래서 그 부분을 조정할 필요가 있어 보인다.

3) 관련 활동에 대한 면

관련 활동 또한 60분 이내에 다 할 수 없을 정도로 너무 많이 넣은 경향이 있다. 이런 면에서도 처음 프로그램을 계획해 본 사람의 특성이 여실히 드러나는데, 그래도 하나의 세부목표를 위해 이처럼 다양한 활동을 생각해 낼 수 있는 것은 중요하면서도 칭찬받아 마땅할 능력이다. 다만 이제 그것들 가운데서 가장 적절할 것을 골라 충분히 접목을 시켜 원하는 목표에 도달할 수 있도록 간결하게 조직하는 능력을 키우셨으면 한다. 이는 현장 경험으로부터 배울 수 있을 것이다. 이어서 각 세션 별 활동을 살펴보면, 1세션에서 분명히 '우리들의 약속'이라는 서약서를 작성하는데, 그것을 묵혀 두었다가 2세션에 다시 꺼내어 읽는 이유가 궁금했다. 또한 6세션에서는 '만다라'라고 하는 미술치료적 기법을 활용했는데, 정확한 의미를 모르고 특별한 목적의식 또한 없이 넣은 것이라 치료사 자신이 잘 알고 있는 방법으로의 전환이 요구됐다. 마지막으로 10세션에서 활용할 '직업흥미검사'는 '워크넷'이라는 사이트 내에서 각자 실시하고 결과표를 가져와야 하는 것이었는데, 만 14세 미만의 아이들은 실시할 수가 없다는 점을 모르고 계셨다. 그럼 분명 집단원 가운데 누군가는 검사를 실시할 수 없을 것이기 때문에, 이 활동 역시 모두가 참여할 수 있는 다른 검사로 대체를 해야 할 필요가 있다.

4) 종합 평가

수퍼비전을 위해 알차게 준비를 했다는 느낌이 든 시간이었다. 그러나 그와 동시에 역시 현장에서의 경험이 없는 수퍼바이지들이 갖고 있는 한계와 문제점이 무엇인지도 알 수 있는 시간이었다. 그러나 좌절할 필요는 전혀 없다. 누구나 그런 단계가 있고, 이런 과정을 통해서 배우고, 나아가 현장에서의 경험을 통해 더 많이 배울 것이기 때문에. 덕분에 우리는 많은 내용들을 공유할 수 있었다. 현시점에서는 그것만으로도 충분하다.

4) 수퍼바이지 박○○ : 청소년 자아정체감 형성을 위한 독서치료

▶독서치료 프로그램 계획안

1. 프로그램 주제

청소년 자아정체감 형성을 위한 프로그램(중학생 1~2학년)

2. 프로그램 목표

자신에 대한 긍정적인 자아상을 갖도록 한다.

자신을 객관적으로 바라보고 자신의 미래를 설계한다.

3. 프로그램 구성

총 12회기 프로그램(주 1회 100분)

4. 참여 대상

청소년 소그룹집단(3~4명 내외)

5. 프로그램 세부계획

세션	주제	세부 목표	선정 자료	관련 활동	기타 자료
1	마음 열기	프로그램 소개 및 자기소개	내 이름은 자가주 [마루벌]	자기 소개서(삼행시) & 내 이름의 의미	내 이름은 에이프릴 [시공주니어]
2	자기 탐색	자서전	세 개의 황금열쇠 [사계절]	지나온 삶에서 나에게 특별한 사람이나 사건이 있었다면… (세 가지)	세 가지 질문 [달리]
3		관점의 차이	반이나 차 있을까 반밖에 없을까[논장]	다르게 보여요 & 나를 이해하고 상대방을 이해 해보는 시간 마련하기	생각[논장]
4		사고의 전환	레밍딜레마 [바다출판사]	주관적인 내 입장을 펼쳐보기	마당을 나온 암탉[사계절]
5	관계 쌓기	가족 속의 나	공원에서 일어난 이야기[삼성출판사]	가족 관계에서 나 돌아보기	두사람[사계절]
6		친구들 속의 나	또 생각하는 개구리 [진선 아이]	'마음에 드는 친구가 있는 곳'을 읽고 친구에 대해 이야기하기	샬롯의 거미줄 [시공사]
7		현실 속의 나	흑설공주 이야기 [뜨인돌]	명작동화를 통해 현실 속의 나를 적용해보기	신레룰라 [보물창고] 슈렉[비디오]
8		사회 속의 나	쿠키 한 입의 인생수업 [책 읽는 곰]	삶을 살아가는 데 있어서 단어로 글 써보기(계단북)	아름다운 가치사전 [한울림]
9	나의 미래	내 색깔	레의 모험 [삼성아이당]	다양한 만남을 통해 자신의 모습 표현하기(만다라) & 나의 의사소통 (사티어 대화법)	나를 있게 한 모든 것들 [뜨인돌]
10		내 마음속 응어리	피노키오 [시공주니어] / 피노키오 거꾸로 보기[베틀북]	피노키오 코 팝업 북 만들기	거짓말을 하면 얼굴이 빨개진다 [비룡소]
11		나의 미래	행복한 청소부 [풀빛]	정말 내가 좋아하는 장래희망과 현실 속의 내 장래희망 비교해보기 & 인생 곡선	우체부 슈발 [진선출판]
12	특별한 헤어짐	롤링페이퍼 (삶의 끈 잇기)	나는 기다립니다 [문학동네어린이]	인생설계해보기 & 빨간 끈을 이용해 롤링페이퍼를 써 보기 (미니북)	청소년을 위한 시크릿[살림]

<1세션>

◉ 자기 소개서(인터뷰)

불리고 싶은 별칭은	내가 좋아하는 음식	내가 가장 좋아하는 사람은
나의 단점은	자신에 대해 가장 마음에 들지 않는 면	내가 가장 좋아하는 TV나 라디오프로그램
여생을 마칠 때까지 해 보고 싶은 것	가장 가보고 싶은 곳	나에게 가장 소중한 것
내가 가장 잘할 수 있는 것	내가 가장 행복할 때와 괴로울 때	요즘 가장 많이 하는 고민은

◉ 삼행시 짓기

◉ 내 이름의 의미를 창의적으로 표현하기

<2세션>

◉ 자서전 쓰기(과거 - 현재)

생애 단계	그때의 나이	나의 자서전
1		
2		
3		

◉ 세 가지 질문(달리)

- 가장 중요한 때는 언제일까?
- 가장 중요한 사람은 누구일까?
- 가장 중요한 일은 무엇일까?

* 꿈을 이루어주는 세 개의 열쇠(『경제 경영 1번지』, 더난출판 / 『책의 실크로드』, 북로드)

미션 Mission : 내가 지금 여기에 있는 이유는 무엇인가?

비전 Vision : 내가 꿈꾸는 나의 모습은 무엇인가?

프로젝트 Project : 지금 여기에서 내가 해야 할 일은 무엇인가?

비전 Vision : 내가 꿈꾸는 나의 모습은 무엇인가?

프로젝트 Project : 지금 여기에서 내가 해야 할 일은 무엇인가?

<3세션>

◉ 다르게 보여요 - 명화 감상하고 이야기하기

루벤스의 '로마의 자비(시몬과 페로)'
- 젖을 먹여 아버지를 살린 효녀

* 첫 감상 :

* 이야기를 들은 후의 감상 :

◉ 착시 현상

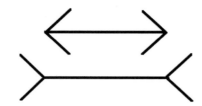

<4세션>

◉ 일상의 당연한 삶에 의문 던지기

레밍들처럼 우리도 당연하다고 생각해서 아무 의심 없이 생각하거나 행동하는 일은 없을까요?

예) 레밍들처럼 '맞아, 이거 정말 왜 하지?' 하고 공감 가는 항목을 3개씩 써 보기.

예) 왜 공부하지?
     왜 남학생은 머리를 기르면 안 되지?
     왜 대학에 가야 하지?
     왜 꼭 결혼을 해야 하지?
     왜 여자만 치마를 입고 남자는 바지를 입어야만 하지?

◉ 내가 좋아하는 것과 내가 하고 싶은 것 찾기

내가 좋아하는 것	하고 싶은 것

◉ 자신의 인생에서 가장 중요한 베스트 5를 적어보세요.

내 인생의 베스트

1._____

2._____

3._____

4._____

5._____

<5세션>

◉ 조하리의 창문

(Ⅰ) 모두가 알아요 　　(나, 남이 아는 영역)	(Ⅱ) 나도 모르는데 　　(나는 모르고 남만 아는 영역)
(Ⅲ) 나만 알아요 　　(남은 모르고 나만 아는 영역)	(Ⅳ) 아무도 몰라요 　　(아무도 몰라요)

◉ 가족 동작화 그려보기

<6세션>

◉ 책 복사해서 말 주머니 넣기

◉ 친구에게 편지 쓰기

To
--------------------- 에게

<7세션>

◉ 흑설공주 이야기 독서퍼즐

〈가로열쇠〉

1. 영어로 '백합'을 뜻함. 가난한 환경 속에서도 씩씩하게 지내는 여자 아이. 나무꾼이
   었다가 죽은 기사의 옷을 입고서 새 출발하는 의미에서 만든 이름. ○○경.

4. 퀘스타 공주가 갈 길을 안내해 줌. 은빛 나래옷을 입은 여인이 건네 준 별 모양의
   ○○. ○○는 흔히 여자를 상징.

6. 신데헬의 이복동생 노빌리타의 나쁜 마음씨를 반성하게 해 준 사람으로, 왕궁에서
   가장 부유한 ○○부인.

8. 주로 사악한 인물로 묘사되는 인물인 계모의 전형이 나오는 동화. '흑설공주'의 원작.

9. 이슬방울이 변해서 된 사물로 후에 왕자가 신데헬을 찾는데 도움이 됨.

11. 질이 지하에서 수정 보석을 가지고 오게 해 준 나무. 땅 위로는 여느 나무와 다를
    것이 없지만 뿌리가 굉장히 깊이 박혀 있다.

13. 질이 콩나무를 내려가서 만난 족속. ○○○는 지하에서 보석을 만드는 일을 한다.
    그들의 주장에 의하면 자기들은 인간이 멸망하고 나서 생길 새로운 종족의 신이
    될 것이라고 함.

14. 삼대의 여성. 즉 처녀, 어머니, 할머니의 전통적인 색상 중 어머니의 색. 이 색은
    흔히 정열을 뜻한다.

16. 요술램프 속 요정을 불러 귀족과 가난한 자의 집을 똑같이 만드는 등 세상을 바꾼
    여자. 어렸을 때부터 쾌활하고 씩씩한 소녀.

18. 알라딘이 요술램프에서 불러낸 요정의 이름. 황동 램프 안에서 수백 년 동안 있다
    가 알라딘의 도움으로 나옴.

19. 자신들이 싫어하는 정원사를 혼내준 ○○요정. 세 자매가 각각 지푸라기, 나뭇가지,
    진흙으로 집을 만듦. 여자아이는 이 색의 옷을, 남자아이는 파랑색 옷을 입어야 한
    다는 고정관념이 있다. 흰색과 빨간색으로 각각 상징되는 동정녀와 성모마리아의
    결합과 관련.

〈세로열쇠〉

2. 흑설공주를 괴롭혔다가 나중에는 평생 감옥에 갇힌 사람. ○○경. 이 사람 이름의 뜻은 사냥꾼. 겉으로는 예의바르고 품위 있는 척 하지만 실제로는 무례하고 야비함.

3. 하얀 모자가 좋아하는 동물. 옛 유럽, 일부 부족들은 ○○를 숭배해서 토템 신앙 삼음. 사람의 성에도 남아서, 요즘도 영국인의 이름에 '○○'라는 성을 흔히 찾아 볼 수 있음.

5. 연못으로 놀러 오는 왕자에 반해 요정에게 찾아가 요술로 인간이 되어 왕자비가 되었던 ○○○ ○○. 기형아를 낳아 궁중에서 한바탕 소란이 일어나기도 함.

7. 장난감 가게에서 자신의 몸매를 과시하고 군복을 입은 장난감 조 일병에게 맞기도 한 인형. 20세기 아름다움의 신화가 만들어낸 환상. 긴 금발, 잘록한 허리, 터질 듯 한 가슴, 쭉 뻗은 다리, 기다란 속눈썹. 어릴 때부터 이 인형을 가지고 놀았던 소녀들은 성인이 되어서도 여전히 이 인형을 동경해서 자신의 몸에 불만족스러워 하게 된다고 함.

10. 신데헬이 어머니 무덤가에 있는 버드나무에 붙인 이름. ○○나무. 숲의 ○○.

12. 상으로 황금장미를 가져가는 대신 딸을 한 명 야수에게 받쳐야 하는데, 자진해서 야수의 성으로 가겠다고 한 딸. 흔히 아름답지 못한 사람을 이르는 말. ○○○삼형제.

15. 알라딘이 출세해서 부자가 되기를 원하는 알라딘의 엄마 이름.

17. 여권신장, 또는 남녀평등을 주장하는 사람으로, 이 책의 작가도 이에 속함.

18. '잭과 콩나무'에서 잭이 하늘 위로 올라가는데 비해 질은 ○○로 내려감.

20. 재단사 자매가 여왕에게 ○○비단이라고 착하고 정직한 사람 눈에만 보인다고 말한 비단. 여왕이 이 비단을 걸쳐 입고 행차를 했다가 망신을 당함.

◉ 전래동화에 나를 등장시켜 보기

1. 동화 다시 쓰기 - 흑설공주 VS 나

	흑설공주	나
발단 (주인공 소개)		
전개 (사건의 실마리)		
위기 (사건의 진행)		
절정 (사건의 최고조)		
결말 (사건의 해결)		

2. 두 이야기에서 공통점과 차이점을 찾을 수 있습니까?

	공통점	차이점
가 족		
주인공 성격		
고난 극복 과정		
결 말		
그 밖에		

\<8세션\>

◉ 계단북

나만의 가치말 사전을 만들어 볼까요? (경험을 살려 생각해 보세요.)

```
┌┄┄┄┄┄┄┄┄┄┄┄┄┄┄┄┄┄┄┄┄┄┄┄┄┄┄┄┄┄┄┄┄┐
│                                      │
│                                      │
│                                      │
└┄┄┄┄┄┄┄┄┄┄┄┄┄┄┄┄┄┄┄┄┄┄┄┄┄┄┄┄┄┄┄┄┘
```

◖ 협동이란?

```
┌┄┄┄┄┄┄┄┄┄┄┄┄┄┄┄┄┄┄┄┄┄┄┄┄┄┄┄┄┄┄┄┄┐
│                                      │
│                                      │
│                                      │
└┄┄┄┄┄┄┄┄┄┄┄┄┄┄┄┄┄┄┄┄┄┄┄┄┄┄┄┄┄┄┄┄┘
```

◖ 인내란?

```
┌┄┄┄┄┄┄┄┄┄┄┄┄┄┄┄┄┄┄┄┄┄┄┄┄┄┄┄┄┄┄┄┄┐
│                                      │
│                                      │
│                                      │
└┄┄┄┄┄┄┄┄┄┄┄┄┄┄┄┄┄┄┄┄┄┄┄┄┄┄┄┄┄┄┄┄┘
```

◖ 자부심이란?

```
┌┄┄┄┄┄┄┄┄┄┄┄┄┄┄┄┄┄┄┄┄┄┄┄┄┄┄┄┄┄┄┄┄┐
│                                      │
│                                      │
│                                      │
└┄┄┄┄┄┄┄┄┄┄┄┄┄┄┄┄┄┄┄┄┄┄┄┄┄┄┄┄┄┄┄┄┘
```

◖ 겸손이란?

```
┌┄┄┄┄┄┄┄┄┄┄┄┄┄┄┄┄┄┄┄┄┄┄┄┄┄┄┄┄┄┄┄┄┐
│                                      │
│                                      │
│                                      │
└┄┄┄┄┄┄┄┄┄┄┄┄┄┄┄┄┄┄┄┄┄┄┄┄┄┄┄┄┄┄┄┄┘
```

◑ 공경이란?

◑ 당당함이란?

◑ 믿음이란?

◑ 불공평이란?

<9세션>

◉ 만다라 - CD 케이스에 칼라믹스로 표현하기

◉ 내가 받은 부정적인 반응을 긍정적으로 전화하기
   (예 : 넌 좀 마음이 약해 → 넌 남의 얘기를 참 잘 들어주더라)

1. 성격 특성	2. 부정적 측면 (−)	3. 긍정적 측면 (+)
공격적 말이 많은 독립적인 재치 있는 이성적인 예의바른 목표 지향적인 지지적	나서기 좋아하는, 설치는 수다스럽고 잔소리가 많은 독불장군식인, 자기중심적인 약삭빠른, 간사한, 모방 잘하는 따지는, 냉정한, 타산적인, 평가적인 눈치 보는, 거만한, 오만한 공부밖에 모르는, 과욕적인 줏대가 없는, 아부하는, 우유부단	적극적인, 의욕적인 언변 좋은, 활동적인, 표현이 자유로운 소신 있고 자립심이 강한, 개성적인 센스가(감각이) 좋은, 재치 있는 합리적인, 논리적인, 객관적인 공손한, 매너 좋은 목표가 분명한, 미래 지향적인 협조적인, 도우는, 수용적
지배적 종교적 활동적 복종적 논리적 감수성이 풍부한 경쟁적 불안정한 현실적인 감정적	고집불통인, 독재적인, 독선적 비현실적인, 공상적인 설치는, 나서는 수동적인, 의타적인 따지는, 챙기는 변덕이 심한, 신경질적인 설치는, 투쟁적인, 공격적인 마음이 잘 바뀌는, 소심한, 불안함 저속한, 속물적인 다혈질적인, 변덕적인, 불안한, 신경질	소신 있는, 주관이 분명한, 신념 있는 안정된, 진실한, 믿음 있는 의욕적인, 적극적인 규범을 잘 지키는, 협조적인 이성적인, 객관적인 감정이 풍부한, 민감한 의욕적인, 적극적인, 진취적인 감정에 민감한 적응력이 높은, 소탈한 정감이 풍부함, 감수성 풍부함
야망 있는 주관적 의존적 의사결정이 빠른 외모에 신경을 쓰는 자신감 있는 수동적 집단을 이끄는 데 익숙한	허황된 욕심꾼, 수단을 안 가리는 독선적인, 남의 얘기를 안 듣는 마음이 약한, 복종적인, 의타적 가벼운, 경솔한 기생오라비 같은 나서기 좋아하는, 자기 본위인 복종적인, 의존적인 잘난 체하는, 의도적인	꿈이 많은, 야망과 패기 있는 소신 있는, 뚜렷하고 분명한 적응력이 높은, 남의 얘기 잘 듣는 신속한, 정확한 깨끗한, 깔끔한 소신 있는, 자신만만한 규범에 잘 따르는 리더십이 훌륭한, 능력 있는

◉ 사티어 의사소통 검사지 - 나의 대화법은 어떠한가

<11세션>

◉ 나의 인생 곡선

+30								
+20								
+10								
-10								
-20								
-30(감정)								

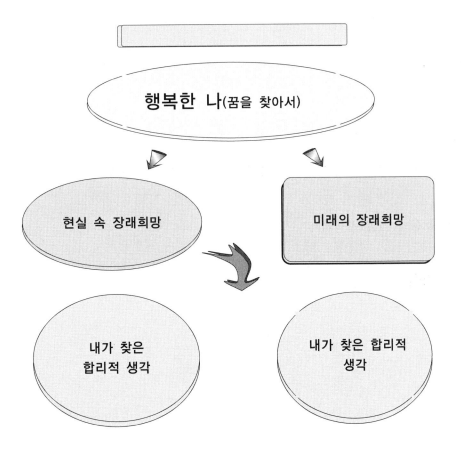

<12세션>

◉ 나의 인생 설계

구분	나이	주요 사건	나의 모습
출생	세		
	세		
	세		
	세		
	세		
	세		
	세		
	세		
	세		

· 구분란 - 출생에서부터 ○○시절~ 년 후 등을 쓰십시오.

◉ 롤링 페이퍼(미니북)

~ 하기를

☞ 수퍼비전

수퍼바이지 박○○님은 아동 독서지도와 함께 미술 지도를 하는 선생님이다. 따라서 여러 장면에서의 수업을 통해 몸에 익힌 감각이 있다. 또한 그녀는 다른 수퍼바이지들과는 달리 프로그램을 미리 만들어 한 차례 점검을 받은 뒤 수퍼비전을 받았다. 그러므로 완성도 면에서는 뛰어난 축에 속한다. 그럼에도 불구하고 아쉬운 점은 있게 마련인데, 그럼 하나씩 살펴보도록 하자.

1) 목표 설정에 대한 면

이 프로그램의 대상은 중학교 1~2학년 학생들로, 자신에 대한 긍정적인 자아상을 갖도록 하고 나아가 자신을 객관적으로 바라보며 미래를 설계할 수 있도록 돕겠다는 목표가 설정되어 있다. 즉 이 시기의 가장 중요한 이슈 가운데 하나인 자아정체감 형성을 돕는다는 목표를 갖고 있다. 때문에 프로그램의 방향은 철저히 '자신'에게 초점이 맞추어져 있다. 그러나 실제 프로그램 계획에서의 주제와 세부 목표는 그렇지가 않다. 그래서 5세션부터 8세션까지의 주제인 '관계 쌓기'는 '관계 점검 혹은 관계 탐색'으로 바꾸기를 권했고, 세부 목표 역시 4세션 '사고의 전환'은 10세션 '내 마음속 응어리'와 교체를 하라고 일러 주었다. 더불어 7세션 '현실 속의 나'는 '자기 탐색' 주제 분야로 넣고, 8세션 '사회 속의 나'를 7세션에서, 대신 8세션에서는 관계를 정리하는 목표로 넣어서 진행하는 것이 무난하겠다는 뜻을 전했다.

2) 선정 자료에 대한 면

수퍼바이지 박○○님은 독서지도사답게 자료를 많이 알고 있는 분이다. 그래서 여분의 자료까지 찾아서 명시를 해두는 부지런함을 보여주었다. 이는 다른 수퍼바이지들도 귀감으로 삼아야 할 부분이다. 자료는 대부분 그림책 위주로 선정을 해 참여자들이 읽어오는 부담을 줄이려는 면이 엿보였고, 비교적 적절한 선택들로 보여진다. 그러나 5세션의 자료인 '공원에서 일어난 이야기'와 '두 사람'은 3세션 '관점의 차이'에서 활용하는 것이 더 바람직하다는 생각도 들었다.

3) 관련 활동에 대한 면

이 프로그램의 참여자인 청소년들은 스스로 통찰을 하기가 매우 어려운 대상들이다. 따라서 활동에 있어서도 현실적이고 세부적이며 이해하기 쉬운 것들로 넣어야 할 필요가 있다. 그러나 수퍼바이지가 계획한 활동들은 다소 철학적이어서 무겁다는 느낌이 든다. 따라서 조금 가볍게 갈 필요가 있겠는데, 예를 들어 8세션의 활동 '삶을 살아가는데 있어서 단어로 글 풀어보기' 작업은 선정 자료를 활용해 '나에게 중요한 가치를 고르고, 그것을 정리해서 계단북으로 만들기' 정도로 바꾸면 낫겠다. 또한 북 아트 기법을 활용하는 등 미술 활동들이 많은 편인데, 이 역시 개선했으면 하는 면이다. 물론 최근에는 통합치료적인 관점에서 다른 치료 영역들의 방법도 자유롭게 가져다 쓰지만, 그래도 각 치료 영역에 따라 지향하는 방법들이 있으니 타 기법들은 가능한 적게 사용하는 것이 좋다는 입장이다. 그리고 미술 활동들은 준비해야 할 재료도 많고 많은 시간이 소모되므로 그에 대한 철저한 계산이 되어 있지 않으면, 시간 대비 효율성은 떨어질 수도 있다는 점을 상기할 필요가 있다. 그럼에도 불구하고 이 프로그램에는 다양한 활동이 쓰였다. 그런 면들은 감각에 심취하는 참여자들에게 흥미를 불러일으켜 긍정적인 면으로 작용할 수도 있겠다.

4) 종합 평가

다른 대상을 위한 독서치료 프로그램도 마찬가지이지만 특히 청소년들을 대상으로 한 프로그램은 감각적이면서도 흥미를 불러일으킬 수 있어야 한다. 또한 실질적이면서도 세부적일 필요가 있기 때문에 가까이에 있는 이야기로부터 출발해, 멀지 않은 미래까지 짚어 볼 수 있게 돕는 것이 필요하다. 또한 학업이라는 당면 과제가 늘 부담으로 작용을 하기 때문에 자료를 선정할 때도 읽어 와야 하는 부담이 적은 그림책이나 시, 노랫말 등의 짧은 것을 선택해 진행하는 것이 좋고, 대신 틈틈이 읽어볼 수 있는 자료의 목록을 따로 제시하는 것도 부족한 면을 보충할 수 있는 하나의 방법이다. 이런 면들을 종합해 볼 때 수퍼바이지 박○○님의 프로그램 계획은 매우 훌륭한 편이다.

5) 수퍼바이지 오○○ : 청소년의 감정조절능력 향상을 위한 독서치료
– 만화를 통해 배우는 감정의 연금술

1. 프로그램 목표

청소년 시기는 급격한 신체적, 정신적 발달을 겪으면서 감정에 휩쓸려 극단적이고 자기 파괴적인 행동을 하기에 쉬운 때이다. 힘도 세지고 몸도 어른처럼 변해가고 지적 능력도 급격히 향상되지만, 세진 힘과 자란 몸, 보다 향상된 지적 능력과 부족한 감정조절능력이 결합되어 폭력, 자살, 무책임한 성행위 등 부작용을 낳는다.

본 프로그램은 아이들이 가장 자주 접하는 매체인 만화를 활용해 청소년 시기에 자신의 내면을 뒤흔드는 여러 감정들을 슬기롭게 다스리는 법을 배워 아이들이 감정에 휩쓸려 후회스러운 선택을 하지 않게끔, 그리고 자신이 감정의 노예가 아니라 주인이 되어 자신의 감정을 부인하거나 억압하지 않고 있는 그대로 느끼면서도 그것을 연료 삼아 자신의 인생을 보다 풍요롭게 꾸려나갈 수 있게 돕는 것이 목표이다.

2. 프로그램 참여 대상

중고등학생, 성별무관

3. 프로그램 구성 및 진행 계획

중고등학생 10명(최대)을 대상으로 주1회 총 12회(50분 진행)에 걸쳐 이루어질 계획이다.

4. 프로그램 세부 계획

세션	세부목표	선정 자료	관련 활동
1	오리엔테이션		-ice breaking, -소개 및 별칭 짓기, -프로그램 소개, -각자가 좋아하는 만화책 　이야기하기, -우리의 약속
2	우리가 마음속에 만들어낸 부정적인 그림자를 다스리는 방법을 만화주인공으로부터 배운다.	나루토	-그림자가 만들어지는 3단계, -그림자 해소 3단계
3	포기하고 싶은 마음이 들 때 마음을 추스를 수 있는 방법을 만화 주인공들로부터 배운다.	"감정사용설명서", 슬램덩크	-나의 포기의 역사, -포기하고 싶은 마음을 달래는 　나만의 비법, -나는 OOO 포기를 모르는 남자 　(여자)지
4	절망감을 희망으로 바꾸는, 상처를 힘으로 바꾸는 방법을 만화 주인공으로부터 배운다.	너에게 하고 싶은 말 2화, 17화, 19화	-나의 지워지지 않은 　화상자국은?, -나만의 절망감 극복 방법 　나누기
5	청소년기에 자살을 꿈 꿀만큼 힘이 들 때 어떻게 대처할 수 있을 지에 대해 만화 주인공으로부터 배워본다.	싸우자 귀신아 : 벚꽃편	-내가 죽고 싶었을 때, -자살생각을 물리치는 나의 힘, -도움청하기 WHO
6	인터넷 상에서 타인의 감정을 고려하지 않고 무책임하게 자신의 부정적 감정을 배설하는 것에 대한 위험성을 느껴본다.	싸우자 귀신아 : 벚꽃편	-악플이 낳은 죽음, -내가 경험한 악플, -가수 노라조의 악플 대처법
7	만화를 통해 외모에 대한 열등감을 극복하는 법을 배워본다.	삼봉 이발소 1~3	-가상성형시뮬레이션?, -나의 콤플렉스는?, -외모를 극복한 사람들, -나의 거울 속 진정한 모습은?
8	청소년기에는 아무래도 부모님과의 정서적인 거리가 멀어지기가 쉽다. 만화를 통해 부모님과의 정서적 유대감을 다시 한 번 느껴보는 시간을 갖는다.	천재 유교수의 생활 14권, 신과 함께 (29화~31화)	-부모님과의 가장 　행복했던 시간 떠올리기(최면), -내가 박은 못은 몇 개?, -못 박힌 상처에 마데카솔 바르기
9	만화를 통해 외로움, 정서적인 고립감에 대처하는 방법에 대해 알아본다.	순정만화, 불가사의한 소년 2권	-내가 외롭다고 느낄 때, -외로움의 장단점 나누기
10	만화를 통해 자신의 부족한 점에도 불구하고 장점을 찾아내 자신감을 되찾는 법을 발견한다.	시가테라, 소라의 날개	-나의 SWOT 분석
11	자신 안의 다양한 감정들이 내는 목소리를 억누르지 않고 듣는 법에 대해 배운다.	So many people	-내 안에 존재하는 여러 　사람들의 모습을 그려보기, -나의 진정한 목소리는 무엇일 　까요?
12	그동안 배운 것들을 다시 한 번 돌아보고 각자의 소감을 나누는 시간	그동안 본 작품들을 다시 한 번 간략하게 훑어본다.	-나에게 가장 와 닿는 작품은? 　그 이유는? -가장 마음에 들었던 주인공은? 　그 이유는? -프로그램을 마치며

<1세션>

우리들의 약속

나는 우리가 재미있고 유익한 집단이 되도록 하기 위해
다음과 같은 규칙을 잘 지키겠습니다.

1. 모임 활동에 적극적으로 참여하겠습니다.

2. 다른 사람의 생각을 존중하겠습니다.

3. 나와 친구들의 성장을 위해 성실히 노력하겠습니다.

4. 친구들의 비밀을 남에게 알리거나 이용하지 않겠습니다.

5. _____

20 .   .   .

이름   (서명)

<2세션-1>
우리 마음속에 그림자가 드리워지는 3단계

1. 억누르기(난 괜찮아~ 난 화 안 났어. 난 아무렇지 않아!)
2. 네 탓이야!(화낸 건 너잖아!, 니가 나쁜 거야!)
3. 나랑 아무 상관없어(그건 니 문제지~)

〈사례〉

1) 나는 엄마한테 화가 난다. 그러나 엄마한테 화를 내는 것은 온기, 음식, 편안함, 사랑, 안전, 생존을 위협한다. 나는 정말로 화가 난다.

2) 그러나 그것은 나쁘다. 그래서 화를 억압한다. 나는 그 화를 당신 또는 그들의 탓으로 돌릴 수 있으며, 더 심하게는 내가 알지 못하는 사람들 탓으로 돌릴 수도 있다. 분노는 지속적으로 일어나지만, 화를 내는 것은 나 자신이 아니므로, 누군가 다른 사람임에 틀림없다. 갑자기 세상이 매우 화가 난 사람들로 가득 차 있는 것 같다.

3) 내가 그것을 완전히 억압하면, 나는 더 이상 분노를 인식조차 하지 못할 것이다. 분노는 나와 상관없다. 분노의 억압을 통해 나의 원초적이고 순수한 감정(화가 나는 정서)은 가짜 감정의 형태로만 경험되어진다(두려움, 슬픔, 우울).

그림자	그림자의 원래 형태
외부 압력에 대한 적개심	충동
거절(누구도 나를 좋아하지 않는다)	거절(내가 그들을 거절한다)
죄책감(죄책감을 느끼게 한다)	적개심(누군가의 요구에 대한)
불안	흥분
자기-의식	외부를 향한 초점(다른 사람에 대한)
성적 장애	나는 그/그녀를 만족시키지 않겠다.
공포(그들은 나에게 상처를 준다)	적의(나는 화가 나고 공격적이다..)
슬픔	분노
철수된	거절하는
나는 할 수 없다	난 하지 않을 것이다, 제기랄!
의무(~해야만 한다)	바램(나는 원한다)
혐오	자기혐오
선망(당신은 너무 위대하다)	내가 알고 있는 것보다 나는 더 낫다(황금그림자)

3장 독서치료 수퍼비전의 실제 131

<2세션 - 2>

그림자의 주인이 되는 법 3단계

1. 그림자와 직면하기 : 우선 최근 감정적으로 걸려 있는 사람이나 대상을 파악한다.
2. 그림자와 대화하기 : 그 사람 또는 대상에게 말을 시킨다.
3. 그림자와 하나 되기 : 마지막으로, 그 사람 또는 그 대상의 관점을 취하여 그 것이 되어본다.

<2세션 3>

두 사람이 함께 하는 그림자 해소 연습해보기

1. 파트너에게 가장 최근에 나를 심란하게 만든 사람과 겪은 일에 대해 이야기하세요.

2. 파트너가 그 사람의 역할을 맡아 가상의 대화를 나눠보세요

3. 이제 바꿔서 나를 괴롭힌 사람의 역을 맡아 보세요.

<4세션>

1. 나의 지워지지 않는 화상자국은?(도저히 극복할 수 없을 것처럼 느껴지는 좌절 / 절망 경험)

2. 나만의 절망감 극복 방법은?

<5세션 - 1>

1. 죽고 싶은 마음이 들었을 때는 언제인가요?

2. 그때 나의 마음을 어떻게 추슬렀나요?

<5세션 - 2>

자살 생각을 물리치는 나의 힘!!

1. 자신을 긍정적으로 위로하기, 격려하기
   -난 괜찮아…
   -그래! 그럴 수도 있지…
   -이런 상황에서는 누구라도 그럴 거야…

2. 좋아하는 것, 좋아하는 사람 떠올리기
   -나에게 ○○가 있어 참 좋아!
   -나에게 ○○가 있어서 참 행복해!

3. 삶의 의미 떠올리기
   무엇(삶의 목표)이 있어서 내게 살아갈 힘이 되나요?
   _____는 내 삶의 의미! 행복!
   내가 살아가는 이유는 _____이지!

<5세션 - 3>

도움청하기 WHO

자살생각 들거나 자살위기에 처할 때는 주변에 도움을 요청하세요! 어려울수록 혼자 해결하려 하지 말고, 신뢰할 수 있는 사람에게 어려움을 털어 놓으세요. 함께하면 보다 합리적이고 적절한 해결책을 찾을 수 있어요. 반드시 도움을 요청하세요!

Who : 주변에서 자신에게 도움을 줄 수 있는 대상을 찾아보세요.
How : 용기를 내어 솔직하게 도와달라고 요청하세요.
Organization : 전문 상담 기관에 도움을 받으세요.

<6세션>

1. 내가 경험한 악플과 그에 대한 나의 대처는?

2. 내가 달아본 악플과 그에 대한 상대의 반응은?

<7세션>

1. 나의 외모 콤플렉스는?

2. 거울을 보면서 나의 장점 3가지 찾아보기

<8세션>

1. 살아오면서 부모님의 가슴을 아프게 한 일이 있었나요?
   있었다면 그 개수만큼 아래의 그림에 연필로 검은색 점을 찍어보세요.

아버지 가슴에 박은 못

어머니 가슴에 박은 못

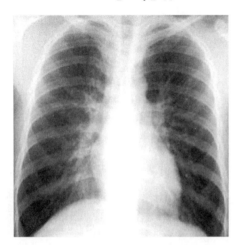
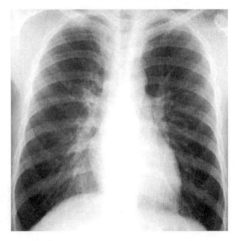

2. 내가 새긴 부모님의 가슴 속 상처를 치유할 수 있는 방법을 쭉 적고, 개수
   만큼 연필로 그린 검은색 점을 지워보세요.

<9세션>

1. 내가 외롭다고 느낄 때는 언제?

2. 외로움의 장단점 나누기

<10세션>

swot 자기분석

강점(Strength)	약점(Weakness)
- 호감있는 인상 - 긍정적인 사고 - 우수한 컴퓨터 활용능력 - 직무 관련 아르바이트 경험	- 외국어 실력 부족 - 낮은 학점 - 체력이 약함
기회(Opportunities)	위협(Threats)
- 최근의 높은 스펙(학점, 토익)보다는 경험 많은 실무형 인재 선호	- 심각한 경제 위기로 인한 취업난 - 스펙이 뛰어난 경쟁자들

위의 사례를 참고해서 나의 SWOT 분석을 해 보아요~

강점	약점
기회	위협

<11세션>

1. 내 안에 존재하는 작은 사람들의 모습 그려보기

2. 내 안의 작은 사람들의 목소리들이 나를 괴롭힐 때는 언제인가요?

3. 앞에서 그린 작은 사람들에게서 벗어난 나의 진정한 모습은 무엇일까요?

<12세션>

1. 나에게 가장 와 닿았던 작품은? 그 이유는?

2. 가장 마음에 들었던 주인공은? 그 이유는?

소 감 문

이 름:

별 칭:

◉ 더 하고 싶은 말은?

◉ 지금 내 느낌은?

☞ 수퍼비전

수퍼바이지 오○○님은 대학원 상담심리학과에서 박사과정 중인 학생이다. 동탄에 살면서도 인천까지 독서치료 공부를 하기 위해 1년 동안 다닌 열의가 돋보인 분이었고, 수업시간마다 노트북을 꺼내 놓고 중요한 내용들을 마인드맵 형식으로 정리하는 자기만의 방법을 갖고 있기도 한 청년이었다. 아직 어리다면 어린 나이이지만 심리치료 관련 공부를 하고 있다는 점 등 향후 기대되는 측면이 많아 필자로서도 기대를 하기도 한 수퍼바이지이다. 그럼 마지막으로 그의 프로그램을 살펴보자.

1) 목표 설정에 대한 면

오○○님의 프로그램은 재미가 있을 것 같으면서도 어려운 느낌이다. 우선 모든 세션의 자료를 만화로만 선정을 한 것은 매우 신선한 도전인데, 대상이 청소년들이니 자칫 지루하고 어렵기만 한 책보다야 훨씬 흥미를 느낄 수도 있겠다. 그러나 이는 만화라는 장르를 좋아하는 경우이지 만약 그렇지 않다면 처음부터 마지막까지 힘든 시간이 될 수도 있겠다. 또한 길게 설명이 되어 있는 세부목표를 보면 2세션의 '그림자'처럼 어떤 개념들은 이해하기 쉽게 설명을 해주어야 할 필요성도 있다. 그리고 만약 첫 세션에 프로그램에 대한 전반적인 소개를 할 때 학생들에게도 프로그램 계획을 배부할 거라면, 세부목표 부분을 보다 간결하고 쉽게 정리했으면 한다. 마지막으로 프로그램 구성에서 1세션 당 진행 시간을 50분으로 설정했는데, 10명의 참여자와 함께하기에는 너무 부족한 시간이다. 왜 그랬는지 이유를 들어보니 학교에서 긴 시간을 내어주지 않을 것 같았기 때문이라고 했는데, 꼭 그렇지만도 않다. 그러니 각 학교의 수업 시간을 기준으로 2시간 정도를 할당하면 훨씬 운영이 잘 될 것이다.

2) 선정 자료에 대한 면

필자 역시 수퍼바이지 덕분에 처음 본 만화들이 많았다. 그중에는 정말 재미도 있고 도움이 되겠다 싶은 작품들도 있었는데, 역시 문제라 생각된 점은 참여자들이 자료를 미리 읽고 와야 하는가에 대한 부분이었다. 더불어 만화와 동화(그림책이나 소설도 마찬가지)는 구성 자체가 다르다. 즉 만화는 굳이 글을 꼼꼼하게 읽지 않고 그림만으로도 스토리가 연결되는 반면, 줄글로 된 작품들은 한 줄 한 줄의 문장을 세세하게 읽어야만 한다. 그렇게 보자면 결국 독서치료의 본질을 살려 효과를 보기 위해서는 줄글을 선택하는 것이 바람직할 텐데, 이 프로그램은 매 세션마다 만화를 활용하기 때문에 그 차이를 어떻게 극복하느냐가 관건이지 않을까 싶다. 마침 수퍼바이지도 그 부분을 고민했다고 한다. 앞으로는 치료 영역이 더 허물어지면서 다양한 매체와 방법을 접목시키는 분들이 늘어날 텐데, 어떤 면에서든 도움이 될 거니까 사용하기보다는 먼저 주가 되는 치료가 추구하는 본질과 속성은 무엇인지 다시 한 번 생각해 보기 바란다. 서울을 갈 때는 모로 가도 된다고 하지만 치료는 정해진 길을 똑바로 가야 한다.

3) 관련 활동에 대한 면

앞서 지적했듯이 세션 당 시간이 짧기 때문에 상대적으로 많은 활동을 적절하게 소화할 수 있을까에 대한 걱정이 앞섰다. 물론 이 걱정은 시간이 는다면 해결될 부분도 있다. 세부적으로 들어가 6세션 '내가 경험한 악플'은 '내가 경험한 부정적 피드백'으로 바꾸면 좋겠다. 왜냐하면 요즘 청소년들이 SNS를 자주 활용하는 등 인터넷 환경에 친숙하다는 고정관념이 있지만, 막상 이야기를 나누어 보면 접속할 기회도 많이 없고 악플도 받아본 적이 없을 수 있기 때문이다. 따라서 생활하면서 받은 부정적 피드백 정도로 대체를 하면 보다 원활할 것 같다. 또한 8세션 '내가 박은 못은 몇 개' 활동은 너무 직접적인 느낌이고, 9세션 이외의 여러 세션을 위해 만든 활동지들은 너무 심심하다는 느낌이다. 그런 세세한 부분까지 신경을 더 썼더라면 하는 아쉬움이 남는다.

4) 종합 평가

새로운 시도는 어떤 위험을 안고 있다. 그럼에도 불구하고 매력이 있기 때문에 용기 있는 사람들은 기꺼이 도전을 한다. 그렇게 두드리다 보면 언젠가는 열릴 것이고, 그럼 그 안에서 답도 찾게 되지 않겠는가. 그러니 수퍼비전 내용에 너무 굴하지 말고 그 젊음으로 여러 도전을 이어가 주시기 바란다.

6) 수퍼바이지 김○○ : 고등학생의 시험불안 극복을 위한 독서치료

1. 프로그램 목표

시험 불안이란 학습자가 시험을 준비하는 동안 및 시험을 치는 도중, 또는 시험을 본 후에 시험에 관하여 느끼는 염려와 걱정을 말한다.

이런 시험 불안은 학업 성취에 많은 영향을 미치고 있으며, 정서 장애 불안, 우울증 또는 극단적인 행동까지 일으키고 있다. 날로 치열해지는 입시 경쟁 속에서 우리나라 고등학생들은 이미 60% 이상이 시험 불안을 경험하고 있다. 이런 상황 속에서 시험 불안의 원인과 극복 방법 등을 다양한 측면에서 알아보고, 합리적인 극복 방안을 제시하기 위해 이 프로그램을 구성하게 되었다.

2. 프로그램의 구성

1) 세션 및 운영 시간 : 총 15회(주 1회 90분)
2) 참여대상 : ○○ 인문계 고등학교 2학년 10명
3) 운영 시간 : 금요일 pm 7:00 ~ 8:30
4) 프로그램 진행자 : 김○○
5) 프로그램 장소 : 시청각실

회	주제	세부목표	활용 자료	활동 내용
1	마음 열기	우리들의 마음열기	도서 : 어디로 갔을까 나의한쪽은	오리엔테이션 서약서작성 자기소개서 나누기(별칭)
2	자기 탐색	자아 찾기	도서 : 빨간 나무	활동자료(1-2) (1).나는 누구인가?
3		나 만나기	도서 : 세 개의 황금열쇠	(1).추억의 장소 그리기 (2).내가 바라는 것 표 만들기
4	시험에 대한 나의 감정	시험에 대한 나의감정 알아보기	도서 : 나도 잘하고 싶다 "공부라는 녀석의 정체는 뭘까?"	(1).시험에 대한 나의 인상 말하기 (2).가상 채팅을 이용한 활동

회	주제			세부목표	활용 자료	활동 내용
5	시험불안 원인 찾기	공통		시험불안에 대해 구체적으로 알기	학생창작시 : "시험" "___에" 대하여 서술하기	(1).시험불안 체크 테스트 (2).시험불안 증상 표현하기
6				시험불안의 원인 알아보기	동영상 : 지식채널 "공부를 못하는 나라" 도서 : 세 번째 교과서(학생창작글)	동영상 학습 감상지 적기 내가 꿈꾸는 학급 만들어 보기
7				다른 친구들과 경험 얘기하기	사례모음집 좋아하고 잘하는 것 찾기 시 : 내 머리 터져(학생창작시)	또래상담(또래상담일지) 장래목표 설정하기
8		기질적 차이		합리적 생각, 비합리적 생각 구분하기	도서 : 나는 합리적인 사람 (발췌) 도서 : 화(발췌)	생각을 바꾸자(힐링 메시지) 내 마음 표현하기(마음읽기)
9				자기효능감 알아보기	도서 : 얼굴 빨개지는 아이 동영상 : 지식채널 "미스터 추"	나의 보물(장점) 너의 보물(장점) 내가 자랑스러웠던 일
10		관계		가족관계	도서 : 세상에서 가장 좋은 선물 시 : 꼭 그런다(난 빨강-발췌)	어린 시절 부모와의 관계 모방 시 쓰기
11				학교생활 (선생님, 친구)	도서 : 학교가기 싫을 때 쓰는 카드 조커 시 : 보호색	노엘선생님께 편지쓰기 (조커카드 내용을 몸동작으로 표현하기) 친구들과 함께 몸으로 표현하기
12	시험 불안 극복 하기			시험상황에서 제 능력 발휘하기	목표가 있어 불리한 여건 속에서도 여전히 의지를 발휘한 사람들 이야기 도서 : 오체불만족 펠프스(수영선수)	(1).팔을 묶고 게임하기 (풍선 터뜨리기) (2).호흡 맞추기(짝끼리 얼굴을 마주보고 들숨과 날숨을 같이하게 함) 펠프스(수영) : ADHD극복
13				시험 준비 제대로 하기	노출과 자기 공개법 부정적인 자기 독백어 변경 요가 (근육 이완법)	(1).시험 불안을 겪고 있음을 친구나 부모님께 말하는 연습하기 (2).긍정적인 자기언어 (3).근육이완법
14				수행기술 습득하기	학습습관 검사 좋은 학습습관 : SQ3R 적용 시험 치르기 : 시간분배, 우선순위 정하기, 정확하게 마크하기	학습습관 검사지 SQ3R : 훑어보기, 질문하기, 자세히 읽기, 되새기기, 다시보기
15	정리 하기			프로그램 전후 시험결과 확인	프로그램 기간 중 시험을 본 경험 이야기하기 스스로 다짐하기 (부족한 점 평가)	자신에게 고마움을 표현하고 상을 수여하기 소감 나누기

☞ 수퍼비전

수퍼바이지 김○○님은 예의가 바른 수강생이었다. 수업 중에는 조용히 경청하는 모습이었고, 말씀 또한 작은 목소리로 조곤조곤 하는 스타일이었다. 따라서 관습적이면서 에너지가 많지 않은 사람이라 여겼는데, 기본 과정이 끝나자 심화 과정 추진을 위해 적극 나선 점, 결국 대표가 되어 심화 과정과 스터디 모임을 이끌었던 점에서는 필요 시 힘을 발휘하는 면도 있다는 점을 발견할 수 있는 기회가 되었다. 사람들은 저마다 다른 능력을 갖고 있다. 따라서 그 능력을 발견하고 잘 가꾸어서 갖고 있으면, 언젠가는 그 능력을 발휘할 수 있는 기회가 찾아온다. 수퍼바이지 김○○는 진중하고 책임감이 강한 분이다. 이는 치료사로서 활동을 하는데 반드시 필요한 덕목이다. 그러나 에너지가 많지 않은 듯 작게 들리는 목소리 때문에 초·중·고등학교 학생들보다는 성인이나 어르신과의 만남을 갖는 것이 더 잘 어울린다. 보수적인 성향이 강한 측면 또한 아이들을 있는 그대로 수용해 주는데 한계점으로 작용할 수도 있다.

1) 목표 설정에 대한 면

김○○님의 프로그램은 시험 상황에 노출되어 있고, 그럴 때마다 불안을 느끼는 사람들 모두에게 공감을 살 수 있는 제목을 갖고 있다. 특히 불안을 극복할 수 있도록 돕는다는 점에서는 빨리 보고 싶은 기대감을 불러일으킨다. 그런데 실질적인 도움을 줄 수 있을 것인가에 대한 면은 세부목표를 통해 확인을 해봐야 한다. 김○○님께서 설계하신 프로그램의 세부목표는 '주제'와 '세부목표'로 구분되어 있다. 즉 주제는 1차 세부목표, 세부목표는 2차 세부목표인 셈이다. 이 가운데 1차 세부목표에 해당하는 '주제'의 흐름은 적절하다. 그러나 2차 세부목표는 다음의 측면에서 수정을 할 필요가 있다. 우선 2회와 3회의 자기탐색은 전반적인 불안의 측면에서 탐색을 했을 필요가 있다. 그러면서 시험으로 연결을 지었다면 참여 학생들이 갖고 있는 근원적인 불안과 특정 상황에서 발현되는 불안이 어떤 관계가 있는지 확인할 수 있었을 것이다. 이어서 5회와 6회의 세부목표는 차이가 없어 보이고, 9~11회는 종합목표에 부합이 되지 않는 세부목표이다. 마지막으로 12~14회는 순서를 바꾸어서 시험 준비 제대로 하기 – 수행기술 습득하기 – 시험 상황에서 제 능력 발휘하기로 이어졌으면 어땠을까 싶다.

2) 선정 자료에 대한 면

김○○님께서 선정하신 자료는 현 프로그램의 목표에는 잘 부합된다. 하지만 목표에서의 수정이 이루어질 것이므로, 그에 따라 수정이 불가피하다. 세션에 따라 선정된 자료의 분량과 수준에 많은 차이가 나는데, 그 부분도 조절을 하여 비슷하게 맞추거나 혹은 뒤로 갈수록 분량이 더 많은 것을 배치할 필요가 있겠다.

3) 관련 활동에 대한 면

활동의 제목은 다양하게 들어갔지만, 사실 대부분의 활동은 무엇인가를 적는 것들이다. 따라서 시험 불안이 있어 참여한 학생들 가운데 무엇인가를 써야 한다는 점에 부담을 느낀다면 활동을 바꾸어야 할 것이다. 또한 시험이나 테스트가 몇 번 담겨 있는데, 그 이후 도출된 결과들을 어디에 어떻게 반영할 것인가에 대한 고민을 진중하게 해야 할 필요가 있다. 마지막으로 선정된 활동들이 신선하지는 않다. 따라서 조금 더 창의성을 발휘할 필요가 있다.

4) 종합 평가

이 프로그램은 몇 가지 요소를 제외하면 비교적 잘 짜인 편이다. 따라서 조언한 부분들을 적절하게 고친다면 바로 현장에 접목해도 될 것이다.

3. 성인 대상 프로그램

1) 수퍼바이지 노○○: 대학생의 자아존중감 및 정체성 향상을 위한 독서치료

▶ 독서치료 프로그램 계획

1. 프로그램 제목

대학생의 자아존중감 및 정체성 향상을 위한 독서치료 프로그램

2. 프로그램의 목표

책읽기와 활동을 통해 자기 자신을 발견하고 수용함으로써 자아존중감과 정체성을 향상시킨다.

3. 프로그램의 구성

마음열기, 감정, 관계, 자존감/정체성, 종결

4. 참여대상

자아존중감 및 정체성을 향상시키기 원하는 20세 이상의 남녀대학생 10명 이하

5. 프로그램 세부 계획

세션	주제	세부목표	선정자료	관련활동
1	마음열기	자기소개 하기	–	오리엔테이션 / 집단서약서작성 / "조하리의 창"으로 자기소개하기 / 문장완성검사/ 나무그림검사
2	마음열기	과거탐색하기 1	시: 그 아이의 연대기–박철	모방 시로 나의 연대기 쓰기 / 인생그래프
3	마음열기	과거탐색하기 2	도서: 봉순이 언니–공지영	내 인생에 영향력을 준 인물 베스트 5
4	감정	감정나누기	시: 가끔–신형건	모방 시 쓰기 / 색 감정 차트
5	감정	감정표출하기	시: 나를 열 받게 하는 것들 –안도현	컬러점토로 이미지 형상화
6	감정	용서의 시간	영화: 우리들의 행복한 시간	보내지 않을 편지쓰기
7	관계	다름의 이해	도서: 화성에서 온 남자 금성에서 온 여자–존 그레이	이성에 대해 새롭게 알게 된 것 나누기
8	관계	비폭력대화	도서: 상처주지 않는 따뜻한 말의 힘–이정숙	난화게임–함께 이야기 만들기
9	자존감 / 정체성	자존감향상	도서: 자존감–이무석	나의장점–가나다 시 짓기
10	자존감 / 정체성	자기 수용하기	산문: 모두가 장미일 필요는 없다–도종환 / 애니: 너는 특별하단다	나에게 주는 금별스티커 / 칭찬릴레이
11	자존감 / 정체성	나의 강점 / 비전	도서: 아뿔싸 난 성공하고 말았다–김창남 옮김 영상–지식채널e–한권의 책	책 소감 나누기 / 소망나무꾸미기
12	종결	마무리하기	시: 자화상 – 윤동주	소감 나누기 / 석고 손 뜨기

☞ 수퍼비전

수퍼바이지 노○○님은 교회 사역을 하는 남편을 둔 사모로, 독서치료 심화과정 수업에 참여하면서도 많은 것을 나누어 주려 노력하신 분이었음이 지금도 기억난다. 항상 밝게 웃는 인상만큼이나 긍정적이었던 마음은 주변 사람들까지도 행복해지게 만드는 힘을 갖고 있었다. 이 프로그램도 그런 마음의 발로에서 계획된 것이 아닐까 생각해 본다.

1) 목표 설정에 대한 면

이 프로그램은 '자아존중감 향상'과 '자아정체성 향상'이라는 두 개의 목표를 갖고 있다. 이 두 가지 측면은 서로 비슷해 보이지만 사뭇 다른 범위이다. 따라서 각각의 주제로 독립시켜 다루는 것이 바람직하다. 특히 수퍼바이지처럼 현장에서 치료를 진행해 본 경험이 전혀 없고 프로그램 역시 처음 설계하는 입장이라면 더욱 그렇다. 만약 이처럼 부족한 경험 속에서 두 개의 목표를 가져가다 보면, 각각의 주제에 어떤 항목들이 포함되어 있는가에 대한 세부적인 탐색이 부족할 수밖에 없다. 이는 전체 목표를 이루기 위해 각 세션에 나누어 포진될 세부목표의 전개에도 영향을 미친다. 그렇다면 어느 부분에서 이런 문제가 발견될까? 우선 프로그램 계획의 주제 부분을 보면 4~6세션은 '감정', 7~8세션은 '관계'라고 들어가 있는데, 이를 '감정 속의 나'와 '관계 속의 나'로 바꾸고 '나'를 중심으로 살펴볼 수 있도록 유도를 하면 좋겠다. 만약 그렇게 설정한 뒤 진행을 한다면 자아정체감을 점검해 볼 수 있을 것이다. 프로그램 목표 설정에 있어서 중요한 점 가운데 하나는 '왜'에 대한 지속적인 탐색이다. 즉 그 목표를 왜 세웠는지가 먼저 정립이 되어야, 왜 그 자료를 선정했는지, 왜 그 활동을 결정했는지까지 자연스레 연결이 되는 것이다.

2) 선정 자료에 대한 면

이 프로그램에 선정된 자료들의 상태를 한마디로 정리하면 기복이 무척 심하다고 할 수 있겠다. 물론 대상이 성인이고 고학력자라고 해서 반드시 두껍고 어려운 자료를 선정해야 한다는 원칙은 없지만, 대상의 특성에 맞는 자료들을 일정한 수준 내에서 제시할 필요는 있다. 그런 면에서 보자면 어떤 자료는 유치하다 싶을 정도로 쉽고, 또 어떤 자료는 너무 전문적이다 싶을 정도로 어렵다. 그러므로 적정 수준으로 자료들을 재정립할 필요가 있어 보이고, 5세션의 '나를 열 받게 하는 것들'은 시 내용이 대상과는 맞지 않는 것이므로 다른 자료로 바꿀 필요도 있겠다. 더불어 4세션의 동시 '가끔'도 성인용 시로 바꾸면 좋겠고, 12세션의 '자화상', 7세션의 '화성에서 온 남자 금성에서 온 여자' 또한 내용이 남녀 관계로만 맞추어져 있으므로 보다 넓은 범위를 다루는 책으로 바꾸는 것이 적절하겠다.

3) 관련 활동에 대한 면

독서치료 프로그램의 1세션은 치료사와 내담자 및 참여자가 처음 만나는 장이다. 그래서 프로그램에 대한 소개를 하고, 서로의 소개를 나눈 뒤 필요 시 심리진단검사를 실시하기도 한다. 수퍼바이지 노○○님도 1세션에 '문장완성검사'와 '나무그림검사'를 넣었는데, 검사는 실시하는 목적이 분명해야 한다. 그렇지 않고 알고 있는 것을 한 번 써보기 위해서, 혹은 알고 있는 것이 그것밖에 없기 때문에 그냥 그것을 사용해 봤다는 입장은 바람직하지 않다. 이 프로그램에서도 살짝 그런 느낌이 드는데, 누가 봐도 적절한 검사를 활용했다는 말을 들으려면 프로그램 주제에 맞는 SEI(자아존중감 척도)를 활용했어야 한다. 또한 그림투사검사 HTP 검사의 한 항목인 나무(T)만을 떼어서 실시를 하는 점도 바람직하지는 못하다. 차라리 시간 관계상 하나밖에 실시할 수 없을 것 같아서 그런 선택을 했다면, 오히려 사람(P)을 그리는 것이 더욱 적절했을 거라 생각된다. 나아가 8세션에는 '난화게임'보다 세부목표에 명시된 비폭력대화(NVC)를 배우고 실습해 보는 시간을 가졌어도 괜찮았을 것이고, 마지막 12세션의 '석고 손 뜨기' 활동도 준비에 비해 큰 관련성과 실효성이 없으므로 생략하는 것이 바람직하겠다.

4) 종합 평가

심리학자에 따라 대학생은 아직 성인이 되기 전 단계인 청소년들로 구분을 하기도 한다. 따라서 자아정체감이 덜 확립된 면이 있고, 그런 면들이 자아존중감에까지 악영향을 미칠 수 있다. 그러니 두 주제를 적절히 다루어 줄 필요는 있지만 한꺼번에 두 목표를 소화하려면 그만큼의 경험이 있어야 한다. 때로 치료는 장기간에 걸쳐 이루어질 필요가 있다. 특히 대상이 청소년이라면 단기간에 걸쳐 큰 효과를 보려고 하기보다는, 장기간에 걸쳐 조금씩 꾸준한 변화를 꾀할 필요가 있다. 왜냐하면 그들도 발달을 해나가기 때문에, 그 발달의 측면이 치료사들을 상당 부분 도와주기 때문에 말이다. 즉 치료는 욕심으로만 진행할 수는 없는 작업이다. 대신 발달의 요소 등 여러 측면들을 고루 활용했을 때 그 효과는 훨씬 클 것이다.

2) 수퍼바이지 박○○ : 대학생 꿈 그리기 작업을 돕기 위한 독서치료

1. 프로그램 목표

대학생들의 불안한 미래에 대한 자신감 향상을 위한 프로그램.

꿈을 향해 나아 갈 때 정작 싸워 이겨야 하는 것은 자신임을 알고, 자신과의 싸움에서 이길 수 있도록 자신을 노출하고, 내면의 나를 들여다보고, 자신의 위치를 자각하며, 건강한 대인 관계 개선을 위하여 불투명한 미래에 대한 면역력을 키워 자신감 향상에 도움이 되고자 계획하였습니다.

2. 프로그램 참여 대상

대학생 6명 내외

3. 프로그램 구성 및 진행 계획

꿈을 향한 여행을 하는 방식으로 프로그램을 진행한다. 클리어 파일을 준비하고 그날그날 활동한 자료를 보관한다. 차후 프로그램이 끝난 뒤라도 다시 한 번 되새김질을 해 볼 수 있도록 하였다. 힘들 때마다 들여다보면 도움이 되길 희망한다.

4. 프로그램 세부 계획

세션	목표	세부목표	선정자료	관련활동
1	마음열기	여행의 시작(즉석사진) 1. 첫 번째 페이지	노래 : 풍선(동방신기) 노래 : 사랑의 학교	서약서 작성 및 다짐, 별칭 짓기, 즉석사진 붙이고 현재 모습 스케칭
2	친밀감 형성	만남의 채팅 2. 두 번째 페이지	도서 : 엠마와 아기양	4컷 만화, 우리들의 이야기 짓기 - 오게 된 사연 등 채팅을 하듯
3	공감대 형성	고민노출 3. 세 번째 페이지	도서 : 유리소녀	고민 노출 피드백 주고받기, 서로에게 격려편지 쓰기
4	감정 짚어보기	감정놀이터 4. 네 번째 페이지	도서 : 감정(하나님의 소중한 선물)	놀이기구에 표정캐릭터 붙이고 얘기 나누기, 동심원 레이더망
5	방해요인 점검하기	꿈 형상화 5. 다섯 번째 페이지	도서 : 피아노 치기는 싫어 애니 : 오 나의 여신님 (각자의 날개11)	꿈 지도 그리기 및 얘기 나누기, 자기가 가지고 있는 재능, 이유 찾기
6	방해요인 퇴치하기	내면의 나 6. 여섯 번째 페이지	애니 : 블리치 125화	내면의 나와 대화 나누기 후 쓰기(나누기는 희망자에 한함)
7	자아개념 인식	나를 찾는 정거장 I 7. 일곱 번째 페이지	시 : 내가 원하는 것	모방 시 쓰고 나누기, 나 & 퍼즐 맞추기
8	대인관계 능력 기르기	나를 찾는 정거장 II 8. 여덟 번째 페이지	동작 : 안녕하세요 (유머)	대인관계 곡선그래프, 자기소개와 유머 한 가지씩 얘기하고 사인 받기
9	자아존중감 향상	나를 찾는 정거장 III 9. 아홉 번째 페이지	도서 : 어디로 갔을까 나의 한 쪽은	클레이 점토로 핸드폰 고 리 만들기, 자신의 수호천사 이야기
10	자신감 다지기	나는 나 10. 열 번째 페이지	노래 : 나는 문제없어(박보선) 알리안츠 문제없어-TV CF	'나는 뭐든지 할 수 있어' 시 짓고 매일 아침 세 번 외치기 약속
11	구체적인 계획안 짜기	구체적인 꿈과 삶 11. 열한 번째 페이지	구체적인 꿈과 삶 계명집 만들기 (예)제1권 1장 1절	북 아트 꾸미기
12	마음의 정리	마지막 플랫폼 12. 열두 번째 페이지	도서 : 소중한 사람에게 주고 싶은 책 中에서	스크랩한 자료를 보고 변화된 '나'에 대한 소감문 쓰기, 다과

<1세션>

사랑의 학교(애니메이션 주제가)

임근택 작사, 정민섭 작곡, 정여진 노래

'오늘은'이라고 쓰고서 나는 잠깐 생각한다.

어떤 하루였나 하고,

점수를 주게 되면 몇 점일까?

새하얀 일기장은 나의 마음

사랑의 학교 종소리 따라서 한 장 또 한 장 넘겨 가면

언젠가 나의 꿈과 만날 거야.

사랑의 학교 우리 학교—

새하얀 알프스가 보이는 곳

사랑의 학교 우리 학교—

랄랄라 재미있는 우리 학교.

<2세션>

4컷 만화
(현재 처한 상황 4컷 만화로 표현해 보기)

①	②
③	④

<4세션>

동심원(나의 감정은 지금)

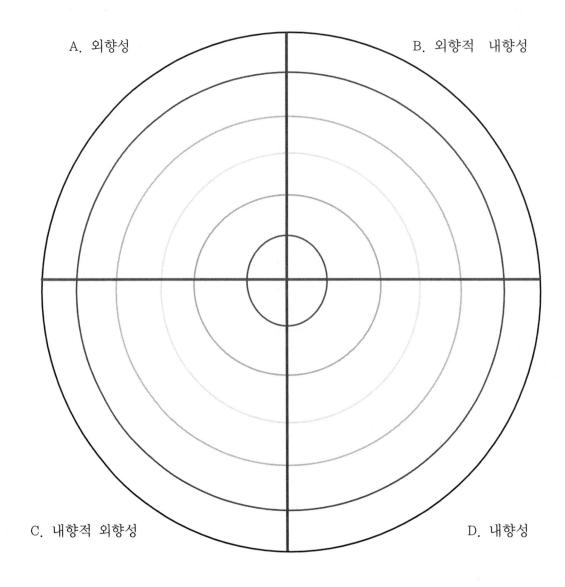

A. 외향성

B. 외향적 내향성

C. 내향적 외향성

D. 내향성

<5세션>

A. 나도 모두도 좋아라하는 것	B. 나는 좋아라하고 모두는 아니야 라는 것
C. 나는 아니야 하는데 모두는 좋아라하는 것	D. 나도 모두도 아니야 라는 것

<7세션 - 1>

내가 원하는 것

자디아 에쿤다요

내가 원하는 것은 함께 잠을 잘 사람
내 발을 따뜻하게 해주고
내가 아직 살아 있음을 알게 해 줄 사람
내가 읽어 주는 시와 짧은 글들을 들어 줄 사람
내 숨결을 냄새 맡고 내게 얘기해 줄 사람

내가 원하는 것은 함께 잠을 잘 사람
나를 두 팔로 껴안고 이불을 잡아 당겨 줄 사람
등을 문질러 주고 얼굴에 입 맞춰 줄 사람
잘 자라는 인사와 잘 잤느냐는 인사를 나눌 사람
아침에 내 꿈에 대해 묻고
자신의 꿈에 대해 말해 줄 사람
내 이마를 만지고, 내 다리를 휘감아 줄 사람
편안한 잠 끝에 나를 깨워 줄 사람
내가 원하는 것은 오직
사람

『(잠언시집)지금 알고 있는 걸 그때도 알았더라면 / 류시화 엮음 / 열림원』

<7세션 - 2>

나 & 퍼즐 맞추기

1. 색깔 있는 두꺼운 종이를 준비한다.

2. 가위로 원하는 만큼 등분을 나누어 자른다.

3. 잘려진 각 종이에 나를 쓴다.
   예) 딸로서의 나, 누나로서의 나, 동생으로서의 나, 친구로서의 나

4. 각 종이에 쓰인 나에게 멘토를 해준다.

5. 격려를 해 준다.

6. 예쁘게 종이를 꾸민다.

7. 퍼즐 조각을 맞춘다.

8. 기분을 나눈다.

<8세션 - 1>

대인관계 곡선 그래프

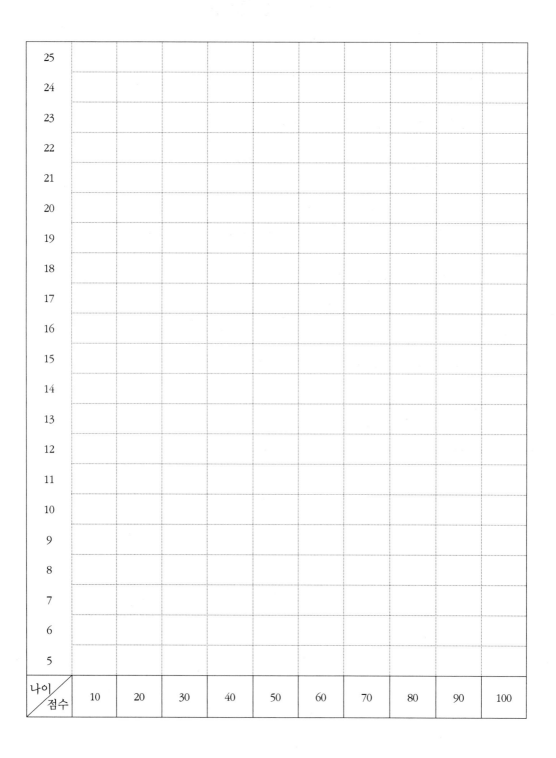

<8세션 - 2>

유머나누기

(각 별칭별로 얘기 나눈 유머 적기)

1. 햇님(별칭)

2. 달님

3. 별님

4. 꽃님

5. 이슬님

6. 함박님

<10세션 - 1>

나는 뭐든지 할 수 있어

나는 뭐든지 할 수 있어.
누가 뭐래도 나는 할 수 있어.
자신감을 갖고 시작하는 일은 이미 반을 한 거잖아.
자신감 없이 하는 일은 될 일도 안 되지.
나는 할 수 있어. 나는 뭐든지 할 수 있어.
〈아침에 일어나면 세 번 외치기〉

<10세션 - 2>

1. 국자가 없어도 문제없어.
2. 외국차라 운전석이 반대야.
3. 선 때문에 정신이 없어.
4. USB 키보드를 샀는데 포트가 없어.
5. 바퀴가 없어.
6. 컵 홀더가 없어.
7. 비는 오는데 와이퍼가 고장 났어.
8. 카스테레오가 없어.
9. 에스프레소가 먹고 싶은데 불이 없어.
10. 자가 없어.
11. 텔레비전이 안 나와
12. 병따개가 없어.
13. 게임하는데 리얼한 사운드를 원해.

그딴 거 다 문제도 아니지 나는 뭐든지 할 수 있어.

<12세션>

달이 구름을 가리우고

별이 반짝이지 않아도

안타깝지 않은 밤이 있습니다.

마음을 밝히는 따뜻한 사랑만 있으면

어둔 밤하늘 아래서도

나는 노래 할 수 있습니다.

당신은 나에게

나는 당신에게

아름다운 푸른 별자리로 빛나고 싶습니다.

『(소중한 사람에게 주고 싶은 책) 탈무드 / 편집부 지음 / 북앤북』

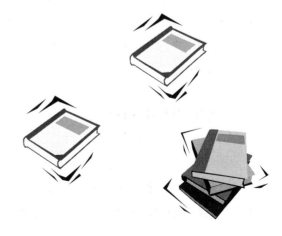

☞ 수퍼비전

수퍼바이지 박○○님은 필자 못지않게 바쁜 분이었다. 방송통신대학교에 재학 중인 학생이면서, 아이들을 위한 글을 쓰기도 했고, 교육이나 독서와 관련이 있는 분야들은 따로 또 공부를 하고 있기도 했다. 그래서인지 늘 생기가 넘쳤고, 또 어떻게 보면 여대생과 같은 모습이기도 했다. 왜냐하면 긴 생머리를 양쪽으로 묶고 다니거나 커다란 인형이 매달린 가방을 메고 오기도 하셨기 때문에 말이다. 물론 30대 후반의 여성이 그러지 말아야 한다는 법은 없지만, 그래도 또래의 다른 분들과 비교해 봤을 때 독특한 면이 있는 분임에는 분명하다. 이런 수퍼바이지의 특성들이 그대로 반영된 프로그램을 만나보시라.

1) 목표 설정에 대한 면

필자도 수원여대에서 대학생을 위한 독서치료 프로그램을 진행한 적이 있는데, 그들 역시 초·중·고등학생 못지않게 치료가 필요한 집단이라는 생각을 다시금 하게 된 계기였다. 왜냐하면 졸업과 동시에 자신이 배운 지식과 갖고 있는 능력들을 활용할 수 있는 직장을 구해야 하는데, 막상 원하는 직장에 들어가기가 어려우므로 그에 따른 고민과 스트레스가 무척 많았기 때문이다. 게다가 자아정체감도 덜 형성이 되어 있어 '나' 자신에 대한 고민까지 겹쳐 있으니 얼마나 힘이 들겠는가. 그런 면에서 이 프로그램은 대상과 주제의 선정 면에서 후한 점수를 얻었다. 그러나 세부 목표에서 4세션 '감정 짚어보기'와 8세션 '대인관계능력 기르기'는 전체 목표에서 벗어나는 느낌이었기에 다른 목표의 프로그램일 때 활용하시기를 권했고, 또한 3세션에서 '고민 노출'을 했으니 이어서 목표에 부합되는 활동으로 빠른 전개를 할 필요도 있어 보였다. 왜냐하면 세션은 짧지만 대상이 대학생들이기 때문에 적절한 도움만 주면 통찰을 얻을 수 있기 때문에 말이다. 대신 톡톡 튀는 용어들은 대학생들의 감각에 잘 맞아 그들에게 흥미를 줄 수 있을 것 같았다.

2) 선정 자료에 대한 면

수퍼바이지 박○○님은 애니메이션을 무척 좋아하시는 것 같다. 그래서인지 휴일에는 아이들과 함께 하루 종일 애니메이션만 보기도 한단다. 때문에 다른 수퍼바이지들보다 애니메이션에 대해 아주 해박한 지식을 갖고 계셨는데, 그 작품들 중 몇 편을 선정 자료로 활용하셨다. 또한 애니메이션 작품은 아니지만 그 안에 담긴 노래를 활용하기도 했는데, 문제는 너무 어린 느낌이 들거나 그 한 편만으로는 무슨 내용인지 파악이 어려운 점이 있었다. 예를 들면 1세션에 쓰인 '사랑의 학교'가 그랬고, 6세션 '블리치 125'화도 그랬다. 또한 5세션 '피아노 치기는 지겨워'도 대상들에게는 너무 유치한 자료임에 틀림없다. 따라서 그런 자료들은 빼고 적정한 것을 찾아 대체하는 것이 좋겠다는 피드백을 드렸다.

3) 관련 활동에 대한 면

역시 이미 우리가 익히 알고 있는 활동들을 많이 넣으셔서 피드백 드릴 부분이 많지는 않았는데, 그래도 다음 부분들은 함께 생각을 해보자는 제안을 했다. 먼저 1세션에서는 '폴라로이드 카메라'가 필요한 작업을 넣으셨다. 마침 수퍼바이지의 집에 있다고는 하셨으나 장 당 필름 가격도 만만치 않은데, 과연 그만큼의 가치가 있는 활동인가 하는 의문이 들었다. 또한 2세션에서 '오게 된 사연'을 채팅하듯 풀어내는 활동이 있는데, 이 또한 1세션에서 다루는 것이 더욱 적절해 보였다. 그리고 9세션에서 '클레이 점토로 휴대폰 고리 만들기'를 하는데, 이 활동도 '자아존중감 향상'과 어떤 관련성이 있는지 궁금했다. 치료사는 그런 목표를 설정했으나 참여자 중에는 손으로 하는 미술작업이 미숙한 이들도 있으리라. 그렇다면 오히려 자아존중감이 떨어지지는 않을까? 간혹 어떤 치료사들은 너무 활동에만 치우치는 경향이 있는데, 활동 또한 선정 자료와 마찬가지로 상호작용을 돕기 위한 하나의 매개일 뿐이다. 그러니 너무 과하거나 목표와 부합되지 않는 활동을 하느라 소중한 시간을 허비하지 말았으면 한다.

4) 종합 평가

수퍼바이지가 계획한 프로그램은 한 마디로 너무나 다채롭다는 느낌이다. 그런데 이는 적절하면서도 효과적인 측면에서의 다양성이 아니라, 오히려 과하다는 느낌이다. 이런 점은 앞서 소개한 수퍼바이지의 모습과도 닮은 면이 있다. 수퍼비전을 마치면서 수퍼바이지의 음색이나 옷 입으시는 취향 등이 대학생을 대상으로 한 프로그램보다는 초등학생들과의 작업에 더 어울릴 것 같다는 이야기를 드리기도 했는데, 왜냐하면 고등학생 이상에서부터 어르신들까지의 대상들에게는 가벼움과 동시에 무거움도 어느 정도는 필요하기 때문이다. 그러니 이번 기회에 '나는 과연 어느 대상들과의 작업에 가장 잘 어울리는 치료사일까?'에 대한 면을 곰곰이 생각해 보시기 바란다. 만약 원하는 대상들과의 작업 시 부족한 면이 발견된다면 그 부분도 열심히 채워 나가셔라. 그래야 내담자 및 참여자들에게 신뢰를 받는 치료사가 될 것이다.

3) 수퍼바이지 유○○ : 감정노동자의 주체적 감정 관리를 돕기 위한 독서치료

1. 프로그램 목표

「감정노동이 노동자에게는 높은 직무 스트레스를 유발해 정신적, 육체적 불 건강을 낳게 한다는 것이다. 감정노동상태에 과도하게 노출되면 노동자는 '탈진(모든 기운이 다 소진되어 타버린 것처럼 되는 상황)', '우울증', '외상후스트레스장애(강력한 충격이 무의식 속에 남아 계속적인 재 경험으로 나타나는 증상)', '면역결핍', '음주, 흡연, 도박중독' 등의 상태에 빠지게 된다. 결국 아주 불행한 '자살'이라는 선택을 하는 노동자도 있고 견디다 못해 이직을 하는 경우도 다반사이다. 그러나 이직을 하더라도 완전히 새로운 직종으로 옮기기도 어려우니 큰 문제가 아닐 수 없다. 문제는 여기서 끝나지 않는다. 이러한 사례가 노동자 개인의 피해로 끝나는 것이 아니라 그 가족 관계에까지 영향을 미치게 되어 안정적 사회 재생산 구조에도 적신호가 켜지게 된다는 것이다.」 ─서비스 노동자, 아니 인간에 대한 예의(임상혁)

감정노동자라는 말은 미국의 UC 버클리 대학교 교수인 알리 러셀 혹스차일드(Arlie Russel Hochschild)가 직업상 원래 감정을 숨기고, 얼굴 표정과 몸짓으로 행동하는 상황을 감정노동이라 표현하면서 생겨난 말이다. 우리나라의 경우 사회·문화적 특성이 '친절이 몸에 밴' 구조를 가지고 있지 않음에도 불구하고 직장에서는 과도한 '연기'와 부당한 '고객복종'을 요구하고 있기 때문에 그 감정적 저항은 매우 큰 것으로 나타나며, 서비스산업의 특성상 고객과 대면하는 시간이 길어질수록 자신의 본래 감정과 노동자로서의 감정 사이에서 발생하는 부조화로 강한 스트레스를 느끼게 되는 것이다. 더구나 소비자가 시장을 통제하게 된 이후 대다수 기업들이 고객 제일주의를 부르짖으면서도 그 책임을 노동자의 '웃음'에 전가하면서 노동자가 느끼는 감정 부조화가 점차 더해가고 있는 실정이다. 즉 '웃으며 죽어가는' 노동자가 생겨나는 것이다. 이에 본 프로그램은 이중적 자아로 인한 스트레스로 병들어가고 있는 감정노동자의 멍든 가슴을 위로하고 직장에서의 감정과 직장 밖에서의 자신의 감정을 분리함으로써 자신의 감정을 스스로 관리할 수 있도록 돕는 것을 목적으로 한다.

2. 프로그램 구성

1) 운영 일자 : 2013년 4월~7월, 매주 수요일
2) 운영 시간 : 오후 3시~4시 30분

3) 운영 장소 : ** 마트 소규모세미나실

4) 참여 대상 : ** 마트 매장 여직원 6명

5) 프로그램 진행 : 유○○

6) 세부운영 계획

회 기		세부목표	자 료	활 동
인사	1	P/G소개	세상에서 가장 더러운 머리	P/G 설명 직무스트레스 검사
	2	친밀감 형성	그래요, 정말 그래요	자기 소개하기
분리	3	현재 상태 확인	에픽하이 Don't hate me(MV)	에피소드 적기 http://www.youtube.com/watch?v=u2ePT5OlZ7o&feature=youtube_gdata_player
	4	일속의 나 점검 (1)	상상에 빠지는 스케치북	상황별 대본쓰기
	5	일속의 나 점검 (2)	구덩이에서 어떻게 나가지?	역할극
	6	일에서 일 밖으로	우리에게도 우울한 날은 있어요	대종상 시상식, 수상소감 말하기
	7	일 밖의 나 확인하기	토끼야, 토끼야	관계도 채우기
	8	차분히 돌아보기	GD Maybe I'm missing you	http://www.youtube.com/watch?v=PprCs4Q9W28&feature=youtube_gdata_player
감정	9	화의 신호 알아차리기	느낌이 왔어	신체스캔
	10	화난 감정 확인하기	누구 때문일까?	감정의 샘플에 표시하기, 독 편지 쓰기
	11	자기 긍정	파도야 놀자	자기 발견 편지 쓰기, 욕구탐색
	12	용서하기	똑똑하게 분노하라 中	용서편지쓰기
휴지	13	생각의 연상 끊기	하얀 늑대	사고 중단 명상
마무리	14	새 출발, 복귀	내가 만난 꿈의 지도	직무스트레스 검사
	15	종 결	난 내가 너무 멋져	마무리, 소감나누기

<감정근로자의 직무스트레스 검사>

다음 물음에 적합하다고 생각하는 항목의 번호에 ○표 해 주십시오.

번호	내 용	전혀아니다	아니다	보통이다	그렇다	매우그렇다
1	우리 회사는 직원에 대한 관심이 매우 높다	1	2	3	4	5
2	우리 회사는 대고객 서비스에 대한 행동지침이 현실적이다.	1	2	3	4	5
3	우리 회사의 복리후생 제도에 만족한다.	1	2	3	4	5
4	내가 수행하는 직무에는 개인적 자율성이 확보되어 있다.	1	2	3	4	5
5	나는 직무수행에 대한 독립성이 보장되어 있다.	1	2	3	4	5
6	우리 회사는 직무수행에 대한 재량권이 부여되어 있다.	1	2	3	4	5
7	우리 회사는 자신의 감정표현에 대한 자율성이 보장되어 있다.	1	2	3	4	5
8	나의 직무는 대 고객 서비스에 대한 빈도가 매우 높다.	1	2	3	4	5
9	대 고객과의 상호 의사소통에 만족한다.	1	2	3	4	5
10	나는 고객과의 관계에서 많은 스트레스를 받고 있다.	5	4	3	2	1
11	나는 고객과의 대화중에 분노를 느낀 적이 있다.	5	4	3	2	1
12	나는 나의 직무를 수행하는 과정에서 공포를 느낀 적이 있다.	5	4	3	2	1
13	서비스 제공과정에서 문제가 있다면 그것은 나의 책임이다.	1	2	3	4	5
14	노력만 한다면 고객과의 관계는 항상 즐거울 것이다.	1	2	3	4	5
15	고객이 불편함을 느끼는 것은 회사에 문제가 있기 때문이다.	5	4	3	2	1
16	고객의 감정을 공유할 수 있다.	1	2	3	4	5
17	고객이 무엇을 원하고 있는지 이해하고 있다.	1	2	3	4	5

18	고객이 요청하기 전에 미리 도움을 줄 수 있다.	1	2	3	4	5
19	내가 어려움에 처해있을 때 동료 및 상사들의 도움을 기대할 수 있다.	1	2	3	4	5
20	직무수행 과정에서 요구되는 자원은 신속하게 지원된다.	1	2	3	4	5
21	나는 우리 회사에서 정보 및 의사소통의 공유에 만족한다.	1	2	3	4	5
22	나의 직무수행 과정에서의 자율성에 만족한다.	1	2	3	4	5
23	직무수행 결과에 대한 평가에 만족한다.	1	2	3	4	5
24	우리 회사의 정책이나 대인관계에 만족한다.	1	2	3	4	5
25	나는 우리 회사에서 이직하고 싶다고 생각 한 적이 있다.	5	4	3	2	1
26	나는 우리 회사에 강한 애사심을 가지고 있다.	1	2	3	4	5
27	나는 우리 회사의 발전에 지대한 공헌을 하고 있다.	1	2	3	4	5
28	나는 직무수행 과정에서 즐거움을 거짓으로 표현할 때가 많이 있다.	5	4	3	2	1
29	나는 거짓행동과 언어로 고객을 접대하는 경우가 있다.	5	4	3	2	1
30	나는 고객에 대한 공손함을 거짓어로 표현한다.	5	4	3	2	1
31	나는 직무수행 과정에서 부정적 감정을 억누르는 경우가 많다.	5	4	3	2	1
32	나는 고객과의 관계에서 자유롭지 못한 감정표현에 어려움을 가지고 있다.	5	4	3	2	1
33	나는 고객에게 실제로 지각하는 감정을 표현하지 않는다.	5	4	3	2	1

5점의 개수 :　　　개 × 5 ＝　　　점

4점의 개수 :　　　개 × 4 ＝　　　점

3점의 개수 :　　　개 × 3 ＝　　　점

2점의 개수 :　　　개 × 2 ＝　　　점

1점의 개수 :　　　개 × 1 ＝　　　점

_____

총　　　점

드라마 대본 예시 : SBS 드라마 〈온에어〉 중에서 (14부)

상황 : 촬영장. 두 배우가 촬영을 하고 있다. 지켜보는 매니저, 작가. 계속되는
　　　NG에 매니의 배우는 힘들어 하고, 현장에서 막 바뀐 대본으로 인해 자신
　　　의 소속배우가 적응을 못하고 있는데다가 감독의 진행 상황이 맘에 안 들
　　　자 참다못한 매니저가 입을 연다.

매니 : (현장의 배우 쳐다보구) 나와.

작가 : …

감독 : …

매니 : 나오라구.

작가 : 기준씨.

매니 : (배우에게) 못 들었어? 나와. (손 끌고 자리를 떠나려하면)

감독 : (막아서며) 장기준씨 지금 뭐하는 겁니까?

작가 : 기준씨 뭐하는 짓이야, 지금 여기 둘만 있어?

매니 : 넌 안 봤어? 보고 뭘 물어? (배우에게) 가요. (하고 자리를 뜨면)

작가 : (소리쳐 부르며 따라가는) 기준씨, 장기준씨.

감독 : (뛰어가서 거칠게 매니의 팔을 붙잡으며) 무슨 짓입니까, 이게?

매니 : 몰라서 묻는 겁니까?

작가 : 기준씨, 아무리 화가 나도 이건 아니지.

매니 : 아니긴 뭐가 아니야. 3시간째 배우 세워 놓구, 디렉션이라고는 다시 갑
　　　시다, 다시 갑시다가 단데. 뭘 어떻게 다시 갈지 얘길 해야 배우가 연
　　　기를 하지, 감독님 지금 정확한 디렉션도 못주고 있잖아요?

감독 : 연기는 배우가 하는 겁니다. 감독이 어떻게 하나에서 열까지 일일이 얘
　　　길해요?

매니 : 몰라서 못하는 거 아니구요?

감독 : …

매니 : 내 보기엔 감독님 지금 정확한 그림 없어요. 이렇게 저렇게 해보다 재
　　　수로 뭐하나 걸리면 조커로 보이거든요. 무턱대고 다시 가자, 다시 해
　　　봐라. 그걸 누가 못해?

작가 : 기준씨, 지금 말 심해.

제 1회 감정 연기대상

수상자 :

위 사람은 뛰어난 감정연기로 모든 사람
들에게 깊은 감동과 즐거움을 주었기에 제
1회 감정연기대상 수상자로 선정되어 이에
상장을 수여합니다.

2013년 월   일
국제감정연기협회

당신이 그리워요(Maybe I'm missing you~)

Yeah (maybe I'm missing you)
아무 생각 없이 평소와 같이 보통 사람들과 만나 웃고 말하지
밤이 되면 TV가 내 유일한 친구고 아침해가 떠오르면은 그제서야 잠이 들죠
너무 초라해 나 널 많이 좋아했나봐
네가 떠난 후 파란 하늘 내 눈엔 노랗게만 보여
그댄 어디서 아파해요 나 여기 있어 아님 혹시 다른 사람과 다른 사랑하니
어~ my baby

내 맘은 이리 울적한데 말할 사람이 없다
나도 가끔 활짝 웃고 싶은데 곁엔 아무도 없다
Maybe I'm missing you oh oh Maybe I'm missing you oh oh
Maybe I'm missing you oh oh Maybe I'm missing you

그땐 그랬지 우리 사인 투명하고 깨끗했지 처음에는 애틋했지
다들 그래 알면서 왜 그랬지
(but) 갈수록 유리 깨지듯 손에 낀 반지가 빛 바래지듯
날카로운 칼에 베이듯 속박이란 사슬에 목이 죄이듯
늘 좋을 줄만 알았던 너와의 기억도 풀리지 않던 오해 및 상처만 남아
싫어도 헤어져란 말은 끝까지 참았어야만 했는데
(그래도) 싸우고 다투던 그때가 지금보다 나았을텐데

내 맘은 이리 울적한데 말할 사람이 없다
나도 가끔 활짝 웃고 싶은데 곁엔 아무도 없다
Maybe I'm missing you oh oh Maybe I'm missing you oh oh
Maybe I'm missing you oh oh Maybe I'm missing you

나는 아직도 매일 눈을 뜨면 네가 옆에 있는 것만 같아
우리 함께했던 많은 시간을 되돌릴 순 없나 아~아~아
내맘은 이리 울적한데 말할 사람이 없다
나도 가끔 활짝 웃고 싶은데 곁엔 아무도 없다 아~아~아~아~
내 맘은 이리 울적한데 말할 사람이 없다
나도 가끔 활짝 웃고 싶은데 곁엔 아무도 없다
Maybe I'm missing you oh oh Maybe I'm missing you oh oh
Maybe I'm missing you oh oh Maybe I'm missing you

신체 스캔

두 눈을 감은 채로 편안히 앉습니다.
천천히 의식적으로 몸의 상태를 점검하면서 복부, 가슴, 어깨, 턱 등에 긴장이나 불편함이 느껴지는 곳은 없는지 살펴봅니다.
만약 그런 곳이 있다면 그 부분이 화가 날 때 주로 긴장되는 곳이라고 할 수 있습니다.
각 부위를 체크하면서 다음 질문들에 답해보십시오.

생각은 평온한 상태입니까 동요된 상태입니까?
당신은 어떻게 느끼고 있습니까?
느긋합니까 아니면 불편합니까?
만약 불편하다면 어떤 식으로 불편합니까?
그리고 무엇이 이러한 감정을 야기했다고 생각합니까?
당신의 호흡은 어떻습니까?
차분합니까? 빠릅니까?
호흡이 분명하고 숨쉬기 수월합니까?
혹은 호흡이 위축되어 있거나 다소 숨쉬기 어렵습니까?

고통스러운 나의 감정을 찾아서

다음의 감정 리스트를 훑어보면서 자신이 반복적으로 느끼는 감정이나 읽으면서 강한 반응이 생기는 감정에 표시하고, 만약 리스트에는 없지만 자신에게 들어맞는 감정들이 있다면 아래 빈 공간에 적어봅니다.

버림받은 느낌	두려움	수치감
굴욕감	배신감	무력감
부끄러움	통제당한 느낌	초조감
상처받은 느낌	무시당한 느낌	압도감
거부당한 느낌	비난받은 느낌	제압당한 느낌
경시당한 느낌	존재감이 없는 느낌	당연시되는 느낌
조종당한 느낌	자신이 약하다는 느낌	책망당한 느낌
경멸당한 느낌	인정받지 못한 느낌	존중받지 못하는 느낌
부당하게 취급받는 느낌	자신이 부적절하다는 느낌	

독 편지 쓰기

'독 편지'는 화가 나게 만든 사람에게 쓰는 매우 특별한 편지다. 그 사람에게 불쾌했던 모든 것을 말하고 그 사람과 사건에 관한 모든 부정적인 감정을 솔직하고 완전하게 공유하는 것이다. 이 편지는 쓰는 것이 목적이지 보내는 것이 목적은 '아니다.' 독 편지를 쓰면서 당신 안에 가득 차 있던 모든 비난, 자기 방어와 왜 당신이 옳고 그 사람은 틀린지를 다 말할 수 있다. 편지지 위에 격한 감정과 스트레스를 모두 쏟아낸 다음에는 자신의 감정을 차분히 탐색할 준비를 한다. 그 후 이 편지를 없애버리면 된다. 다 마친 후 없애버릴 수 있도록 별도의 종이에 적기 바란다. 편지 소재로는 무엇이든지 적을 수 있다. 독 편지를 쓸때는 오롯이 여기에 몰두할 수 있는 시간을 마련하자. 문법이나 철자 따위는 중요하지 않다. 다 끝마쳤다는 기분이 들 때까지 마음 속 생각들을 어떠한 검열도 거치지 않고 전부 적어라. 그 독에서 자신을 해방시키고 압도적으로만 보였던 화를 종이 안에 담아낸다는 것은 정말로 건강한 일이다. 완전히 끝마쳤다고 느낀다면 마음을 열고 감정에 솔직해진 자신을 축하하자. 그러고 나서 독 편지를 없애버리자. 이 방법으로 자신이나 다른 사람에게 해를 끼치지 않고 안전하게 스트레스를 해소해보자.

자기 발견 편지 쓰기

자신의 생각과 감정에 익숙한 문장들에 체크하십시오. 그 다음 이 문장들을 참고하여
자기 발견 편지를 씁니다.

나는 더 나은 대접을 받을 자격이 있어. / 나는 매우 열심히 노력하고 있어.
당신은 어떻게 내게 이럴 수 있어? / 나는 돌봐질 자격이 있어.
내 욕구는 결코 인정받지 못해 / 나는 당신에게 너무 많은 것을 해줬어.
당신은 더 이상 나를 좋아하지 않아. / 당신은 꼭 우리 엄마·아빠 같아.
당신은 내게 신경 쓰지 않아. / 나는 당신에게 중요하지 않아.
당신은 결코 내 말을 듣지 않아. / 그건 정당하지 않아(당신은 정당하지 않아)
당신은 내게 비열하게 굴었어. / 나는 내가 할 수 있는 모든 것을 다 했어.
당신은 약속을 지키지 않았어. / 나는 이것을 참을 수 없어.
어떻게 나를 이런 식으로 취급할 수 있지? / 당신은 내게 거짓말을 했어.

버림 받은 느낌 / 무력감 / 압도 당한 느낌 / 두려움 / 굴욕감 / 거부당한 느낌
수치감 / 상처 받은 느낌 / 부끄러움 / 얕보인 느낌 / 무시당한 느낌 / 경멸당한 느낌
배신감 / 초조함 / 인정받지 못한 느낌 / 책망 당한 느낌 / 자신이 부적절하다는 느낌
부당하게 취급받는 느낌 / 통제 당하는 느낌 / 존재감이 없는 느낌 / 당연시되는 느낌
비판 받는 느낌 / 조종되는 느낌 / 자신이 약하다는 느낌 / 존중받지 못한 느낌
제압당한 느낌

충족되지 못한 욕구

수용, 사랑, 존중, 인정, 자율, 존경, 소속, 자기 존중, 연민, 이해, 공감,
자신의 말을 들어주는 것, 우정, 자신을 바라봐주는 것, 친밀,
가치 있게 여겨진다고 느끼는 것

무엇이 용서인가?

'용서'의 세 가지 의미는 다음과 같다.

첫째로 용서는 '당신이 일어난 일을 현실 그대로 받아들인다.'는 의미다. 그 일에 대한 기억 때문에 더 이상 힘들어하지 않고 그 사건이 실제로 일어났다는 것을 감정적 부담 없이 말할 수 있는 것을 말한다.

두 번째로 용서는 '그 경험을 돌이켜보면서 스스로 성장했음을 인정하는 것'을 의미한다. 당신은 과거보다 더 나은 사람이 되었다. 이제는 충족되지 못한 욕구를 밝혀내고 이것을 만족시킴으로써 얻은 지혜와 능력으로 자신에 대한 잘못된 신념을 새로이 해야 할 때다.

세 번째로 용서는 '상대의 치유와 성장을 바라는 것'을 뜻한다. 상대방 역시 사고의 틀이 넓어져 지혜와 능력을 얻을 수 있길 바라는 것이다. 많은 사람들은 무슨 일이 일어났는지 자세히 이야기하며 자신이 성장했다는 걸 확인하는 것을 좋아한다. 하지만 상대방의 치유와 성장을 바라는 일에는 인색하다. 그렇다면 용서는 왜 가치 있는 걸까?

상대방의 치유와 성장을 바라면서 우리는 고유의 힘을 되찾고 고통스러운 사건에서 온전히 해방될 수 있기 때문이다. 자기 자신을 믿고, 욕구 충족을 통해 얻은 통찰로 자신과 자신의 힘을 더 정확히 볼 수 있게 된다. 당신은 그 사건이 일어났던 동안이나 그 직후에는 무력했을지도 모르지만 이제는 그 사건과 상관없이 잘 살 수 있다. 또한 자신의 내면에서 발견한 힘 때문에 더 강하고 평화로운 상태다. 그런데 상대방에 대한 부정적 생각과 부정적 감정에 계속 매달려 있다면 그건 당시 사건과 상대방에게 아직 매어 있는 채로 있는 것이다. 상대의 치유과 성장을 바라게 되면 그간의 고되지만 성공적이었던 과정들이 빛을 발하게 된다. 이것은 상대방을 부정적으로만 바라보고 싶은 욕구를 넘어서서 상대방도 그만의 사고 틀이 있었다는 것을 이해하게 되었다는 뜻이다. 당신은 화를 넘어섰고 그 사건을 과거로 확실히 남기게 된 것이다. 이렇게 분리하면 당신이 바로 지금, 여기에 더 온전히 존재할 수 있도록 더 자유로워질 것이다.

또한 다른 사람의 치유와 성장을 바라는 일은 연민의 표현이다. 그 사람 역시 잘못된 믿음에 얽매였을 뿐이라고 본다면 그 사람에게 치유와 성장을 빌어줄 수 있을 것이다. 우리는 모두 어느 정도 자신만의 제한적 틀에 갇혀 있다. 제한에서 벗어나기 위한 과정을 거칠 때까지 구속은 계속된다. 그러므로 우리 모두는 연민, 치유, 그리고 성장이 필요하다. 자신의 욕구를 충족하면서 당신은 다른 사람들보다 진실을 더 명확하게 볼 수 있고, 그 결과 다른 사람들도 치유와 성장을 이루길 바라게 될 것이다. 서로를 더 명확하게 볼 수 있을수록 우리는 다른 사람에게 상처를 덜 주고, 덜 받는다. 그러므로 용서의 세 번째 의미는 개인의 힘과 연민의 행동으로만 그치지 않는다. 인터넷을 통해 즉각적으로 퍼질 수 있고 멀리 떨어져 있는 곳에도 빠르게 날아갈 수 있는 세상이다. 우리는 어느 시대보다 서로에게 훨씬 더 거대한 영향을 미치고 있다. 서로에 대한 영향력이 서로를 이어주고 상대의 행복에 대해 관심을 갖게 한다. 때문에 당신은 상대의 치유와 성장을 바라게 되는 것이다. 상대방의 치유와 성장을 바라게 되면 자연스럽게 다른 사람들을 위한 바람으로 이어진다. 우리 모두가 서로에 대한 이해를 높이고 다함께 더 평화롭게 지낼 수 있도록 말이다.

용서의 이 세 가지 의미를 실천으로 옮겨야 할 이유가 하나 더 있다. 감정적 부담 없이 경험을 수용하기', '자신의 치유와 성장을 인정하기', '다른 사람의 치유와 성장을 바라기'로 정리되는 이 세 가지 일은 서로 합쳐져 한 가지 사실을 일깨워준다. 바로 달라진 당신의 모습이다. 당신은 그 한 가지 경험이나 한 가지 상호작용보다 훨씬 중요한 존재다. 당신은 그 상황을 이겨냈을 뿐만 아니라 더 성장했다. 당신은 인식이 넓어졌고 정서적 힘도 커졌다. 용서는 당신을 자유롭게 해줄 것이고 또한 평온감을 선사할 것이다.

용서 편지 쓰기

(일어났던 일을 쓰고 자신이 상대방을 용서한다는 사실을 인정하고, 자신의 치유와 성장을 인정하며, 상대방의 치유와 성장을 바란다는 것 까지를 쓰도록 한다. 그리고 이 고통스러운 상황을 자신의 성장을 위한 기회로 삼은 자기 자신을 축하하도록 한다.)

사고 중단 명상

현대사회는 어떤 일에 대한 집중이나 몰입에 도움이 되는 환경이 아닙니다. 온 갖 종류의 훼방꾼이 주의력을 흩어버리기 일쑤인데, 어디서나 들리는 유선전화, 무선전화벨소리, 핸드폰환경, 인터넷 메시지, 어디서나 틀어놓는 배경음악, 광고 메시지 등 어디서나 우리의 눈과 귀에는 뭔가 읽을거리와 들을 거리가 가득합니다.

다음과 같은 방법으로 정신을 가다듬고 명상을 해보십시오. 심리적 자기 조절 능력을 원만하게 발휘하게 해주며 긍정적인 감정의 균형에도 도움을 줘서 자존 감에 이로운 영향을 미칠 것입니다.

1) 편안하게 앉아 눈을 감고 어느 한 지점에 정신을 집중합니다.
2) 바로 지금 여기에 정신을 모으려고 애씁니다. 신체적 감각, 호흡, 주위에서 들리는 소리나 풍기는 냄새, 지금 머릿속을 스치는 생각 등을 주의 깊게 살펴 면서 오직 지금 이 순간에만 전념하고자 노력합니다.
3) 가급적 머릿속에서 떠오르는 대로 받아들이려는 태도를 취합니다(그 날 그 날의 컨디션에 따라서 잘 될 때도 있고 그렇지 않을 때도 있을 것입니다.). 예상하거나, 어떻게 하겠다는 계획을 세우거나, 특정한 생각을 자꾸 곱씹지 마십시오. 만약 그렇게 된다면 차분하게 다시 현재에 주의를 집중하며 심리적 현상을 가만히 관찰하는 태도를 취하면 됩니다. 나 자신이 불안해하거나 화가 나는 현상을 그저 지켜보는 것은 괜찮지만 거기에 적극적으로 가담해서는 안 됩니다. 명상에 몰입하지 못하는 나의 어려움도 있는 그대로 받아들이십시오. 자꾸 딴 생각이 난다고 신경질을 내면 안 됩니다. 딴 생각이 나는 게 정상입니다. 그저 현재로 돌아오기만 하면 되는 것입니다.
4) 판단하려 들지 마십시오. '잘되고 있어', '잘 안 되네' 같은 판단을 내리지 않고 그저 현재 상태를 확인하기만 하면 됩니다.

(가능하다면 하루에도 몇 번씩 간단하게라도 명상을 해 보십시오!)

☞ 수퍼비전

수퍼바이지 유○○님은 독서치료사 기본·심화·고급과정까지 2년에 걸쳐 필자와 함께 공부를 하신 분이다. 돌아보면 그 기간 동안 가장 성실히 임하는 수강생 중 한 분이셨고(본인은 게으르다고 말씀하셨지만), 많은 생각에서 비롯된 불안도 컸지만 그 생각으로 인해 철저히 준비하는 태도를 갖춘 분이기도 했다. 또한 손재주가 많아 북 아트, 퀼트, 서예에 이르기까지 손으로 해서 어떤 결과를 내는 분야에도 일가견이 있었다. 그런 특성을 지는 유○○님께서 설계하신 프로그램은 그동안 그 누구도 생각하지 않은 분야이다. 따라서 독창성이라는 측면에서는 높은 점수를 드릴 수 있는데, 그렇다면 기타 사항에서는 어떤 평가를 받을 수 있을지 살펴보자.

1) 목표 설정에 대한 면

먼저 프로그램 제목이자 종합목표인 '감정노동자의 주체적 감정 관리를 돕기 위한 독서치료 프로그램'은 '감정노동자의 감정 관리를 돕기 위한 독서치료 프로그램'으로 수정해도 무방해 보인다. 왜냐하면 결국 프로그램에 참여하는 참여자 자신이 감정 관리를 할 수 있도록 도울 것이기 때문이다. '1. 프로그램 목표' 부분에 감정노동에 대한 상세한 설명을 병기한 점은 적절해 보인다. 세부 운영 계획표를 보면 '세부목표' 이전에 인사-분리-감정-휴지-마무리라는 단계를 설정했는데, 그 의미가 명확하지 않다. 세부목표를 살펴봐도 명료하지 않은 부분들은 수정을 할 필요가 있다. 세부목표의 흐름에서 가장 아쉬운 점은 감정을 별도로 배치를 했다는 점이다. 물론 종합목표가 '감정 관리'이기 때문에 중요하게 다루어야겠으나, 성인을 대상으로 한 프로그램에서는 어떤 상황에 대한 이야기를 할 때마다 감정이 묻어 나온다. 따라서 '마트에 근무하는 직원'이라는 특성에 맞추어 이야기를 나누면서 주로 어떤 감정을 느끼고 있는지, 그렇다면 그 감정들은 어떻게 해소를 하는지, 나아가 감정을 적절히 관리해서 소진되지 않고 근무할 수 있는 내적인 힘을 길러준다면 이상적이겠다.

2) 선정 자료에 대한 면

우선 다양한 장르의 작품들을 선택하느라 애쓴 흔적이 엿보인다. 그러나 선정 자료들의 수준 차이가 커서 참여자들에게 적합하지 않은 것도 보인다. 또한 에픽하이와 지드래곤과 같은 가수들의 노래는 박자가 빠르면서 많은 가사들이 랩으로 처리되는 특성이 있으니, 해당 자료가 참여자들에게 적합할지 다시 한 번 고민해 볼 필요도 있다.

3) 관련 활동에 대한 면

독서치료 프로그램을 계획하는 것은 담당 치료사의 몫이다. 따라서 그 세션을 위해 이 자료를 고른 것, 이런 활동을 넣은 것은 저마다의 이유가 있을 것이기 때문에, 그 부분을 인정하는 것은 중요하다. 하지만 그럼에도 불구하고 일반적인 흐름은 있기 마련인데, 수퍼바이지 유○○님은 그 부분을 간과한 면이 있다. 예를 들어, 자기소개는 보통 첫 세션에 진행을 한다. 그래야 서로에 대한 관심이 생기면서 친밀감을 쌓을 수 있기 때문이다. 따라서 2세션의 활동인 자기소개는 1세션으로 옮겨져야 할 필요가 있다. 1세션에서 직무스트레스 검사를 하기 때문에 시간이 부족할 거라는 예상을 했을 가능성이 있는데, 총 33개의 문항밖에 안 되기 때문에 오랜 시간이 걸리지 않는다. 이어서 관련 활동에서 가장 많은 비중을 차지하고 있는 것이 작문이라는 사실도 점검해 보셨으면 한다. 특히 수퍼바이지가 고른 작문 활동은 대부분 일정 분량 이상을 작성해야 하는 것들이다. 이는 참여자들에게 부담으로 작용할 수 있다. 마지막으로 사후 검사를 14세션에 넣었는데, 이 또한 15세션으로 옮기는 것이 적절해 보인다.

4) 종합 평가

타고난 재능이 있는 사람도 노력하는 사람을 이길 수 없다고 했다. 수퍼바이지 유○○님은 열심히 노력하는 사람이다. 또한 생각이 많은 사람이기도 하다. 따라서 두 가지가 잘 어우러진다면 창의적이면서도 꼭 필요한 프로그램이 탄생할 것이라 예상한다. 다만 프로그램을 계획할 때에는 너무 생각에만 몰두한 결과를 내기보다는, 경험이 뒷받침되어 보다 실효성이 있는 쪽을 지향해 나가실 필요가 있다.

4) 수퍼바이지 신○○ : 결혼한 여성을 위한 독서치료

1. 프로그램 목표

결혼을 하고나면 여자들은 모노드라마의 주인공이 된다. 다양한 역할을 가정이란 무대 위 에서 열연하여야한다. 아내, 엄마, 며느리, 딸, 학부모, 아줌마…. 누가 제대로 가르쳐 준 적도 없다. 모든 것이 서툴다. 힘들다.

'내가 잘못하고 있는 것은 아닐까, 남들도 그럴까 나만 힘든가, 내가 잘 살고 있는 것일까, 나는 도대체 뭔가'하며 고민하는 주부들의 머리와 마음을 열어볼 수 있는 자리가 되었으면 한다.

자아계발에 관한 많은 책과 강의들을 쉽게 접할 수는 있다. 하지만 몸으로 해보지 않은 것은 내 것이 되기 힘들다. 활동을 통해서 공감하고 인식하고 결심하여 직접 해보려는 개개인의 움직임을 이끌어내고자 한다.

2. 프로그램 참여 대상

초등학생 및 중학생 자녀를 둔 주부 (10명 내외)

3. 프로그램 구성 및 진행 계획:

총 12회 구성(1회 90분 진행)

4. 프로그램 세부 계획

세션	세부목표	선정 자료	관련 활동
1	자기소개 내 자신의 욕구 찾기	내 나이 마흔 살에는(노래)	별칭 짓기(결혼 전/현재) 개사하기 내 가슴을 뛰게 했던 일
2	내 부모와 나의 결혼 (원가족 이해)	메디슨카운티의 다리, 두 사람	내가 선택한 결혼에 관한 검색 (결혼이란…나누기)
3	남편 그리고 아내	장미의 전쟁(영화), 사랑하는 이에게(노래)	문제 상황 발생 나누기(상황 종이)
4	부부는 무엇인가 이해하기	남자 생각 여자 생각(카툰), 어느 60대 노부부의 이야기	남편 사용 설명서
5	엄마로서의 나 (육아의 어려움)	돼지 책, 엄마를 화나게 하는 10가지 방법	아이의 반성문 (어린 시절의 내 모습은 아닌지)
6	아이와 나 행복하게	너는 특별하단다, 가장 오래가는 향기, 엄마 힘들 땐 울어도 괜찮아	아이와의 '추억의 물건', 아이에게 주고 싶은 나의 장점 10가지 쓰기
7	시댁 풀어놓기	시어머니 거짓말 며느리 거짓말	나의 거짓말 7개, 시어머니의 거짓말 7개 (그리고 밑 마음은)
8	봉우리 (나의 어려움표현)	봉우리(노래)	나의 봉우리 그리기 (아코디언북)
9	봉우리 넘기	봉우리(가사) 각자 도움이 되었던 책과 글	가장 듣고 싶은 말 가장 하고 싶은 말(누구에게?), 시원한 바람 찾기
10	나 사랑하기	미래에서 온 편지(현경 저), 여신의 제단에 바치는 것	여신의 제단 꾸미기
11	잘하는 것 (남에게 줄 수 있는 것 찾기)	바베트의 만찬, 그건 사랑이었네, 성모의 곡예사	우리에게 나눠주고 싶은 것 (찰흙 작업)
12	미래 꿈꾸기	맘마미아(영화) 뮤지컬(노래)	나의 봉우리 책(미래)완성 '추천의 글' 쓰기

☞ 수퍼비전

수퍼바이지 신○○님은 1년 동안 자의 반 타의 반 반장을 맡아서 봉사를 해준 분이다. 덕분에 우리는 차와 요깃거리를 빼놓지 않고 즐기며 허기진 배를 채울 수 있었다. 또한 그녀는 발표 시 매우 자신감이 없다고 했지만 프로그램은 오랜 고민 끝에 내놓은 것이 분명했다. 대상은 역시 자신과 비슷한 결혼 여성들로 정했다.

1) 목표 설정에 대한 면

프로그램 계획에 기술한 목표를 읽어 보면 어떤 수퍼바이지는 아주 매끄럽게 정리된 느낌을 주고, 어떤 수퍼바이지는 산만하고 복잡하기만 할 뿐 그래서 무엇을 얻고자 한다는 것인지 명확하지 않다. 아시다시피 목표는 치료사가 집단 참여자들과 함께 정해진 기간 동안 항해를 해나가기 위해 설정한 좌표이다. 따라서 명확할 필요가 있다. 그런 면에서 수퍼바이지 신○○님의 목표는 자신의 속마음을 넋두리 하듯 풀어놓은 듯한 느낌이 들기도 하는 등, 전반적으로 매끄럽지 못한 인상이다. 이어서 프로그램의 세부목표를 살펴보면, 필자는 이 프로그램에서 가장 인상적이었던 것이 바로 '봉우리'이다. 그래서 8세션에 있는 '봉우리(나의 어려움 표현)'를 1세션으로 올려서 진행을 하고, 그 활동을 통해 각자의 어려움과 극복해야 할 목표를 먼저 설정하면 어떨까 하는 의견을 드렸다.

2) 선정 자료에 대한 면

우선 다양한 장르의 작품들을 선택하느라 애쓴 흔적이 엿보인다. 특히 영화 자료를 활용하는 세션이 몇 번 있었는데, 이처럼 긴 분량의 작품을 선택한 경우 치료사는 그 자료를 어떻게 효율적으로 활용할 것인가에 대한 고민을 해야 한다. 즉 일부분만 편집을 해서 세션 중에 함께 볼 것인지, 아니면 참여자들에게 미리 보고 오라는 안내를 하고 세션 중에는 그를 바탕으로 이야기만 나눌 것인지에 대해서 말이다. 더불어 상대적으로 읽기 자료는 부족한 양상이어서 영화를 여러 편 고른 이유가 있는지 여쭈었더니, 수퍼바이지는 분위기를 위해 선택을 했다는 답을 했다. 독서치료 집단에서 분위기를 위해 영화를 선택했다는 답변이 선뜻 와 닿지는 않아서 다시 한 번 생각을 해보셨으면 좋겠다는 피드백을 드렸다. 카툰, 노랫말, 자가치료서(self-help book) 등을 활용한 점은 매우 좋았다.

3) 관련 활동에 대한 면

독서치료 프로그램의 첫 세션에는 보통 프로그램에 대한 전반적인 소개, 별칭 짓기 등을 통한 자기소개 나누기 등을 한다. 그러나 이 프로그램에서는 빠진 부분이 있어 코멘트를 해드렸다. 또한 3세션의 '문제 상황 발생'은 참여자 세 명씩 조를 나누어 이야기를 나누게 한 뒤 한 사람을 정해 발표를 한다고 해서 시간의 분배가 매우 중요할 것 같다는 피드백도 드렸다. 4세션 '남편 사용 설명서'는 필자와 동료 수퍼바이지들에게도 큰 즐거움을 주었는데, 이유는 이 활동을 떠올린 계기가 가전제품의 사용 설명서를 본 뒤라고 했기 때문이다. 그것을 보고 '남편에 대한 면도 이렇게 정리해 볼 수 있지 않을까'라는 생각으로 연결을 시킨 부분이 너무나 기발하지 않은가. 5세션 '아이의 반성문'은 누가 누구의 입장에서 쓴다는 것인지가 명쾌하지 않았기에 '엄마가 아이의 입장에서 혼나지 않게 하는 방법'으로 쓰는 것은 어떨지, 이 활동을 통한 목표가 아이와 엄마의 관계 개선 측면인지 등에 대해서도 다시 생각해 보시라고 했다. 7세션의 목표는 '시댁 풀어놓기'이다. 그러나 선정 자료와 활동 모두 '시어머니'에게만 초점이 맞추어져 있다. 따라서 이 부분은 시댁 전반으로 확장을 시킬 필요가 있음도 지적했다. 마지막으로 11세션의 찰흙 작업은 그 활동이 원활하지 못한 분들을 위해 모두가 무리 없이 할 수 있는 것으로 대체하는 것도 괜찮겠다는 피드백도 드렸다. 치료사는 활동을 생각함에 있어 이왕이면 준비가 많이 필요하지 않으면서도 충분한 이야기를 이끌어 낼 수 있는 것을 선택할 필요가 있다. 명품 브랜드의 옷을 입어도 태가 나지 않는 사람이 있는 반면, 시장의 옷을 사 입어도 명품 못지않은 태가 나는 사람이 있지 않은가. 우리는 후자의 모습을 갖추고 있어야 한다.

4) 종합 평가

수퍼바이지 신○○님은 늘 겸손하면서도 최선을 다하는 분이다. 이런 점은 치료사에게 꼭 필요한 면이다. 비록 이번 프로그램은 처음 계획하는 거라서 다시 손 볼 부분이 많지만, 향후 좋은 치료사가 될 거라고 확신한다. 특히 다양한 작품을 적절히 선택하고 세부목표에 맞게 접목시킨 부분은 아주 훌륭했다.

5) 수퍼바이지 문○○ : 30~50대 중년 여성을 대상으로 한 자기탐색 독서치료

- 3050 자기 꽃, 자기 향기 찾기 -

	세션	세부목표	선정 자료	관련 활동
1	자기 꽃	자기 꽃 알기 (친밀감 형성)	*성모님의 곡예사 *활동지-자기 꽃, 나 바라보기	*자기 알기 *오늘-내 모습 돌아보기
2		'자기개방' 정도 알기	*자기표출-조하리의 창문	*휴대폰통화내역, 나의 일과표 적어보기
3		나이 듦 성찰	*시-장식론(홍윤숙) *시-해바라기(장정임)	*모방 시 쓰기 (문학방송-영상시)
4	사랑하는 사람들	가족의 의미 생각해보기	*내 이름은 자가주 *노동의 목격(편혜영) http://www.munjang.or.kr	*인생표 그리기 (문장배달-성석제)
5			*이청준(눈길) *한눈 없는 어머니(이은상)	*엽서 쓰기 (문장배달-은희경)
6		지음, 지우, 영혼의 반쪽 성찰하기	*좀나방과 꽃나방 (*함정, 가실 줄 모르는 사랑 중에서 한 편) -정채봉 에세이 '좋은 예감'	*나의 좀나방에게, 꽃나방에게 편지쓰기
7			*두 사람 *시-서로에게 좀 더 인내심을 가져요	*칭찬 주고받기-금빛, 잿빛 스티커 주기 (칭찬하기와 받기의 방법 알기)
8	빗속에서 보는 무지개	성공하는 삶, 성장하는 삶에 대해 성찰하기	*상처 없는 새가 어디 있으랴 *신경림-나무1	*나의 상처, 미움, 고민 적어보기 *포스트잇, 수정테이프 (시 배달-도종환)
9		사랑과 용서	*시-용서 *시-다시 사랑하게 되면	*모방 시 쓰기 (조선일보-광수생각)
10	당당녀 되기	일촌 맺기	*피서 가는 개구리	*관계망 쓰기
11		내 날개 찾기	*훼방꾼들 또는 *왜 그는 독수리가 못 되었나 *http://mbn.mk.co.kr/tv mbn매일경제	*내 안의 훼방꾼 써보기
12	행복 값	행복추구하기	*행복을 찾아서(영화) *멀리 가는 향기-두 얼굴	*행복 바이러스-회원에게 문자 메시지 발송하며 마감하기

자기 꽃

1. 다른 이름으로 불릴 수 있다면
2. 나를 색으로 표현한다면
3. 나의 좌우명
4. 가장 듣기 좋은 말
5. 제일 듣기 싫은 말
6. 내가 가장 잘 하는 것
7. 내 성격을 동물로 비유한다면

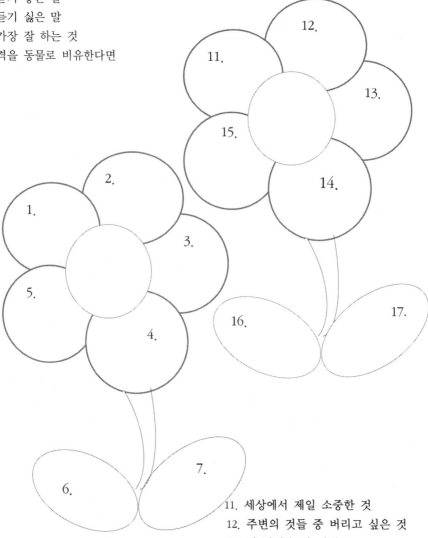

11. 세상에서 제일 소중한 것
12. 주변의 것들 중 버리고 싶은 것
13. 내 장점을 한 마디로
14. 내 단점을 한 마디로
15. 내가 사랑하는 사람들
16. 나를 사랑해 주는 사람들
17. 살았던 날들 중 하루를 더 살 수 있다면
    어느 날

나 바라보기 – 오늘 하루 동안의 내 모습 그려보기

어릿광대 이야기

루이 왕이 프랑스를 다스리고 있을 때 가난한 곡예사인 바르나바는 온 도시를 돌아다니면서 묘기를 보여 주고 그것으로써 생계를 유지하고 있었다.

바르나바는 장터가 있는 곳이면 어디든지 가서 낡은 양탄자를 도로 위에 펴 놓고 온갖 특이한 묘기로 사람들을 매혹시켰는데, 묘기는 주석으로 만든 접시를 코 위에 얹고 균형을 잡으면서 시작하는 것이었다. 사람들은 처음에는 무관심하게 그의 재주를 바라보다가, 그가 물구나무를 선 채 걸어 다니거나 발로 6개의 구리공을 공중에 던져 다시 받아내든지, 혹은 몸을 뒤로 굽혀 그의 목덜미를 팔꿈치에 닿게 하든지, 또 이런 자세로 12개의 칼을 가지고 곡예를 할 경우에는 많은 구경꾼들이 몰려와 그를 둘러싸고 감탄사를 연발하며 소리를 지르고는 양탄자 위에 돈을 던져주는 것이었다.

그러나 바르나바는 나이가 들면서 자신의 재주만을 의지하면서 생활하기에는 너무 힘들고 어렵다는 것을 깨달았다. 그는 겨울이 오면 자신을 잎이 떨어져 말라 죽어있는 나무에 비유하곤 했다. 가난한 곡예사는 겨울이 싫었다. 마리 드 프랑스가 말한 것처럼 베짱이에게는 겨울이 굶주림의 계절이다.

그도 이 말을 깊이 공감했으며 인내로써 모든 괴로움을 받아들였다. 그는 성당 앞을 지나갈 때는 항상 성모상 앞에서 겸손하게 무릎을 꿇고 이렇게 기도했다.

"마리아여, 내가 하느님의 마음에 드는 삶을 살고난 뒤에 죽게 되더라도 영원한 천상 기쁨을 얻도록 저의 삶을 보호하소서."

비가 올 듯한 어느 날 저녁, 바르나바는 슬픔에 잠긴 채 칼과 구리공들을 낡은 양탄자 속에 넣어 팔에 끼고는 두리번거리며 가는데 그에게 공손히 인사하는 어떤 수사 신부님을 만났다.

그들은 가는 방향이 같아 서로 정답게 이야기를 나누면서 걸었다.

신부님이 먼저 물었다.

"당신은 왜 푸른 옷을 입고 있소? 마치 코메디의 어릿광대를 연출하려는 것처럼 보이는 군요."

"존경하올 신부님, 전 곡예사랍니다. 매일 먹을 양식만 있다면 제일 좋은 직업인걸요!"

그때 신부님은 웃으면서 말합니다.

"그런 말하는게 아닙니다. 이 세상에서 제일 좋은 직업은 바로 성직자들입니다. 우리는 하루 종일 하느님과 성모 마리아와 모든 성인들을 찬미하며 공경하지요. 수도자의 삶이란 불변의 찬미가랍니다."

  그 후 바르나바는 수사가 되었다. 그를 받아들인 수도원에서는 특별히 마리아를 공경했는데 수사들은 그들이 지닌 능력과 재능에 따라 그분을 섬기고 있었다.

  원장 신부님은 스콜라 철학의 원리에 따라 성모님의 덕행에 관한 책을 썼다. 마우리체 수사는 아주 훌륭한 손재주로 원장 신부님의 글들을 양피지 위에 새겼으며, 알렉산더 수사는 만들어진 책 위에 아름다운 그림을 그려 넣었다. 마르 보디우스 수사는 제일 열심이었다.

  그는 쉴 새 없이 성모상을 돌로 조각하고 있었는데, 그의 수염과 흰 머리카락은 온통 먼지로 덮여 있고 두 눈은 부어올라 염증을 일으켰다. 바르나바는 이러한 성스러운 경쟁자들과 그들의 아름다운 작품을 바라보면서 자신의 무지와 무능을 자책하며 살았다.

  그러던 어느 날, 아무도 없는 수도원 정원을 홀로 산책하면서 하느님께 자신의 아픔을 하소연했다.

  "오! 하느님, 저는 다른 형제들처럼 가치 있는 방법으로 성모님께 봉사할 수 없기 때문에 너무나 가슴이 아픕니다. 마리아여, 저는 가진 것이 없으니 당신께 무엇을 드릴 수 있을까요?"

  어느 날 저녁 하루 일을 마친 후에 어떤 수사와 담소를 나누었는데 그는 다른 수사에 대한 이야기를 들려 주었다. 그 수사는 "아베 마리아!"하고 기도하는 것 외에 다른 것은 전혀 할 수 없었다고 한다. 이 형제가 살아있는 동안에는 수사들이 그의 우둔함 때문에 무시했지만 그가 죽을 때에 입에서 장미꽃 다섯 송이가 나왔다. 그것도 "성모마리아"라는 다섯 글자를 의미했는데 이때 비로소 사람들은 그가 성인이었음을 깨닫게 되었다.

  바르나바는 이 이야기를 듣고 성모님의 사랑에 깊이 감동했으나 그러한 행복한 죽음이 그를 위로해주지는 못했다. 이후에 바르나바는 성모님께 더욱 더 가치 있는 형태로 봉사하기 위해 노력하게 되었고, 그 길을 찾고자 열심히 노력했으나 발견할 수 없었기에 항상 슬픔에 잠겨있었다.

  어느 날 아침잠에서 깨어난 바르나바는 기쁨에 넘쳐 성당으로 뛰어가 그곳에서 아주 오랜 시간을 머물러 있었다. 그리고 식사 후에 다시 그곳에 갔다. 그는 종종 다른 수사들이 일을 하는 동안에도 하루 종일 그곳에 갔다.

  이제 그는 쾌활해졌고 더 이상 자신의 무능함을 하소연하지도 않았다. 그러자 다른 수사들은 호기심이 생겼다. 원장 신부님은 수사들의 행동을 감시하는 것이 의무였으므로 바르나바가 고요히 기도하는 것을 관찰하기로 결심했다. 바르나바가 성당으로 급히 달려가자, 원장 신부님은 나이가 제일 많은 수사 두 명을 데리고 뒤따라가 문틈으로 안에서 무슨 일이 일어나는지 들여다보았다.

바르나바는 성모님의 제대 앞에서 물구나무를 서서 12개의 칼과 6개의 구리공을 공중으로 던져 다시 받아내곤 했다.

지난 날 그가 사람들로부터 찬사를 받았던 재주를 성모님께 바쳐드리기 위해서였다.

바르나바의 이런 행동은 원장 신부님과 다른 수사들은 이해하지 못했기에 큰 소리를 치며 신에 대한 모독행위라며 그를 성당 안에서 끌어낼려고 했다. 원장 신부님은 바르나바가 순진한 사람이라는 것은 알고 있었지만 그의 이러한 행동을 본 후에는 정신 이상자라고 생각하며 바르나바를 성당에서 강제로 끌어내기 위해 다가갔다.

이때 성모님이 당신의 망토로 곡예사의 이마에 맺힌 땀방울 닦아 주기 위해 계단에 내려와 계신 것을 보았다. 원장 신부님은 이마가 바닥에 닿도록 경배하며 기도했다.

"행복하도다! 마음이 가난한 사람들은 하늘 나라를 차지할 것입니다."

두 수사들도 덩달아 머리를 조아리며 "아멘"하고 응답했다.

『성모님의 곡예사 / 아나톨 프랑스』

대인관계의 기본원리

일반적으로 바람직한 인간간계는 상호작용을 하는 두 사람 사이에 신뢰를 바탕으로 허물없이 대화할 수 있으며, 타인의 장단점을 솔직하게 받아들일 수 있을 정도가 되는 관계를 말한다.

조셉 루프트와 해리 잉햄은 대인관계에서 어떻게 서로의 이해의 폭을 넓혀 가야 하는지에 대해 '마음의 창문(window model)'으로 불리어지고 있는 아래와 같은 자아의식 모델을 구상하여 설명한 바 있다.[1]

즉 이 자아의식 모델이란 다른 사람과 관계를 맺고 있는 총체적인 한 개인을 아래와 같이 4등분하고 그 구분을 행동, 느낌, 동기를 의식하는 것에 기초를 두었다.

	타 인		타인에게 알려진 영역
자신	개방된 영역(open area)	가려진 영역(blind area)	
	숨겨진 영역(hidden area)	모르는 영역(unknown area)	타인에게 알려지지 않은 영역
	자신에게 알려진 영역	자신에게 알려지지 않은 영역	

① 개방된 영역(open area) - 느낌이나 생각, 행동 등이 자신이나 타인에게 알려진 영역을 말한다. 효과적인 인간관계의 발달이란 개방된 영역을 서로 빠른 시간 내에 넓혀 가는 것이다. 이 영역을 넓게 갖고 있는 사람은 의사소통에 장애가 없고 효과적이고도 생산적인 관계를 맺게 된다.

② 가려진 영역(blind area) - 자신의 행동이나 느낌 그리고 생각 또는 동기가 타인에게는 알려져 있으나 자신은 알지 못하는 영역이다. 이 영역이 넓은 사람은 눈치가 없고 둔한 사람으로, 타인이 보기에는 개선할 점이 많으나 자신은 그와 같은 것을 깨닫지 못하고 스스로 잘난 체하는 등의 자아도취적인 사람이다. 이런 사람은 남들과 별

---

1) 샌프란시스코 주립 대학의 루프트(Joesph Luft)와 UCLA의 잉햄(Harry Ingham)이 함께 개발했기 때문에 두 사람의 이름을 따서 '조하리의 창문' 또는 '자아의식 모델'로 불리고 있다.

다른 이유가 없는 것 같은 데도 생산적인 관계를 발전시키지 못하는 사람에게서 찾아볼 수 있다. 이 영역은 타인으로부터의 feed back을 통해 개방 영역으로 바뀌어 진다.

③ 숨겨진 영역(hidden area)－자신의 느낌이나 생각과 행동을 본인은 알고 있지만 타인은 알지 못하는 영역으로서 완전히 개인적인 영역이다. 이 영역이 넓은 사람은 자기표현이 부족하여 타인이 그의 속에 어떤 생각, 느낌을 갖고 있는지 알 수 없다. 이런 사람은 지가 자신을 비교적 정확히 이해하기는 하지만 자신을 수용하지 못하므로 남에게 있는 그대로 내어 놓기를 싫어한다. 또한 자기 재능을 충분히 발휘하여 생산적으로 사는 데에 방해를 많이 받는다. 이런 사람은 자기개방(self disclosure)의 훈련이 필요하다.

④ 모르는 영역(unknown area)－행동이나 느낌, 동기가 본인이나 타인에게 알려지지 않은 영역으로 오직 추리나 회상에 의해서만 알게 된다. 이 영역이 넓은 사람은 예기치 않은 행동이나 느낌을 보이게 되어 이해가 어려워지고, 다른 사람들이 피하려 하게 된다. 이 영역은 인지와 경험, 참여와 관찰 및 자기보고 등의 통찰을 통해 알 수도 있다.

이상의 영역은 서로 크게 또는 작게 변화가 되는데, 일반적으로 사람을 사귀어 서로 알게 되었다는 것은 개방된 영역이 커지고 다른 부분이 작아지는 변화가 생겼다는 뜻이다. 개방된 영역이 작으면 작을수록 두 사람 사이의 의사소통이 불완전해진다.

요약하자면 바람직한 인간관계는 상호작용을 하는 두 사람 사이에 비밀을 털어놓고 대화할 수 있으며, 자신의 결점이나 단점을 상대방의 입을 통해 받아들이고, 통찰을 통해 개방된 영역을 넓게 갖고 만나는 것이다. 그렇게 하려면 분위기를 부드럽게 바꾸고, 강제적으로 탐문하는 식의 의사소통을 피해야 하며, 상대방을 인격체로서 존중하여야 한다.

'나의 휴대폰 통화내역'

해바라기

장정임

누가 너를 꽃이라 부를까
농염도 은밀도 없이
성큼 담장을 올라서는 깨박이 얼굴

네 뜨거움을 감당할 아무도 없다
네 씩씩한 육체 홀로
노란 불갈퀴의 순수
태양을 마주 선 담담한 얼굴

착하고 아름다운 꽃들
고요하게 모가지를 잘린 채
소리 없이 안겨 숨질 때

다발 다발 묶일 수 없던
소박데기 내 어머니처럼
너는 꽃의 숙명을 넘어
내숭한 유혹도 향기도 떨쳐버린
자존으로 당당하다

나아가 먼저 사랑하고
홀로 가득 열매 맺어
뜰 앞에 온갖 새 부르던
가장 나중엔 가장 꽃다운 꽃

슬퍼하지 않는 네가 좋다

『마녀처럼 / 장정임 시 / 한국문연』

장식론 1

홍윤숙

여자가
장식을 하나씩
달아가는 것은
젊음을 하나씩
잃어가는 때문이다.

"씻은 무" 같다든가
"뛰는 생선" 같다든가
(진부한 말이지만)
그렇게 젊은 날은
"젊음" 하나만도
빛나는 장식이 아니었겠는가

때로 거리를 걷다 보면
쇼 윈도에 비치는
내 초라한 모습에
사뭇 놀란다.

어디에
그 빛나는 장식들을
잃고 왔을까

이 피에로 같은 생활의 의상들은
무엇일까

안개 같은 피곤으로
문을 연다
피하듯 숨어 보는
거리의 꽃집

젊음은 거기에도
만발하여 있고
꽃은 그대로가
눈부신 장식이었다.

꽃을 더듬는
내 흰 손이 물기 없이 마른
한 장의 낙엽처럼 쓸쓸해져

돌아와 몰래 진보라 고운
자수정 반지 하나 끼워
달래 본다.

『홍윤숙 시선집 / 홍윤숙 시 / 시와시학』

장식론 3

홍윤숙

여자가
장식을 하나씩
달아가는 것은
지닌 꿈을 하나씩
잃어가는 때문이다

꽃이 진 자리의
아쉬움을
손가락 끝으로
가려보는 마음

나뭇잎으로
치부를 가리던
이브의 손길처럼
간절한 것이기에
꽃 대신 장식으로
상실을 메꾸어 보는 것이다

　(누가 십대의 소녀가 팽팽한 손가락에

한 캐럿 다이야 반지를 끼고 다니던가
그 애들은 그대로가 가득 찬
꿈이겠는 걸)

잃어버린 사랑이나 우정
작은 별의 꿈들이
여름 풀밭처럼 지나간 자리에
한장 가랑잎을 떨구는 가을

장식은
그 마지막 계절을 피워보는 향수다
파란 비취의
청허한 고독을 배워보는 창이다

아니 끝내 버릴 수 없는
나, 여자의
간절한 꿈을 실어 보는
날개다

『홍윤숙 시선집 / 홍윤숙 시 / 시와시학』

모방 시 쓰기

인생표 그리기

엽서 쓰기

좀나방과 꽃나방

1. 좀나방의 구애

옷장 속에 좀이 있었다. 좀은 털외투를 갉아 먹었고, 순면 속옷을 갉아 먹었다. 배가 부르면 비단 틈에서 잠을 잤고 눈이 떠지면 입맛 당기는 옷들을 찾아다녔다. 먹다보니 어느 틈에 나이가 찼다. 좀은 한숨 늘어지게 잠을 잤다. 그런데 눈을 떠보니 어깨에 날개가 돋아 있지 않은가!

어느 날, 옷장문이 열린 틈을 타서 좀나방은 바깥으로 나왔다. 좀나방의 앞에 금빛 찬란한 빛살이 부서지는 유리창이 나타났다. 그 유리창의 바깥쪽에서는 새하얀 드레스를 입은 꽃나방이 이쪽을 들여다보고 있었다. 좀나방은 파도처럼 이는 욕정을 느꼈다.

"아가씨, 나하고 살림 차리지 않을래요?"

좀나방이 말을 걸었다.

"가서 옷이나 파먹으시지요."

꽃나방이 핀잔을 주었다.

"나한테 시집을 오기만 하면 밍크코트 맛을 볼 수도 있을 텐데, 정말 싫다는 겁니까?"

좀나방이 으시대었다. 그러나 꽃나방은 고개를 저었다.

"나한테는 꽃과 저녁노을만으로 충분해요."

"이런 이런, 아가씨! 정신 좀 차려요. 이집 주인의 연미복을 뜯어 먹는 맛을 알기나 해요?"

"한심스럽군요. 먹기 위해서 사나요? 나는 파란 하늘과 감미로운 바람 속을 날아서 작은 풀꽃들을 사랑하는 기쁨으로 산답니다."

좀나방은 투덜거리면서 돌아섰다.

"그렇게 시시해가지고는 내 배필이 될 수 없겠어요. 잘 가요! 난 쌀나방한테나 가봐야겠어요."

2. 쌀나방의 구애

뒤주 속에 사는 쌀 나방이 시집을 가고 싶어서 뒤주에서 나왔다. 쌀나방이 여기저기 다니다가 창문턱에 이르러보니 거기에 멋진 나무나방이 있었다. 쌀 나방이 말을 붙였다.

"당신은 어디 사시나요?"

"저기 저 벚나무에 삽니다."

"나하고 결혼하지 않을래요? 내가 사는 뒤주 속에는 평생 먹고 살 수 있는 쌀이 있어요"

벚나무나방이 고개를 설레설레 저었다.

"먹고 사는 건 편하겠군요. 그러나 당신은 푸른 하늘을 보며 여행하는 행복, 또 열심히 일해서 얻는 양식에 대한 기쁨을 모르는 거 같네요!"

쌀나방이 투덜거렸다.

"답답한 나방이군요. 왜 힘들게 여행을 다녀요? 일해서 얻는 양식은 또 뭐구요? 무진장 쌓여있는 것을 그저 먹기만 하면 된다니까 그러시네."

쌀나방은 홱 돌아서 집으로 돌아왔다.

3. 연분

집에는 청혼하러 온 좀나방이 기다리고 있었다. 서로를 천생연분이라고 생각한 둘은 그날 혼례를 치렀다.

『우리는 하느님을 잊고 살지는 않는가 / 이진우 지음 / 기독신문사』

나의 좀나방에게, 꽃나방에게 편지 쓰기

서로에게 좀 더 인내심을 가져요

셜린 A. 포스턴

대부분의 관계는
힘겨운 시기를 거치기 마련이죠.
두 사람 가운데 누군가 힘겨워할 때,
잠시 한 걸음 뒤로 물러나
마음을 다치지 않을 한 마디 조언이나 행동을
곰곰이 떠올려보는 것이
중요한 이유도 바로 그 때문이랍니다.
그 사람에게 필요한 것은
스스로를 헤아려볼 시간일 뿐,
당신을 거절하는 게 아니라는 걸
잊어서는 안 되죠.

당신이 가만히 침묵하더라도,
그것은 그 사람과 함께이길
원치 않아서가 아니라,
단지 힘겨운 시기를 헤쳐 나갈
지혜를 떠올리고 있기 때문일 거예요.

서로에게 좀 더 인내심을 가져 봐요.
그러곤 서로의 속마음을 존중하며
말없이 지켜보세요.
두 사람이 각자의 마음에
내면의 힘을 길러낸다면,
훨씬 더 슬기롭게
어려운 시기를 견뎌낼 수 있을 테니까요.

『내가 얼마나 당신을 사랑하는지 당신은 알지 못합니다 1-3 /
수잔 폴리스 슈츠 지음, 박종석 옮김 / 오늘의책』

상처 없는 새가 어디 있으랴

상처를 입은 젊은 독수리들이 벼랑으로 모여들기 시작했다.

날기 시험에서 낙방한 독수리, 짝으로부터 버림받은 독수리, 동료들로부터 멸시받은 독수리, 윗독수리로부터 천시 받은 독수리, 자신마저 '머저리', '얼간이'라고 부르게 된 독수리들이….

그들은 이 세상에서 자기들만큼 상처가 깊은 독수리는 없을 것이라고 생각했다. 이렇게 사느니 깔끔하게, 단방에 구차한 이 삶을 끝내는 게 시원할 거라고 의견을 일치시킨 독수리들이었다. 절망적인 이야기 끝에 죽기를 결심했을 때, 망루에서 파수를 보고 있던 영웅독수리가 이들 앞으로 내려왔다.

"왜 죽으려고 하느냐?"

"이렇게 하루하루를 고통 속에서 사느니 차라리 죽는 쪽을 택하겠어요."

영웅 독수리가 말했다.

"나는 어떨 것 같은가? 너희들이, 상처 하나 없는 강인하고 빛나는 존재라고 생각하는 내 몸을 보아라!"

영웅 독수리는 날개를 쫙 펼쳐 가슴 곳곳의 상흔을 드러내보였다.

"이건 날기 시험 때 솔가지에 찢겨 생긴 것이고, 이건 윗독수리에게 할퀸 상처이다. 그러나 이것은 겉에 드러난 상처에 불과하다. 마음의 생채기는 헤아릴 수도 없다."

영웅 독수리가 계속 말했다.

"상처 때문에 고통을 겪지 않은 새들이란 이 세상에 나가자마자 죽은 새들이다. 삶을 살아가면서 상처 입지 않는 새가 어디 있으랴!"

『날고 있는 새는 걱정할 틈이 없다 / 정채봉 지음 / 샘터』

나무1
지리산에서

신경림

나무를 길러본 사람만이 안다
반듯하게 잘 자란 나무는
제대로 열매를 맺지 못한다는 것을
너무 잘나고 큰 나무는
제 치레하느라 오히려
좋은 열매를 갖지 못한다는 것을
한 군데쯤 부러졌거나 가지를 친 나무에
또는 못나고 볼품없이 자란 나무에
보다 실하고
단단한 열매가 맺힌다는 것을

나무를 길러본 사람만이 안다
우쭐대며 웃자란 나무는
이웃 나무가 자라는 것을 가로막는다는 것을
햇빛과 바람을 독차지해서
동무 나무가 꽃 피고 열매 맺는 것을
훼방한다는 것을
그래서 뽑거나
베어버릴 수밖에 없다는 것을
사람이 사는 일이 어찌 꼭 이와 같을까만

『이래서 이 세상에 꽃으로 피었으면 / 신경림 시 / 랜덤하우스코리아』

용 서

U. 샤퍼 시를 개작함.

조금 더
참았어야 했는데
그대에게
심하게 대했던 것
지금, 늦기는 했지만
용서를 청합니다.
물론
그 자리에서 용서를 청하는 것이
제일 좋다는 것을 잘 알고 있었지만
생각뿐
용기를 내지 못했습니다

'나중에 하지'라는 생각 역시
어리석은 생각이었습니다.
미움의 감정은
시간이 흐를수록 깊어지는 것,
그것을 잊었던 것입니다.

미움을 키워가고 싶지는 않습니다.
그대를 용서하고
나 또한
그대의 용서를 받고 싶습니다.
그리하여
우리의 우정이
오래도록 변함없기를 바랍니다.

『나 그대를 사랑하는 까닭 / U. 샤퍼 지음 / 바오로딸』

다시 사랑하게 되면

누군가 내게 그렇게 얘기한 적이 있다.
자신은 누군가를 다시 사랑하게 되면
그전에 사랑했던 사람은 까맣게 잊게 된다고.
그래서 지금의 사랑에 최선을 다하고
그 사람에게만 몰입하는 생활을 하노라고 말했다.
하지만 나는 다르다.
일단 나는 그전의 사랑도 잊지 못하거니와,
그전의 사랑이 지금의 사랑 때문에 잊혀 진다면
그건 사랑이 아니라고 생각한다.

나는 일기장 같다.
그래서 하루하루의 일을 기록하듯이 내가 사는 동안에
사랑했던 사람들을 '나'라는 일기장에 빼곡히 기록해 놓는다.
그래서 시간이 지나면 더러는
낡고 오래 되서 떨어져 나가기도 하겠지만,
그렇다고 완전히 그 기록이 지워지는 일은 없다.
예전에 써놓았던 글을 다시 읽어본 적이 있는가.
푸른 먼지가 가득 덮인 오래된 일기의 앞면을 툭툭 털어 다시 펼쳐보면

그때 사랑했던 사람들이 내 가슴에 가득해온다.
그리고 새로운 감정으로 다시 그 일기를 덮고,
다시 내 생활로 돌아오지만 내 몸 어딘가에는
그 일기장이 언제나 존재하고 있음을 느낀다.

난 어쩌면 또 새로운 사랑에 빠질지도 모른다.

하지만 그 사랑 때문에 지금의 내 사랑이나 예전의 내 사랑들이 변색되어
내 일기장에 기록되지 않기를 진심으로 바란다.
내가 한때 숨죽이며 바라보았던 사람.
그리고 내가 사랑했던 사람……

『광수생각 / 박광수 지음 / 소담출판사』

모방 시 쓰기

피서 가는 개구리

개구리 아줌마는 휴가철이 되어 바닷가로 여행을 떠났습니다. 한참 동안 길을 가다보니 거북이 한 마리가 딱딱한 등껍질 아래서 달달 떨고 있는 것이 보였습니다. 개구리 아줌마는 몰고 가던 꼬마 오토바이를 세우고 소리쳤습니다.

"이봐. 거북이, 그러다 내 오토바이 바퀴에 치이면 어쩌려고 그래?"

그러자 거북이가 말했습니다.

"개구리 아줌마. 난 지금 휴가를 가는 중이에요. 그런데 자동차가 어찌나 쌩쌩 지나가는지 도저히 길을 건널 수가 없어요. 이러다간 바닷가에 언제 닿을지 알 수가 없군요! 아줌마가 뒤에 끌고 가는 수레에 내가 들어갈 만한 자리가 없을까요?"

개구리 아줌마는 몹시 난처했습니다. 짐수레는 가득 찬데다 그 가운데 어느 것 하나도 쓸모없는 물건이 없었기 때문입니다. 거북이가 말했습니다.

"아줌마, 고무보트를 내려놓고 가시지요. 제 등에 아줌마를 태워서 이리저리 구경시켜 드릴게요."

그러자 개구리 아줌마가 말했습니다.

"그럼 좋아요. 어서 올라타세요. 그리고 떨어지지 않게 잘 붙어 있어야 해요. 내 오토바이는 바람처럼 달려가니까."

얼마쯤 갔을까, 이번엔 참새가족을 만났습니다. 개구리 아줌마는 이번에는 기타를 내려놓고 그 가족을 태웠습니다. 그러다 달팽이 한 마리도 짐들 사이로 미끄러져 들어왔습니다.

또 얼마 후에는 팬더곰이 오토바이를 세웠습니다. 개구리 아줌마는 망설였습니다. 수레가 가득 찼는데 그것을 버스로 바꿔놓고 싶지는 않았기 때문입니다. 그때 팬더곰이 말했습니다.

"아줌마. 짐 중에서 두꺼운 책들은 내려놓으세요. 나는 여기저기 여행을 많이 했기 때문에 아줌마가 원하기만 하면 내가 아는 이 세상 모든 나라에 대해 이야기 해 드릴 수 있으니까요."

"좋아요. 비좁지만 어서 올라타서 자리를 잡으세요."

팬더곰까지 올라타자 오토바이는 움직이지를 못했습니다. 언덕만 넘으면 바다가 나타날 텐데 말이죠. 그래서 모두들 오토바이를 밀고 가야했지요. 언덕 꼭대기에 오르니 너나없이 땀을 흘리고 숨을 헐떡였습니다. 꼬마 달팽이는 지친 나머지 짐가방 위로 올라갔습니다. 갑자기 달팽이가 소리쳤어요.

"바다다! 바다가 보인다!"

그러자 겁이 나 있던 거북이도, 바퀴달린 것이라고는 타본 적이 없던 참새 가족도, 길에서 차를 세웠던 팬더곰도, 그리고 조금 게으른 달팽이도 걸음을 재촉하며 바닷가 모래사장을 향해 내달렸습니다. 그 뒤를 따라가다 말고 개구리 아줌마가 짐수레를 바라보았더니 그 안에는 이제 긴 의자 하나와 짐 가방 몇 개, 그리고 약간의 식량만 남아 있었습니다. 개구리 아줌마는 혼자 중얼거렸습니다.

"이제는 짐수레가 다 비었네⋯⋯. 하지만 이번 휴가는 얼마나 멋질까! 거북이하고는 물위를 산책하고 저녁이 되면 참새들 하고 노래를 할 거야⋯⋯. 팬더곰의 이야기를 들으면서 이 세상을 발견하게 될 거고⋯⋯. 그리고 달팽이하고는⋯⋯. 그래. 달팽이하고는 그저 천천히 느긋하게 시간을 보내는 거야."

『생애 최고의 날은 아직 살지 않은 날들 / 정호승 외 지음 / 조화로운삶』

관계망 쓰기

나의 가장 소중한 친구는 :
이름 :
어떻게 친해졌나 :
그 친구와의 관계에서 내가 좋게 느끼는 점 :

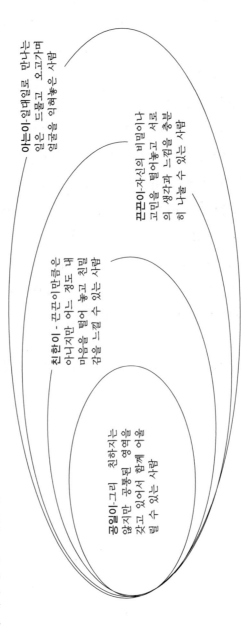

아는이-일대일로 만나는 일은 드물고 오고가며 얼굴을 익혀놓은 사람

끈끈이-자신의 비밀이나 고민을 털어놓고 서로의 생각과 느낌을 충분히 나눌 수 있는 사람

친한이 - 끈끈이만큼은 아니지만 어느 정도 내 마음을 털어놓고 친밀감을 느낄 수 있는 사람

공일이-그리 친하지는 않지만 공통된 영역을 갖고 있어서 함께 어울릴 수 있는 사람

친해지고 싶은 친구에게 다가가지 못했던 경험이 있는가 :
언제 :
누구 :
다가가지 못한 이유(생각, 느낌, 상황) :
지금 생각해보면 어떤 느낌이 드는가 :

왜 그는 독수리가 못 되었나

어떤 개구쟁이가 산에 갔다가 독수리 알 하나를 주워 왔습니다. 그리고는 알을 품고 앉아 있는 암탉의 둥지 속에 독수리 알을 집어넣었습니다.

한 달이 지나자 여러 병아리들과 함께 새끼독수리도 부화했습니다. 새끼 독수리는 다른 병아리들과는 달리 몸집이 크고 부리와 발톱이 날카로울 뿐만 아니라 깃털이 별났습니다. 그래서 새끼독수리는 천덕꾸러기 대접을 받았고 자랄수록 고민이 늘었습니다.

그래도 새끼독수리는 닭장을 뛰쳐나갈 것을 궁리하지는 않았습니다. 자신의 부리와 발톱이 어디에 소용되는지도 생각하지 않았습니다. 겨드랑이 밑이 근질거리는 것이 날개가 돋으려고 그러는 것인 줄은 전혀 깨닫지 못했습니다.

새끼독수리는 그저 자신이 '병아리이려니' 하고 생각하고 다른 병아리들이 하는 짓을 따라하며 살았습니다. 낟알을 쪼아 먹는 데에 그 날카로운 부리를 사용했고 벌레를 찾느라고 강한 발톱으로 땅을 파헤쳤습니다. 그리고 다른 병아리들한테서 따돌림을 받지 않으려고 돋아 나오는 날개를 자신의 부리로 짓찧었습니다.

그러던 어느 날 밤, 들쥐 떼가 닭장을 습격해 왔습니다. 닭장은 금방 아수라장이 되었습니다. 닭들은 모두 덩치가 커다란 독수리를 쳐다보았습니다. 그러나 쥐떼가 무섭게 느껴지기는 독수리도 마찬가지였습니다. 이미 발톱과 부리는 닳아지고 눈망울에는 힘이 하나도 없어, 닭이나 진배없었으니까요.

다른 닭들과 함께 독수리도 우왕좌왕 도망다니다가 날이 밝았습니다. 닭들은 일제히 독수리를 손가락질하였습니다.

"몸집은 산만한 게 쥐새끼가 무섭다고 벌벌 떨기나 하구. 넌 먹이나 축내는 식충이야!"

세월이 흘렀습니다. 닭장 속의 독수리도 닭들과 함께 많이 늙었습니다. 그러던 어느 날, 독수리는 구름 한 점 없는 맑은 하늘을 높이 나는 위용 있는 새를 보았습니다.

매섭게 생긴 부리, 갈퀴처럼 보이는 발톱, 우아하고 멋진 날개…….

부라리고 있는 그 새의 눈 아래서는 들쥐뿐만이 아니고 피하지 않는 짐승이 없었습니다.

'아, 저렇게 멋진 새도 있구나.'

초라하게 늙은 독수리가 중얼거렸습니다. 그러자 그의 친구 닭이 독수리를 점잖게 타일렀습니다.

"응, 저건 독수리라는 새다. 날개 있는 새들 중에서는 왕이지. 그러나 넌 꿈도 꾸지 말아야 한다. 넌 들쥐한테도 쫓겨 다니는 닭이니까 말이야."

『십대들의 쪽지』 61편 p.5

들꽃 해방구 안의 내

☞ 수퍼비전

수퍼바이지 문○○님은 자신과 비슷한 30~50대 중년 여성의 자기탐색을 목표로 한 프로그램을 설계했다. 프로그램에는 '자기 꽃 자기 향기 찾기'라는 부제목까지 달아, 자칫 참여자들에게는 딱딱하게 느껴질 수 있는 부분까지 섬세하게 신경 쓴 면이 엿보인다. 또한 전체는 아니지만 거의 모든 세션에서 활용할 활동지까지 만들어 첨부한 점은 다른 수퍼바이지가 갖고 있지 못한 부지런함과 감각이라 생각되었다. 덕분에 우리는 보다 많은 자료를 얻은 것은 물론이고, 수퍼비전 활동 중에도 더 많은 이야기를 나눌 수 있었다. 그렇다면 그녀가 계획한 프로그램을 자세히 살펴보자.

1) 목표 설정에 대한 면

앞서 이야기했듯이 이 프로그램의 목표는 중년 여성의 자기탐색이다. 사실 이 목표가 새로운 것은 아니다. 왜냐하면 필자도 이미 같은 주제의 프로그램을 여러 차례 진행한 적도 있고 책으로도 출판을 했기 때문이다. 또한 일반 주부들을 대상으로 한 프로그램의 대부분이 '자아정체성'을 다시금 짚어 보는 계기를 마련해 주는 쪽으로 흐르다 보니 거의 비슷할 수밖에 없다. 다만 같은 목표라 하더라도 치료사에 따라서 어떻게 풀어내는가에 대한 차이는 분명히 존재할 것이다. 따라서 필자는 수퍼바이저로서 그런 면에 초점을 두고자 했는데, 프로그램 계획의 가장 왼쪽에 들어가 있는 세션 별 종합 목표를 보면 4회에서부터 7회까지가 '사랑하는 사람들'로 들어가 있다. 그러나 이 목표는 4회를 아우르기에는 범위가 너무 좁아 보인다. 또 하나 '사랑하는 사람들'이라는 표현 역시 긍정적인 측면에서의 관계만 살펴보기 위한 것일 뿐, 상대적으로 강한 역동을 불러일으키는 부정적인 관계를 짚어볼 수 있는 기회는 주지 않고 있다. 따라서 4회 동안의 목표를 '관계 살펴보기' 정도로 정하고, 사랑하는 사람은 물론 증오하는 사람들까지도 동시에 다루면 좋겠다는 피드백을 주었다.

2) 선정 자료에 대한 면

독서치료는 문학작품을 매개로 이루어지는 치료이다. 따라서 내담자 및 참여자들이 읽고 통찰을 할 수 있는 적정 자료를 선택하는 것이 매우 중요하다. 특히 집단 치료인 경우에는 참여자들이 같은 자료를 읽고 상호작용을 해야 하므로, 모두가 어렵지 않게 읽을 수 있도록 하는 것이 중요하다. 그런 면에서 수퍼바이지는 비교적 짧기 때문에 치료 세션 중에 읽고 바로 이야기를 나눌 수 있는 수준의 시와 단편을 주로 골랐다. 이는 두꺼운 자료를 골라 미리 읽어오라는 주문을 했을 때, 참여자 모두가 읽어오지 않아 세션을 진행할 때 어려움을 겪는 치료사들에 비해 매우 영리한 선택이었다. 또한 모든 자료를 한 세션에 활용하지 못하더라도 여분의 자료를 준비하는 치밀함도 갖추고 있는 점은 당연히 칭찬할 만한 부분이다.

3) 관련 활동에 대한 면

성인들을 대상으로 한 독서치료 프로그램에서는 굳이 구조화를 다 하지 않아도 된다. 대신 반 구조화나 비 구조화를 하는 것도 괜찮은데, 수퍼바이지는 반 구조화를 했기 때문에 세션 별로 필요한 활동지를 만들었다. 활동지는 이름 그대로 각 활동을 돕기 위한 목적으로 만드는 것이다. 따라서 가장 중요한 것은 이를 통해 목표에 다가갈 수 있도록 구성을 해야 하고, 그것을 바탕으로 이야기를 나눌 수 있으면 되는 것이지 어떤 내용을 얼마나 채웠는가는 중요하지 않다. 따라서 활용을 할 때 내가 준비한 것이므로 꼼꼼하게 채워서 검사를 맡아야 한다는 자세는 바람직하지 않다. 간혹 말로는 잘 표현할 수 있지만 글로 쓰는 것은 어려운 참여자들도 있기 때문에, 특히 그런 분들에게는 쓰기를 강요하지 말아야 한다. 어쨌든 수퍼바이지 문○○님은 활동지를 열심히 만들면서 관련 활동들을 꾸렸는데, 세부 내용을 살펴봤을 때의 특징이라고 한다면 모방 시를 쓰거나 엽서를 쓰는 등 역시 쓰기 활동이 많다는 점이다. 그래서 왜 그렇게 쓰기 활동을 많이 넣었느냐는 질문을 했는데, 본인 스스로가 쓰기 활동을 편하게 생각하는 면, 나아가 쓰기를 통해 도움을 받은 경험이 있음을 고백했다. 이처럼 치료사의 경험은 치료 장면에까지 연결이 되어 영향을 미친다. 다행히 참여 대상이 성인들이기 때문에 가능하고 수퍼바이저와 같은 치료 경험을 할 수도 있지만, 쓰기가 익숙하지 않은 분들에게는 대단히 힘이 들 수도 있는 프로그램인 셈이다. 그래서 그 부분을 다시 한 번 생각해 보라는 피드백을 했고, 2회에서 '휴대폰 통화 내역'을 살펴보는 작업은 '조하리의 창'에 대입을 해서 살펴보면 더 효과적이겠다는 방법도 알려드렸다. 마지막으로 11회의 '내 안의 훼방꾼 써보기'는 프로그램 종결 직전이므로 또 다른 역동을 불러일으키기보다는 그동안의 작업들을 통합할 수 있는 활동으로 교체하는 것이 바람직해 보였다.

4) 종합 평가

수퍼바이지 문○○님은 글을 쓰는 분이다. 그래서인지 남들이 갖고 있지 못한 눈과 귀를 갖고 있다. 이런 섬세함은 참여자 한 사람 한 사람을 면밀히 관찰하는데 큰 도움이 될 것이다. 또한 이처럼 프로그램을 계획하는데 있어서도 창의적이면서도 꼼꼼한 특성으로 발현될 것이다. 다만 '신념'이라는 부분이 때로는 '고집'처럼 작용을 할 수도 있는 면을 동시에 갖고 있다는 점도 간과하지 않으셨으면 한다. 이 수퍼비전을 계기로 수퍼바이지 문○○님이 먼저 자기 꽃 자기 향기를 찾으셨기를 바라는 바이다. 여러 치료 현장에서 그 향기를 많은 사람들에게 흩뿌려 주셨으면 하는 바람도 함께 전하면서 수퍼비전을 마칠까 한다.

6) 수퍼바이지 김○○ : 인생의 후반기를 대비하는
　　　　　　　　　　　장년(50~60대)들을 위한 독서치료

▶ **독서치료 프로그램 계획**
　- 인생의 후반기를 대비하는 장년(50~60대)들을 위한 독서치료 프로그램 -

　1. 프로그램의 목표(필요성)

　현대인들은 급변하는 사회구조 속에서 많은 스트레스를 경험하며 살아가고 있다. 특히 우리나라의 경제적인 부흥의 주역이었던 50~60대의 사람들은 문화·사회적으로 안정된 위치에 놓이는 연령대이긴 하지만 자녀들의 성장과 독립, 가까운 사람들과의 이별(죽음), 퇴직, 인생의 종반을 향해가는 우울 등을 경험하기도 하는 시점에 있다고 할 수 있다. 이러한 시기에 있는 사람들은 외적인 안정감도 중요하지만 자신이 지금까지 살아온 내면의 자아를 다시금 돌아보고 자신의 인생을 통찰해 보는 기회를 갖는 것도 필요하다고 하겠다.

　이 프로그램은 노년기를 준비하는 연령대의 사람들에게 독서 치료적 관점에서 도움이 될 만한 책을 소개하고 함께 나눌 수 있는 기회를 가짐으로써, 스트레스는 물론 남은 인생 여정에 있어서 자신을 돌아보며 자아통합을 잘할 수 있는 기회로 삼게 하는데 그 목표가 있다.

　2. 프로그램의 구성(개인 또는 집단)

　매주 1회 120분 진행. 총 12회 구성

　3. 참여대상

　성숙한 노년기를 준비하고자 하는 50~60대 사람들 12명 내외

4. 프로그램 세부 계획

세션	세부 목표	선정 자료	관련 활동
1	마음열기	* 강아지 똥(권정생) * 가장 소중한 사람을 위한 편지(작자 미상)	* 자기이름으로 삼행시 짓기 * 별칭 지어 주기
2	친밀감 형성	* 담 (글로리아 J. 에반즈)	* 게임 - 칭찬 주고받기 * 문장완성검사(SCT)
3	공감대 형성	* 빈 둥지 증후군 - 신문 활용 자료	* 고민 노출과 피드백 주고받기 * 우울증 체크리스트
4	감정 짚어보기 1	* 동시 - 가끔(신형건)	* 모방 시 쓰기
5	감정 짚어보기 2	* 인생은 운명이라 하셨지만 - 조병화	* 인물묘사

6	대인관계 능력	* 화성에서 온 남자
		  금성에서 온 여자
			* 난화상호게임
			  (문장, 낱말로 이어가기)

7	부정적 감정 해소 및 인지적 강화	* 하룻밤에 읽는 심리학 (후카오리 모토후미)	* 버릴 것과 취할 것 * 종이비행기 날리기

8	자긍심 강화 1	* 상처 없는 새가 어디
		  있으랴
			* 자아존중감 검사
			  - 자존감 설문지(SEI)

9	자긍심 강화 2	* 다시 십년 후의 나에게
		  (나희덕)
		* 포인트 스토리
			* 이미지 형상화
			  (신문, 호일, 점토 등)

10	자아 충전	* 30년만의 휴식(이무석)	* 3분 명상과 이완, * 나를 행복하게 하는 것들
11	자아 통합	* 12월의 편지(이해인) - 조선일보 에세이 -	* 나에게 편지쓰기 * 유언장 쓰기
12	마음 정리하기	* 할아버지의 부엌 (사하시 게이죠)	* 참여 소감 쓰고 나누기

<11세션>

12월의 편지

이 해 인

12월이 되니 벌써 크리스마스 카드들이 날아옵니다. 해마다 달랑 한 장 남은 달력을 보면 늘 초조했는데 올해는 오히려 느긋하게 웃을 수 있는 나를 봅니다. 이별의 슬픔과 몸의 아픔을 견디어 내며 '아직' 살아있는 것에 대한 감동 때문이 아닐까 합니다.

어느 날 김수환 추기경님의 병실에서 그 분과 함께 깨죽을 먹은 후 내가 기도를 부탁했을 때, 하도 말을 길게 하시어 "힘드신데 좀 짧게 하시죠." 하니 "상대가 문인이라 나름대로 신경 좀 써서 하느라 그랬지!" 웃으며 대답하셨던 그 모습이 잊히지 않습니다. 하늘나라에서도 우린 꼭 한 반해야 한다고 말했던 화가 김점선, 고운 카드와 스티커를 즐겨 선물했던 장영희 교수, 문병 와서 덕담을 해주던 옛 친구 윤영순 ……. 모두 다 저세상으로 떠난 슬픔 속에 추모 시 쓰느라 바빴던 한 해였습니다.

1980년대 내가 돌보던 앳된 지원자들이 이번에 서원 25주년을 지내는 모습을 눈물 어린 감동 속에 지켜보면서 이만큼 오래 살았으니 이젠 떠나도 크게 아쉬울 것 없다는 생각을 잠깐 해보기도 했습니다. 만날 적마다 "좀 어떠세요?" 하고 나의 건강 상태를 묻는 이들에게 단적으로 표현하기 어려워 주춤할 때가 많습니다. 겉으로는 괜찮아 보여도 실은 괜찮지 않은 경우가 많은 것이 암환자의 특성이기에 말입니다.

새벽에 문득 입에서 쓴맛을 느끼며 한 모금의 달콤한 주스를 그리워하고, 어느 순간엔 곁에 있는 종이 한 장 집기 싫은 무력증에 빠지고, 의사나 환자의 한 마디에 필요 이상으로 민감해지고, 예측불허인 미래에 대한 불안으로 의기소침해지면서 '암환자의 고통은 설명 불가능한 것'이라는 말을 실감하곤 합니다. 항암과 방사선치료의 터널을 지나고 나면 몸의 아픔 못지않은 마음의 아픔이 우울증으로 연결되는 일도 많은 듯합니다.

'명랑 투병'한다고 자부했으나 실은 나 역시 자신의 아픔 속에 갇혀 지내느라 마음의 여유가 그리 많진 않았습니다. '잘 참아 내야한다'는 의무감과 체면 때문에 통증의 정도가 7이라면 5라고 슬쩍 내려서 대답한 일도 많습니다. 병이 주는 쓸쓸함에 맛들이던 어느 날 나는 문득 깨달았지요.

오늘 이 시간은 '내 남은 생애의 첫날'이며 '어제 죽어간 어떤 사람이 그토록 살고 싶어 하던 내일'임을 새롭게 기억하면서 정신이 번쩍 들었습니다. 지상의 여정을 다 마치는 그날까지 이왕이면 행복한 순례자가 되고 싶다고 작정하고 나니 아픈 중에도 금방 삶의 모습이 달라지는 것을 발견했습니다. 마음엔 담백하고 잔잔한 기쁨과 환희가 물안개처럼 피어올라 전보다 더 웃고 다니는 내게 동료들은 무에 그리 좋으냐고 되묻곤 했습니다. 내가 그들에게 답으로 들려주던 평범하지만 새로운 행복의 작은 비결이랄까요. 어쨌든 요즘 들어 특별히 노력하는 것 중 몇 가지를 적어봅니다.

첫째, 무엇을 달라는 청원기도보다는 이미 받은 것에 대한 감사기도를 더 많이 하려 합니다. 그러면 감사할 일들이 갈수록 더 많아지고 나보다 더 아프고 힘든 사람들의 모습까지 보이기 시작합니다. 몸과 마음으로 괴로움을 겪는 이들의 고통을 이해하고 들어주는 마음의 여유도 생겨서 가끔은 위로의 편지를 쓰고 양로원과 교도소를 방문하기도 하지요. 인간의 능력에는 한계가 있어 그렇게까지 큰 도움을 주진 못할지라도 마음을 읽어주는 작은 위로자가 되는 하나만으로도 나눔의 행복을 누릴 수 있습니다.

둘째, 늘 당연하다고 여겨지던 일들을 기적처럼 놀라워하며 감탄하는 연습을 자주 합니다. 그러다보니 일상의 삶이 매 순간마다 축제의 장으로 열리는 느낌입니다. 아침에 일어나 신발을 신는 것도, 떠오르는 태양을 다시 보는 것도, 식탁에 앉아 밥을 먹는 것도 얼마나 큰 감동인지 모릅니다. 수녀원 복도나 마당을 겨우 거닐다가 뒷산이나 바닷가 산책을 나갈 수 있을 적엔 춤이라도 추고 싶은 심정이었지요.

길에서 만나는 모르는 이웃조차 왜 다들 그리 정겹게 여겨지는지! 최근에 읽은 함민복 시인의 산문집 '길들은 다 일가친척이다'를 화두처럼 뇌며 만나는 이들에게마다 '반가워요. 다 저의 일가친척 되시는군요!' 하는 사랑의 인사를 마음으로 건넵니다. '사람이 풍경일 때처럼 행복한 때는 없다'고 표현한 정현종 시인의 시집에서 발견한 '꽃 시간'이란 예쁜 단어도 떠올리며 '그래 나는 걸음걸음 희망의 꽃 시간을 만들어야 해' 다짐합니다.

셋째, 자신의 실수나 약점을 너무 부끄러워하지 말고 솔직하게 인정하는 여유를 지니도록 애씁니다. 부탁받은 일들을 깜박 잊어버리고, 엉뚱한 방향으로 길을 가고, 다른 이의 신발을 내 것으로 착각해 한동안 신고 다니던 나를 오히려 웃음으로 이해해준 식구들을 고마워하며 나도 다른 이의 실수를 용서하는 아량을 배웁니다.

넷째, 속상하고 화나는 일이 있을 때는 흥분하기보다 '모든 것은 다 지나간다.'는 것을 기억하면서 어질고 순한 마음을 지니려 애씁니다. 인간관계가 힘들어질 적엔 '언젠가는 영원 속으로 사리질 순례자가 대체 이해 못 할 일은 무엇이며 용서 못 할 일은 무엇이냐고 얼른 마음을 바꾸면 어둡던 마음에도 밝고 넓은 평화가 찾아옵니다.

세상은 그래도 살 가치가 있다고 / 소리치며 바람이 지나간다.
사랑은 그래도 할 가치가 있다고 / 소리치며 바람이 지나간다.
슬픔은 그래도 힘이 된다고 / 소리치며 바람이 지나간다.
사소한 것들이 그래도 세상을 바꾼다고 / 소리치며 바람이 지나간다.

(천양희의 시 '지나간다' 일부)

『2009년 12월 4일, 조선일보』

☞ 수퍼비전

수퍼바이지 김○○님은 50대 여성으로, 역시 가장 무난하게 자신과 비슷한 연배의 참여자들을 위한 프로그램을 계획했다. 오래전이기는 하지만 대학에서 심리학을 전공했던 분답게 깊이 있는 질문을 많이 했던 분으로 기억이 되고, 필자가 수강생들에게 권했던 이무석 박사의 책 『30년만의 휴식』을 읽고는 50년 만에 마음의 휴식을 얻게 됐다는 피드백을 주신 적도 있는 분이다. 삶의 내공이 느껴지는 수퍼바이지의 프로그램을 차분하게 살펴보도록 하자.

1) 목표 설정에 대한 면

수퍼바이지가 기술한 것처럼 이 프로그램의 목표는 장년(50~60대) 참여자들이 지금까지 살아온 내면의 자아를 다시금 돌아보고 자신의 인생을 통찰할 수 있는 기회를 주는 것이다. 그러므로 스트레스는 물론 남은 인생 여정에 있어 자신을 돌아보며 자아통합을 할 수 있는 기회로 삼을 수 있도록 돕는 것이 치료사가 할 일이다. 그러나 꽤 거창한 목표를 구현해 내는 세부목표의 전개가 부족하다. 프로그램 세부 계획을 중심으로 설명 드리자면 공감대 형성이 끝난 4세션부터는 감정이나 대인 관계 능력보다는 그야말로 자신을 짚어볼 수 있는 시간으로 이끌 필요가 있다. 물론 감정을 짚어보고 대인 관계 능력을 살펴보는 것도 내게 포함된 부분이겠으나, 회상 이야기 중심으로 지나온 삶을 되돌아보게 만들어 주는 것이 훨씬 목표 달성에 도움이 될 거라는 생각이다.

2) 선정 자료에 대한 면

선정 자료들을 살펴봤을 때의 특징은 그림책과 동시에서부터 꽤 두꺼운 분량의 전문 서적까지 고루 들어가 있다는 것이다. 그렇다면 참여자들이 최소 일주일 전까지는 관련 자료를 구해 읽어 와야 한다는 전제가 생기는데, 늘 이야기하지만 이런 경우 100% 읽어오지 않는다는 가정을 해야 한다. 또한 그렇게 되면 발문을 통해 상호작용을 하는 작업 시에는 참여할 수 없는 분들이 존재할 수밖에 없다는 현실을 어떻게 극복해 나가야 할까에 대한 고민 또한 미리 해 둘 필요가 있음도 알고 있어야 한다. 참여자들 중에는 눈 상태가 좋지 않아서 두껍고 작은 글씨의 책을 읽는 것이 무척 피곤하게 느껴지는 분들도 계실 것이다. 따라서 이런 면들을 고려해 비교적 가벼우면서도 부담스럽지 않은, 그러면서도 높은 효과를 볼 수 있는 자료를 선정할 필요가 있겠다.

3) 관련 활동에 대한 면

심리진단검사를 항상 프로그램 초반에 할 필요는 없지만, 8세션에 들어가 있는 '자아존중감 검사'는 1세션에 실시하는 것이 좋겠다. 그런 다음 프로그램을 모두 마치고 사후검사로 한 번 더 실시해서 변화 정도를 짚어 본다면 점검도 되고 그 활용 또한 잘한 셈이라 생각될 것이다. 기타 활동들은 필자의 프로그램에서 참고한 것들이 많아 세부적인 언급은 하지 않겠다.

4) 종합 평가

한동안 우리나라에서 실시되는 독서치료 프로그램은 아동만을 대상으로 발달적인 측면으로만 실시가 되었다. 그러던 현상이 최근 들어 청소년과 성인, 나아가 어르신들을 대상으로 확장되고 있는데, 그럼에도 여전히 아동들을 대상으로 한 것이 압도적으로 많은 것은 사실이다. 따라서 이 프로그램은 50~60대 장년들을 치료 대상으로 선정했다는 것만으로도 큰 가치를 부여할 수 있다. 또한 치료사가 비슷한 연배이기 때문에 참여자들의 심리적인 특성을 잘 헤아릴 수 있는 점은 부수적으로 얻을 수 있는 장점이라 생각된다. 다만 자료 선택에 있어 미리 읽어 와야 하는 부담감 등은 보다 효율적인 프로그램 진행을 위해 개선되어야 할 부분이다.

4. 노인 대상 프로그램

1) 수퍼바이지 신○○ 외 : 어르신의 자아통합감(관계인식) 향상을 위한 독서치료

1. 프로그램의 주제

어르신의 자아통합감(관계인식) 향상을 위한 프로그램

2. 프로그램의 목표

고령화 사회로 진입함에 있어서 어르신들에게 발생되는 정신적, 신체적, 경제적영역의 역할 상실문제와 함께 현대를 살아가는 대다수의 어르신들은 여러 가지 측면에서 소외감과 고립감을 겪고 계신다.

이러한 어르신들에게 관계인식을 향상시켜 지금까지 살아온 자신의 삶을 되돌아볼 수 있는 기회를 제공하고 성취한 것이 무엇인가를 점검하며 미래의 삶에 대하여 보람과 가치를 느끼며 살아갈 수 있도록 돕는다.

또한 어르신들의 인생을 있는 그대로 인정하고 받아들이며 삶의 마지막까지 수용하여 자아통합의 길에 이루도록 함이다.

3. 프로그램의 구성

프로그램을 위해 선정한 자료들은 어르신들의 특성을 고려하여 그림책과 시 등은 분량이 그리 많지 않은 것으로 선택하였다. 그리고 자료들은 프로그램 안에서 읽어주기 및 마음나누기방법을 택했으며 관련활동들도 아주 간단하고 쉽게 진행할 수 있도록 가요, 명언과 속담 등을 활용하였다.

총 8회기 프로그램(주 1회 60분)

4. 참여 대상

60세부터 70세 어르신 10명 내외

5. 프로그램 세부 계획

회기	세부 목표	선정자료	관련활동
1	마음열기	시; 나를 위로하는 날	−인사나누기 −자기 이름표 만들기 −가장 위로가 되는 한 마디의 말 찾기
2	자기 자신에 대한 이해	도서: 빨간 나무	−사자성어(자기 자신) −자신에게 해주고 싶은 것 표현하기
3	부부간의 필요성	도서: 두 사람	−가요: 김광석의 '어느 60대 노부부 이야기' −부부간의 필요성 인식하기
4	자녀에 대한 끝없는 사랑	도서: 은행나무처럼	−삼행시 짓기 (미안해, 사랑해, 고마워) −자녀와의 관계 표현하기
5	부모님에 대한 회상	도서: 엄마 까투리	−가요: 이문세의 '오마니' −부모님의 사랑 회상해 보기
6	형제(자매)간에 우애	도서: 내 동생 싸게 팔아요	−이야기 나누기 (내 주변에서 없애버리고 싶은 것과 꼭 필요한 것)
7	친구에 대한 배려	도서: 오리와 부엉이	−친구 관련 명언과 속담 찾기 −친구를 회상해보고 닮고 싶은 점 찾기
8	마음 정리하기	시: 산상수훈	−나에게 칭찬하기 −재미있었거나 기억에 남는 일 이야기나누기

6. 프로그램에서 활용한 자료선정 이유

번호	선정자료	출판사	선정한 이유
1	'나를 위로하는 날' —이혜인	열림원	자기 자신의 마음에게 칭찬의 말을 주고받으며 마음의 상처를 치유하듯 위안을 갖게 해주는 시입니다.
2	'빨간나무' —숀 탠 글, 그림. 김경연 옮김	풀빛	참고 기다리다보면 아픔과 슬픔이 사라지고 추억이 됩니다. 절망하지 않고 긍정적으로 열심히 살다보면 아름답고 밝은 희망을 꿈꾸는 날이 찾아온다는 희망의 메시지를 주는 자료입니다.
3	'두 사람' —이보나 흐미엘레프스카 글, 그림 이지원 옮김	사계절	두 사람이 세상을 살아가면서 없어서는 안 될 소중함과 필요성을 느끼게 하는 자료입니다.
4	'은행나무처럼' —김소연 글 김선남 그림	마루벌	자식을 성장시켜 넓은 세상 속으로 떠나보내면서도 근심과 걱정을 합니다. 한평생 자식을 위해 희생과 헌신하신 어르신들의 삶을 승화시킬 수 있는 자료입니다.
5	'엄마까투리' —권정생 글 김세현 그림	낮은산	아무리 강조해도 부족함이 없는 엄마의 사랑을 다시금 회상해 볼 수 있는 자료입니다.
6	'내 동생 싸게 팔아요' —임정자 글 김영수 그림	아이세움	티격태격 싸우면서 커가는 형제자매지만 우애만큼 소중한 것도 없지요. 형제자매간의 우애를 회상해 볼 수 있는 계기를 만들어 주는 자료입니다.
7	'오리와 부엉이' —한나 요한젠 글 게터 벤트 그림 임정희 옮김	꿈터	상대방에게 있는 그대로를 인정해주며 서로 다르다는 것을 받아들이고 배려해 줄 때 진정한 친구가 될 수 있다는 자부심을 보여주는 자료입니다.
8	'75세 노인이 쓴 산상수훈' —그릭 맥도널드 류시화 옮김	열린원	어르신들의 신체적 상실감이 다양하게 표현되고 바다처럼 넓은 마음으로 수용할 수 있는 시입니다.

나를 위로하는 날

이혜인

가끔은 아주 가끔은
내가 나를 위로할 필요가 있네

큰일 아닌데도
세상이 끝난 것 같은 죽음을 맛볼 때

남에겐 채 드러나지 않은
나의 허물과 약점들이 나를 잠 못 들게 하고

누구에게도 얼굴을 보이고 싶지 않은
부끄러움에 문 닫고 숨고 싶을 때

괜찮아 괜찮아 힘을 내라구
이제부터 잘하면 되잖아

조금은 계면쩍지만
내가 나를 위로하며 조용히
거울 앞에 설 때가 있네

내가 나에게 조금 더
따뜻하고 너그러워지는 동그란 마음
활짝 웃어주는 마음

남에게 주기 전에
내가 나에게 먼저 주는
위로의 선물이라네

『'외딴 마을의 빈집이 되고 싶다', - 이혜인, 열림원』

사자성어

－ 자중자애(自重自愛)

"모든 일에 삼가 하여 함부로 몸을 던지지 말며.

육신이 자기 것이라 하여 함부로 내 던지지 말며.

자신을 학대하여 타락시키지 말며.

자기 능력이 탁월한 점을 쉽게 포기하지 말며.

자신은 자기 것만이 아니니 마음 내키는 대로 행동하지 말며.

내가 본 것이 오욕된 것이라면 눈을 씻어내고.

내가 들은 것이 사악한 것이라면 한 귀로 흘리고.

내가 무심코 한 말이 상대에게 치명적인 상처를 입힐 수도 있으니 말을 가려서 해야 한다."

－ 수신제가(修身齊家)

자기 자신을 다스리다는 치기(治己).

비슷한말로 수신제가(修身齊家)가 있습니다.

결국 이 말은 자기(自己)의 몸을 닦고 집안일을 잘 다스려야 한다는 뜻입니다.

－ 자화자찬(自畫自讚)

자기(自己)가 그린 그림을 스스로 칭찬(稱讚)한다는 뜻으로, 자기(自己)가 한 일을 자기(自己) 스스로 자랑하는 것을 말합니다.

－ 자승자강(自勝自强)

자신(自身)을 이기는 것을 강(强)이라 한다는 뜻으로, 자신(自身)을 이기는 사람이 강(强)한 사람이라는 뜻입니다.

어느 60대 노부부 이야기

김목경 작사, 작곡
김광석 노래

곱고 희던 그 손으로 넥타이를 메어주던 때
어렴풋이 생각나오 여보 그때를 기억하오

막내아들 대학시험 뜬 눈으로 지내던 밤들
어렴풋이 생각나오 여보 그 때를 기억하오

세월은 그렇게 흘러 여기까지 왔는데
인생은 그렇게 흘러 황혼에 기우는데

큰딸아이 결혼식 날 흘리던 눈물방울이
이제는 모두 말라 여보 그 눈물을 기억하오

세월이 흘러감에 흰머리가 늘어가네
모두 다 떠난다고 여보 내 손을 꼭 잡았소

세월은 그렇게 흘러 여기까지 왔는데
인생은 그렇게 흘러 황혼에 기우는데

다시 못 올 그 먼 길을 어찌 혼자 가려하오
여기 날 홀로 두고 여보 왜 한마디 말이 없소

여보 안녕히 잘 가시게
여보 안녕히 잘 가시게
여보 안녕히 잘 가시게

오마니

임태수 작사, 작곡
이문세 노래

어느 깊은 구름 낀 날에 기약 없이 떠나온 고향
오갈 수도 없는 그 땅에 오마니 살아 계실까
두 손 잡고 피눈물 적시며 등을 밀어 보내주신
마지막 그때 모습이 눈앞을 아른거리어
삼십여 년 지난 오늘도 꿈속에나 그려보면서
보고 싶은 내 오마니 통곡을 해 봅니다
두 손 잡고 피눈물 적시며 등을 밀어 보내주신
마지막 그때 모습이 눈앞에 아른거리어
삼십여 년 지난 오늘도 꿈속에나 그려보면서
보고 싶은 내 오마니 통곡을 해 봅니다

두 손 잡고 피눈물 적시며 등을 밀어 보내주신
마지막 그때 모습이 눈앞을 아른거리어
삼십여 년 지난 오늘도 꿈속에나 그려보면서
보고 싶은 내 오마니 통곡을 해 봅니다
두 손 잡고 피눈물 적시며 등을 밀어 보내주신
마지막 그때 모습이 눈앞에 아른거리어
삼십여 년 지난 오늘도 꿈속에나 그려보면서
보고 싶은 내 오마니 통곡을 해 봅니다

친구에 대한 명언과 속담

〈명언〉

* 친구를 얻는 데는 오래 걸리지만 잃는 데는 잠시이다. -릴리-
* 가장 좋은 거울은 오랜 친구이다. -하버트-
* 친구는 제 2의 자신이다. -아리스토텔레스-
* 친구는 제 2의 재산이다. -아리스토텔레스-
* 친구란 두 신체에 깃든 하나의 영혼이다. -아리스토텔레스-
* '친구'란 '내 슬픔을 등에 지고 가는 자'라는 뜻이다. -인디언 속담-
* 친구는 나의 기쁨을 배로 하고, 슬픔을 반으로 한다. -키케로-

〈속담풀이〉

* 동무 따라 강남 간다.
 - 자기는 별로 하고 싶지 않은 일을 남에게 이끌려서 쫓아하게 되는 경우에 쓰는 말
* 망둥이 제 동무 잡아먹는다.
 - 친한 사람끼리도 서로 해친다는 뜻
* 물이 너무 맑으면 고기가 안 모인다.
 - 사람이 너무 지나치게 똑똑하고 영리하면 친구가 없다는 뜻
* 바늘 가는 데 실 간다.
 - 바늘과 실이 서로 따라 다니는 것과 같이 항상 친한 사람끼리 서로 붙어 다니게 된다는 뜻
* 어려울 때의 친구가 진짜 친구다.
 - 돈이 넉넉하거나 생활이 풍족할 때는 주위에 친구가 많지만 돈이 떨어지거나 생활이 어려워지면 사람들이 하나둘 곁을 떠나게 되지만 진정한 친구는 남게 되는 것을 두고 하는 말
* 옷은 새 옷이 좋고, 사람은 옛 사람이 좋다.
 - 옷은 깨끗한 새 옷이 좋지만, 사람은 사귄지 오래일수록 인정이 두텁고 좋다는 뜻
* 의가 좋으면 천하도 반분한다.
 - 사이가 좋으면 아무리 귀중한 것이라도 나누어 가진다는 뜻
* 친구는 옛 친구가 좋고, 옷은 새 옷이 좋다.
 - 친구는 오래 사귄 친구일수록 좋고 그 우정이 더욱 두터워진다는 말

75세 노인이 쓴 산상수훈

그렉 맥도널드

내 굼뜬 발걸음과
떨리는 손을 이해하는 자에게 복이 있나니
그가 하는 말을 알아듣기 위해
오늘 내 귀가 얼마나 긴장해야 하는가를
이해하는 자에게 복이 있나니

내 눈이 흐릿하고
무엇을 물어도 대답이 느리다는 걸
이해하는 자에게 복이 있나니
오늘 내가 물컵을 엎질렀을 때 그것을
별 일 아닌 걸로 여겨준 자에게 복이 있나니

기분 좋은 얼굴로 찾아와
잠시나마 잡담을 나눠 준 자에게 복이 있나니
나더러 그 얘긴 오늘만도 두 번이나 하는 것이라고
핀잔주지 않는 자에게 복이 있나니

내가 사랑받고 혼자가 아니라는 걸
알게 해주는 자에게 복이 있나니
내가 찾아갈 기력이 없을 때
내 집을 방문해 준 의사에게 복이 있나니

사랑으로 내 황혼녘의 인생을 채워주는
모든 이에게 복이 있나니
내가 아직 살아 있을 수 있도록
나를 보살펴주는 내 가족들 모두에게 복이 있나니
하늘나라가 그들의 것이라.

『잠언시집 '지금 알고 있는 걸 그때도 알았더라면' - 류시화, 열림원』

☞ 수퍼비전

수퍼바이지 신○○님과 김○○은 모두 50대 여성으로, 성인기 후기로의 진입을 앞두고 있다. 따라서 어르신들에 대한 관심을 갖고 있고, 그에 따라 프로그램을 설계했다고 생각된다. 필자는 독서치료 수퍼비전 시 설계된 프로그램 계획만이 아니라, 발표를 하는 수퍼바이지의 면면들도 분석을 해서 선정 대상과 어울릴 수 있을 것인지 이야기를 해드리는데, 이 두 분은 자신들과 잘 어울리는 대상을 정하셨다는 생각이 들었다. 다시 말하자면 참여자들의 입장에서 치료사에 대한 신뢰감을 빨리 형성할 수 있으며, 나아가 자신을 개방하기에 유리한 조건을 갖고 있다는 것이다. 두 분의 수퍼바이지에게는 연령대 이외 또 하나의 공통점이 있는데, 그것은 오랜 시간 학원 및 공부방을 운영하면서 아이들을 가르치고 있다는 점이다. 따라서 사람들 앞에 서거나 상호작용을 하는 측면에 있어서의 경험은 충분하다. 그렇다면 두 분이 준비한 내용에 따른 수퍼비전은 어떨지, 다음의 내용을 확인해 보시기 바란다.

1) 목표 설정에 대한 면

이 프로그램의 목표는 어르신들의 자아통합감 향상에 목표를 두고 있다. 그런데 자아통합감 자체가 워낙 큰 영역이다 보니 관계 인식이라는 측면에 초점을 두겠다는 범위를 밝히고 있다. 이는 8회라는 짧은 세션을 위해서는 적절한 선택이었다. 또한 세부목표의 내용 또한 종합목표(주제, 제목)의 하위 항목으로 보여 적절한 느낌이었다. 그러나 세부목표 흐름의 순서는 마음 열기―나―부모님―형제(자매)―친구―부부―자녀―마음 정리의 순서로 재조정을 했으면 한다.

2) 선정 자료에 대한 면

이 프로그램을 위해 선정한 자료들은 참여자들이 어르신이라는 점 때문에 분량이 짧은 도서와 시(노래)가 주다. 또한 사자성어, 명언과 속담도 선정을 한 특징이 있다. 그러나 선정 자료들 중에는 대상자나 세부목표에 부합되지 않는 것이 있다. 특히 2회 '빨간 나무', 6회 '내 동생 싸게 팔아요'는 반드시 교체를 했으면 좋겠다. 대신 사자성어나 명언, 속담을 잘 활용하면 다른 프로그램에서 볼 수 없었던 자료도 활용하면서 효과를 볼 수 있지 않을까 하는 생각이 든다. 부록에는 참여자들과 나눌 자료들 중

시나 노래 가사, 속담, 명언, 사자성어를 담았는데, 참여자들에게 제시를 할 때에는 가능한 원본 그대로를 살려야 한다. 또한 출처를 분명히 밝혀야 하는데, 그런 면에서 아쉬움이 있다. 일례로 '나를 위로 하는 날'이라는 시를 쓰신 분은 '이혜인'이 아니라 '이해인'이다.

3) 관련 활동에 대한 면

수퍼바이지들이 선정한 활동은 크게 무리가 없어 보인다. 다만 참여자들이 어르신이면 아무래도 글을 쓰는 것보다는 이야기로 풀어가는 것이 더 수월할 수도 있다는 점, 더불어 항상 어떤 활동을 풀어갈 때 세부목표를 잊지 않고 끌어가야 한다는 점만 기억을 해주셨으면 좋겠다.

4) 종합 평가

우리나라는 이미 고령 사회라고 한다. 또한 빠른 속도로 초고령사회로 나아가고 있다고도 한다. 흐름이 그렇다 보니 사회 곳곳에서는 늘어나는 고령 인구를 위한 대비를 하느라 바쁜 모습이다. 이는 상담치료계 또한 예외가 아니다. 하지만 독서치료에서는 아직도 어르신들을 대상으로 한 프로그램 개발과 보급, 적용과 효과 검증, 사례 나눔이 부족하다. 그런 측면에서 봤을 때 두 분의 프로그램 계획은 충분한 가치가 있다. 그러나 읽기 자료를 주 매개 자료로 하는 치료이기 때문에 선정 자료가 매우 중요한데, 그 부분에서의 아쉬움이 있다.

2) 수퍼바이지 양천 1조 : 노년기 통합감 증진을 위한 꿈 지도 만들기 독서치료

▶ **노년기 통합감 증진을 위한 꿈 지도 만들기 독서치료**

1. 프로그램의 필요성

노년기에 자아통합을 통해 성공적인 노화를 이루기 위해서는 신체적, 사회적, 심리적 변화를 수용하고 탄력 있게 적응하는 역량과 준비가 필요하다.

이를 위해서 어린 시절부터 지금의 나이가 될 때까지를 뒤돌아보고 열심히 살아온 지난날을 통합하여 살아온 날보다 짧게 남은 노년을 좀 더 만족스럽고 보람차게 보낼 수 있는 계획을 세워보기 위해 이 프로그램을 마련하였다.

2. 프로그램의 구성

본 프로그램은 50세 이상인 장년층부터 노년층을 대상으로 마련된 것으로 한글 해독이 가능한 장노년층 10명 내외, 회당 2시간씩 총 8회로 진행된다. 프로그램 참여시 대상자들이 따로 준비하는 번거로움을 덜기 위해 문학작품은 그림책, 시, 소설 발췌본을 주로 선정하였으며, 좀 더 쉽게 다가가기 위해 동영상자료와 노래 등을 준비하였다.

치료사와 함께 자료를 읽고 나누며 회상하고, 자신의 이야기를 하면서 내면을 통찰하고 탐구하여 통합감을 높이고, 앞으로 남은 시간을 하고 싶은 일을 하며 살 수 있도록 계획 세우는 일을 도울 것이다.

〈노년기 통합감 증진을 위한 꿈지도 만들기 프로그램〉

세션	세부목표	선정자료	관련활동
1	프로그램의 이해 및 친밀감 형성	동영상 : 당신의 이름은 무엇입니까 그림책 : 장수탕 선녀님 시 : 꽃/김춘수, 풀꽃/나태주 노 래 : 꽃은 참 예쁘다/백창우	프로그램 소개 집단서약서 쓰기 자기소개나누기(딱지접기) 친구 관계도 활동지
2	아동기 회상하기 (~20세 이전/학생시절)	그림책 : 우리 가족이 살아온 동네 이야기 음 악 : 보물	책 읽고 이야기 나누기 보물 노래 듣고 같이 부르기 전래놀이하기
3	청 장년기 회상하기 (20~40세)	그림책 : 꽃들에게 희망을 노 래 : 산골소년의 사랑이야기 / 예민	각자의 젊은시절 사진 나누기 나의 꿈 목록 써보기
4	성인 중 후기 회상하기 (40세이후~)	그림책 : 우체부 슈발 시 : 살다가 보면/이근배 노 래 : 모모/김만준	책 보고 이야기 하기 나의 생애 주기율표 (아리랑표) 그리기
5	내 가족 이야기 (가족 이해)	그림책 : 나는 기다립니다	감정카드로 이야기 나누기 책 읽고 이야기 나누기 가계도 그리고, 가족관련 사연 나누기
6	내가 깨달은 인생 지혜 (행복감 증진)	그림책 : 아낌없이 주는 나무 동영상 : KFC할아버지의 1009번째 성공	행복 바구니 채우고 나누기 책 읽고 이야기 나누기 동영상 보고 긍정 나눔
7	앞으로의 계획 (노년기 꿈지도)	그림책 : 하지만 하지만 할머니 노 래 : 거위의 꿈/인순이	그림책 읽고 이야기 나누기 나의 꿈지도 만들기 꿈지도 소개하기
8	자아통합 증진	노 래 : 알 수 없는 인생/이문세 시 : 여정 / 이해인	지난 책 이야기 나에게 편지 쓰기(자성예언) 롤링 페이퍼 쓰기 참여소감 나누기

☞ 수퍼비전

　수퍼비전에 앞서 양천도서관에서의 과정을 잠깐 설명해 드리자면, 독서치료 과정을 수료하고 체험적 집단 독서치료에도 참여한 경험이 있는 분들이 주가 되어, 어르신들을 대상으로 집단 독서치료 프로그램을 진행할 수 있는 기반을 만드는데 목표가 있는 과정이었다. 따라서 노인 독서치료에 대한 이론적인 내용에서부터 현장에 바로 접목할 수 있는 프로그램을 설계하고 수퍼비전을 받는 과정이 포함되었는데, 앞으로 제시될 프로그램들이 그 결과물이다. 그런데 이처럼 여러 사람이 한 조가 되어 프로그램을 계획하다 보면 생각의 차이에서 오는 갈등이 발생하기 마련이고, 그 여파로 유기성이 떨어지는 프로그램이 계획되기도 한다. 물론 반대로 서로의 장점들이 조화를 이루어 최적의 프로그램이 만들어질 수도 있다. 마침 양천도서관의 구성은 모두 팀으로 이루어져 있기 때문에 치료사 한 사람 한 사람의 특성을 파악하는데 한계가 있었지만, 5명 이상으로 이루어진 협력 작업의 결과를 살펴볼 수 있을 것이다. 그렇다면 양천도서관에서 수퍼비전을 받은 네 개 조의 결과는 어떤지 만나보도록 하자.

1) 목표 설정에 대한 면

　독서치료 프로그램을 설계하면서 네 개 조가 공통으로 수립한 종합목표는 통합감 증진이다. 통합감은 에릭슨 등 여러 심리학자가 중요하게 다룬 내용으로, 특히 노년기는 인생의 마지막 시점이기 때문에 살아온 날들에 대해 정리하고, 더불어 남은 시간을 행복하게 보내기 위한 계획을 설계해야 한다는 측면에서 필요하다. 따라서 종합목표의 설정은 일반적이기 때문에 전혀 문제가 없다. 다만 통합감이라는 단어가 포함하고 있는 영역이 넓기 때문에 8회라는 세션 동안에 이룰 수 있을 것인가에 대해서는 생각을 해볼 필요가 있고, 더불어 통합감과 '꿈 지도'가 어떤 관련이 있는 것인지도 명확하게 밝힐 필요가 있다. 이는 2·3·4조에도 해당되는 이야기로, 종합목표는 통합감 증진으로 수립하면서 그 아래 세부목표로 다른 항목을 작게 수립하는 전략을 취하는 것도 괜찮다는 이야기이다.

　프로그램 구성의 측면을 살펴보면 참여 대상을 50세 이상인 장년층부터 노년층으로 잡고 있다. 따라서 격차가 많이 벌어지면서 그에 따른 어려움이 발생하지 않을까 싶다. 또한 세션 당 2시간을 설정하면서 중간에 10분을 쉰다고 하는데, 쉬는 시간은 긍정적 혹은 부정적으로 분위기를 전환시킬 수 있다. 따라서 세부목표에 맞게 상호작용이 잘 되고 있다면 굳이 쉬는 시간을 갖지 말고, 반대로 전환이 필요하다고 판단이 되면 쉬어 가는 것도 적절한 선택이 될 수 있겠다.

2) 선정 자료에 대한 면

1조부터 4조의 프로그램 계획을 보면 선정 자료가 지나치게 많다. 1조의 1세션만 봐도 선정 자료가 5종류나 되니, 그 많은 자료를 언제 다 활용할 것인가 걱정부터 든다. 이런 선택은 초보 치료사들이 많이 하는데, 자료는 한두 편으로 줄이는 대신 적정 발문과 활동을 통해 상호작용에 무게를 두었으면 한다. 선정 자료 중 적절하지 않은 것을 이야기하자면, 6세션의 '아낌없이 주는 나무'는 세부목표 '내가 깨달은 인생 지혜'와의 연결 고리가 부족하다. 또한 8세션의 노래 '알 수 없는 인생'도 참여 대상에게 적절한 자료가 아니다. 따라서 다른 자료로 교체할 필요가 있다.

3) 관련 활동에 대한 면

1세션 활동 중 '친구 관계도 활동지'는 참여자 자신들이 맺고 있는 친구 관계를 표현하는 것이기 때문에 참여자들 간의 친밀감 형성에 어떤 측면에서 기여를 할 수 있을지 의심스럽다. 따라서 차라리 2세션에 담긴 '전래놀이하기'를 1세션에 하면 낫지 않을까 하는 생각이다. 또한 3세션의 '나의 꿈 목록 써보기'도 목표와의 유기성이 부족해 보이고, 5세션의 '가계도 그리기'도 최고의 선택이었는지 검토를 해보셨으면 한다. 마지막으로 6세션의 '행복 바구니 채우고 나누기'는 '나누어 주고 싶은 지혜'로 제목을 바꾸는 것이 좋겠다.

4) 종합 평가

독서치료사가 선정할 수 있는 자료를 많이 알고 있는 것, 또한 그 자료를 세션을 위해 고를 수 있다는 것은 꼭 필요한 능력이다. 더불어 치료 경험이 부족한 독서치료사들이 한 세션을 위해 많은 자료를 선정하는 것 또한 일반적인 현상이다. 그러나 그것을 다 활용하기 위해 자료만 제시를 하는 것은 바람직하지 않다. 대신 분위기의 흐름에 맞추어 세부목표에 도달하기 위해 가장 적정한 자료가 무엇인지를 골라 활용하는 순발력이 필요하다. 그런 측면에서 1조는 너무 많은 자료를 선정한 것은 물론 모두 활용하려 하는 무리를 범하고 있다. 또한 세부목표와 관련 활동이 서로 연결되어 있지 못한 점 등도 수정을 가한 뒤 접목을 시도해야 할 것이다.

3) 수퍼바이지 2조 : 노년기 통합감 증진 독서치료

▶ 노년기 통합감 증진 독서치료

1. 프로그램의 필요성

인생에 있어 노년기는 젊은 시절과는 다른 신체적, 사회적 변화와 함께 찾아오는 심리적 변화를 맞이하는 시기이다. 이러한 변화에 적응하기 위해서 노년기 삶의 통찰을 통해 자아 정체성의 재정비가 필요하다.

이 프로그램은 노년기 통합감을 통해 노년기의 질적인 삶의 향상을 도모하는 계기를 목표로 삼고 있다.

2. 프로그램의 구성

본 프로그램은 한글 해독이 가능한(읽기와 쓰기) 60세 이상의 어르신 6명, 회당 2시간 총 8회로 진행된다.

선정 자료는 그림책, 시, 노래, 에세이로 준비하여 어르신들이 현재의 자신을 이해하고 수용하고, 자신의 욕구를 표현하고 미해결 관계의 정리와 함께 타인과의 관계 개선에 도움을 줄 수 있도록 하였다.

프로그램의 마지막 세션에서는 버킷리스트 작성을 통해 그동안 시도해 보지 못했던 일들을 스스로 결정하는 시간을 통해 용기와 함께 자신감을 키우는 시간을 갖도록 한다.

노년기 통합감 증진을 위한 독서치료

세션	세부목표	선정 자료	관련 활동
1	프로그램의 이해 및 친밀감 형성	도서 : 나는 나의 주인	프로그램 소개 집단 서약서 작성 자기소개
2	불안감 표출	도서 : 겁쟁이 빌리	발문 풍선을 넣은 방석에 앉아보고 소감 나누기
3	감정 이해와 수용	도서 : 코끼리 아저씨와 100개의 물방울 시: 나를 위로하는 날	자신의 힘든 경험과 그때의 느낌을 짧은 글로 표현하기
4	자신의 욕구 이해	도서 : 엠마	엠마 대사 따라 하기
5	미해결 관계 정리	노래 : 지난날	〈듣기싫은 말〉 활동지 작성
6	타인 이해와 관계 계선	도서 : 달 샤베트 시: 친구가 되려면	모방시 쓰기 릴레이 그림 그리기(협동화)
7	자긍심 증진	도서 : 나도 최고가 되고 싶어요 자료 : 난 내가 맘에 들어	자신에 대한 긍정 글쓰기
8	자아통합 증진 및 의사 결정력 증진	동영상 : 영화〈버킷리스트〉 에세이 : 한비야의 120살의 인생계획	버킷리스트 작성

<1차시> 도서 : 나는 나의 주인 / 채인선 / 안은진 그림

♣ 나의 이미지를 사물에 비유해서 그려보세요.

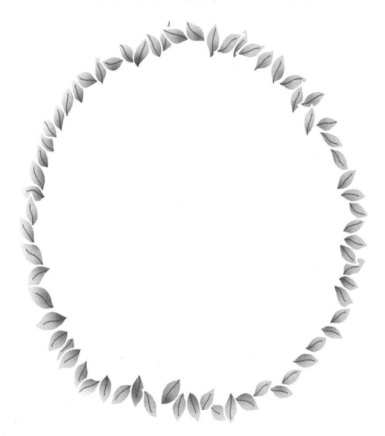

♣ 다음 빈 문장을 채우고 자신의 소개를 해주세요.

나는 _____ 이다.

나는 _____ 하다.

나는 _____ 한다.

나는 _____ 있다.

<2차시> 도서 : 겁쟁이 빌리 / 앤서니 브라운 글·그림

발문〉 1. 빌리와 같은 비슷한 경험을 하신 적이 있었나요?

2. 빌리에게 어떤 말을 해주고 싶은가요?

활동〉 풍선 방석 만들기

 - 준비물: 풍선 5개, 방석 1개
 - 풍선을 넣은 방석을 만들어 그 위에 앉아본다.
 - 풍선 방석을 앉기 전과 후의 소감을 나눈다.

<3차시> 도서 : 코끼리 아저씨와 100개의 물방울 / 노인경 글·그림

활동〉 자신의 지난날들을 되돌아보고 코끼리 아저씨와 같은 경험을 한 적이 있나요? 그때의 자신의 일을 가지고 짧은 글을 써 봅니다.

옛날 옛날에...   나는

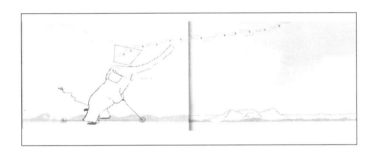

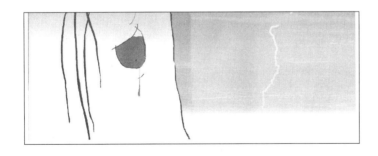

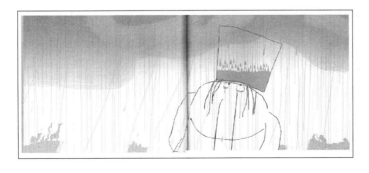

<4차시>   도서 : 엠마 / 웬디 케셀만 글 / 바버라 쿠니 그림 / 느림보

활동〉 엠마 할머니 대사 따라하기

> " *에구.. 저건 내가 그리워하는 고향마을이 아닌데...* "

" 에구.. 저건 _____ 아닌데… "

⇨ "사실, 내가 원하는 건 _____ .

" 에구.. 저건 _____ 아닌데… "

⇨ "사실, 내가 원하는 건 _____ .

" 에구.. 저건 _____ 아닌데… "

⇨ "사실, 내가 원하는 건 _____ .

" 에구.. 저건 _____ 아닌데… "

⇨ "사실, 내가 원하는 건 _____ .

<5차시> 노래 : 지난 날 / 유재하

♥ 노래 듣고 미해결 관계로 남아 있는 자기감정과 대상에 대한 감정 표현해보기

지난 날

유재하

지난 옛 일 모두 기쁨이라고 하면서도
아픈 기억 찾아 헤매이는 건 왜 일까
가슴 깊이 남은 건 때늦은 후회
덧없는 듯 쓴웃음으로 지나온 날들을 돌아보네
예전처럼 돌이킬 순 없다고 하면서도
문득 문득 흐뭇함에 젖는 건 왜 일까
그대로 그 나름대로 의미가 있어
세상 사람 얘기하듯이 옛 추억이란 아름다운 것
다시 못 올 지난날을 난 꾸밈없이 영원히 간직하리
그리움을 가득 안은 채 가버린 지난 날
잊지 못할 그 추억 속에
난 우리들의 미래를 비춰보리
하루하루 더욱 새로웁게 그대와 나의 지난 날
언제 어디 누가 이유라는 탓하면 뭘 해
잘했었건 못했었건 간에
그대로 그 나름대로 의미가 있어
세상사람 얘기하듯이 옛 추억이란 아름다운 것
다시 못 올 지난날을 난 꾸밈없이 영원히 간직하리
아쉬움을 가득 안은 채 가버린 지난날
잊지 못할 그 추억 속에
난 우리들의 미래를 비춰보리
하루하루 더욱 새로웁게 그대와 나의 지난 날
생각 없이 헛되이 지낸다고 하지 말아요
그렇다고 변하는 것은 아닐 테니까 지난날

활동〉 듣기 싫은 말 활동지 작성

♥ 내가 가장 듣기 싫은 말이 있나요? 그 말을 들으면 어떤 생각이 드나요?

1. 내가 가장 듣기 싫었던 말	2. 마음의 상처를 받았을 때 (혹은 주었을때) 나의 기분은 어땟나요?
3. 마음의 상처를 받게(주게) 되면 나는 어떤 행동을 하나요?	4. 상처받은 나에게(상대에게) 해주고 싶은 말로 표현한다면?

말을 위한 기도

이해인

내가 이 세상에 태어나 수없이 뿌려 놓은
말의 씨들이
어디서 어떻게 열매를 맺었을까
조용히 헤아려 볼 때가 있습니다

무심코 뿌린 말의 씨라도 그 어디선가
뿌리를 내렸을지 모른다고 생각하면
왠지 두렵습니다
더러는 허공으로 사라지고
더러는 다른 이의 가슴속에서
좋은 열매를 맺고
또는 언짢은 열매를 맺기도 했을
내 언어의 나무

참으로 아름다운 언어의 집을 짓기 위해
언제나 기도하는 마음으로
도를 닦는 마음으로 말을 하게 하소서
언제나 진실하고 언제나 때에 맞고
언제나 책임있는 말을 갈고 닦게 하소서

내가 이웃에게 말을 할 때는
하찮은 농담이라도
함부로 지껄이지 않게 도와주시어
좀더 겸허하고
좀더 인내롭고
좀더 분별있는

사랑의 말을 하게 하소서
하나의 말을 잘 탄생시키기 위해
먼저 잘 침묵하는 지혜를 깨우치게 하소서
헤프지 않으면서 풍부하고
경박하지 않으면서 유쾌하고
과장하지 않으면서 품위있는
한 마디의 말을 위해
때로는 진통 겪는 어둠의 순간을
이겨내게 하소서

<6차시> 도서 : 달샤베트 / 백희나 / 스토리보울
　　　　시 : 친구가 되려면 / 신형건

발문〉 1. 할머니는 달 샤베트를 만들어서 이웃들에게 나누어 줍니다.
　　　　　할머니는 왜 그렇게 했을까요?
　　　　2. 여러분은 다른 사람들과 무엇을 나누고 싶은가요?

♥ 다음 시를 읽고 모방시를 써보세요.

친구가 되려면

신형건

지우개랑 친해지려면
글씨를 자꾸 틀리면 되지.
몸이 다 닳아 콩알만 해진 지우개가
툴툴거리는 소리 귀에 들려 올 때
그 소리에 솔깃 귀 기울일 수 있으며
그제서야 지우개랑 진짜
친구가 되는 거지.
마당가에 삐죽 고개 내민
돌부리와 친해지려면
너 댓 번 걸려 넘어져 보면 되지.
눈 감고도 그 돌부리가 환히 보일 때
돌부리가 다리를 걸기 전에 먼저
슬쩍, 밉지 않게 걷어차 줄 수 있을 때
그제서야 돌부리와도
친구가 되는 거지.
바람과 친해지려면
그냥 불어오는 쪽을 바라보면 되지.
머리카락을 흩뜨리고 달아나게 내버려 두면 되지.

하지만 바람과 정말 친구가 되려면
바람개비를 만들어야 하지.
팔랑팔랑 춤추는 바람개비를 입에 물고
바람을 가슴에 안으며 달려야 하지.

활동〉 모방시 짓기

친구가 되려면

_____ 친해지려면

_____

_____

_____

그제서야 _____ 진짜
친구가 되는 거지.

_____ 친해지려면

_____

_____

_____

그제서야 _____ 진짜
친구가 되는 거지.

_____ 친해지려면

_____

_____

_____

그제서야 _____ 진짜
친구가 되는 거지.

<7차시> 도서 : 나도 최고가 되고 싶어요 / 앨리스 위치 / 잭과콩나무

발문〉 1. 지금까지 받았던 칭찬 중에서 최고의 칭찬은 무엇인가요?

2. 내가 한 일 가운데 가장 잘했다고 생각한 일은 무엇인가요?

♥ 여러분의 여러 특징 중에서 마음에 드는 점과 마음에 들지 않는 점
들을 생각해 보세요.

<마음에 드는 점>	<마음에 들지 않는 점>

♥ 자신이 마음에 들지 않는 점들을 아래의 글처럼 바꿔 보세요.

나는 내 키가 마음에 든다. 내 키는 159. 160이 되기에 1 센티미터가 모자라지만, 그게 장점이다. 어색한 사이에도 키 얘기만 나오면 159다. 160이다 아웅다웅 말싸움을 벌이고 그러다 보면 금세 친해진다. 친구들도 내 키는 여자로서 딱이라고 말해 주는데, 나도 동감이다.

나는 내가 코피가 잘 나서 좋다. 어릴 적부터 나는 코피가 자주 났다. 비염 때문에 코의 혈관이 약해서 살짝 만져도 코피가 난다. 물론 불편할 때도 있지만, 가끔은 수업을 빠지고 보건실에 갈 수 있어서 좋다.

나는 말 잘하는 내가 좋다. 친구와 싸움이 났을 때 말로 따지기 시작하면 1분 이내로 친구의 기를 죽일 수 있다. 그래서 친구들은 나를 '아가리 파이터'라고 부른다.

이렇게 말하는 나를 보고 사람들은 뭐 그런 시시한 게 다 좋으냐고 말할 수도 있다. 여자도 키는 160쯤 되어야 한다고 말할 수도 있다. 또 코피가 아무 때나 나서 얼마나 불편하냐고 위로할 수도 있다. 또 말만 잘하는 게 뭐 그리 좋으냐고 할 수도 있다.

하지만 내가 가진 이런 특징들은 내가 살아가는 데 많은 도움을 준다. 생각하기에 따라서 좋지 않은 점들일 수도 있지만, 나는 나의 이런 점들에 만족하며 살고 있다. 나는 항상 그래 왔다. 이런 내가 나는 세상에서 제일 마음에 든다.

〈출처 : 그림책에서 찾은 책읽기의 즐거움〉

나는   마음에 든다.

<8차시> 도서 : 그건 사랑이었네 中 120살의 인생 계획 / 한비야 / 마루벌

읽기자료

120살까지의 인생 설계

작년에 종합병원에서 종합 건강 검진을 받았을 때의 일이다. 검진 결과를 전화로도 통보해준다고 해서 전화했더니 담당 의사가 면담을 해야겠으니 다음 주 월요일에 병원으로 오라는 거다.

'으음, 왜 오라는 거지? 일부러 보자는 걸 보니 뭔가 안 좋은 일이 있는 게 분명해.'

그 순간부터 나는 상상의 나래를 펴고 온갖 나쁜 시나리오를 쓰기 시작했다.

'만약 얼마 못 산다고 하면 억울해서 어쩌지?'

'억울하긴 뭐가 억울해. 이 정도면 살 만큼 산 거지. 여태껏 건강하고 재미있게 산 것에 감사해야지.'

'억울하지. 못다 핀 꽃 한 송이지. 하고 싶은 일이 얼마나 많은데.'

'그러나 정말 그렇다면 억울해도 할 수 없잖아. 사는 날까지라도 하고 싶은 일을 하다 가는 수밖에.'

이렇게 머릿속으로 무수한 자문자답을 하다가 급기야는 벌떡 일어나 '10년 안에 꼭 하고 싶은 일 리스트'를 써놓았던 일기장을 찾았다. 그걸 참고해서 한밤중에 본격적으로 개정판 '죽기 전에 꼭 하고 싶은 일 리스트'를 만들어보았다. 종목별로도 있고 나이별로도 있다.

〈종목별 리스트〉
- 예전부터 하고 싶었는데 아직까지 못 한 일 : 백두대간 종주 / 각 대륙의 최고봉 등정 / 배 타고 지구 세 바퀴 반 돌기 / 세계를 움직이는 사람 100인 파워 인터뷰
- 새로 하고 싶은 일 : 구호 현장에 기반을 둔 인도적 지원에 관한 정책 연구 / 세계의 성지순례 / 세계의 국립공원, 특히 북미의 국립공원 여행 / 학교나 연구소에서 체계적인 후진 양성
- 더 배우고 익혀야 할 일 : 전 세계를 대상으로 강의하고 글쓰기 / 현장 구호요원 후진 양성 / 단소, 중국어, 스페인어 좀 더 잘하기
- 꼭 가보고 싶은 나라 : 쿠바, 브라질, 그리스, 모로코, 알제리, 리비아, 에멘, 스칸디나비아 반도 3국

위의 일들을 나이대에 따라 배치하는 원칙은 다음과 같았다. 아직 체력이 완성할 오십대에는 에너지가 많이 필요한 일, 육십대는 경험과 지식이 무르익었을 테니 후진 양성과 글쓰기, 칠십대는 다리 힘은 없지만 정신세계가 풍성할 테니 영성의 시기, 팔십대 이상은 보너스로 사는 시기니까 가진 것을 잘 나누어 주는 시기로 정해 보았다.

〈나이별 리스트〉
• 50대 : 구호 현장 최전선에서 일하기 / 백두대간 종주 / 각 대륙의 최고봉 등정 / 배 타고 지구 세 바퀴 반 돌기
• 60대 : 후진 양성, 후배 교육 / 강의, 글쓰기에 전념하기 / 못 다한 오지 여행 / 세계를 움직이는 사람 100인 파워 인터뷰
• 70대 : 성지순례 / 세계의 국립공원 여행
• 80대 이후 : 조용히 책 보며 지내기 / 가진 것을 몽땅 나누어 주기

(중략)

죽을 때까지 뭔가를 배우고 끊임없이 하고 싶은 일의 목록을 업데이트 하며 살고 싶다. 마지막 순간까지 성장을 멈추지 않는 바람의 할머니가 되고 싶다.

[발췌 : 그건 사랑이었네 中 120살까지의 인생 설계 / 한비야 / 푸른 숲]

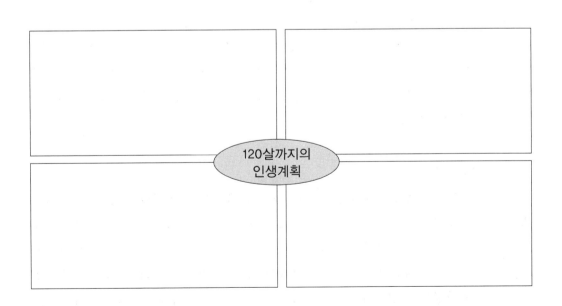

☞ 수퍼비전

1) 목표 설정에 대한 면

2조는 세부목표의 구성을 통해 노년기 통합감 증진을 자존감과 관계의 측면에서 꾀하려 했다는 것을 보여주었다. 하지만 이 구성은 필자의 책에서 그대로 가져온 것이므로 창의성은 전혀 엿볼 수가 없었다. 대부분의 치료사들이 프로그램을 계획하면서 가장 어려워하는 것이 세부목표에 들어갈 용어를 정하는 것이다. 상황이 그렇다 보니 이미 나와 있는 책이나 논문의 것을 그대로 가져다 쓰는데, 물론 그 자체를 나쁘다고 말할 수는 없다. 다만 처음에는 그랬다 하더라도 점차 숙련 치료사가 되어가기 위한 노력의 일환으로 스스로 작성해 보는 노력은 필요하다.

2) 선정 자료에 대한 면

2조가 선정한 자료들도 대부분 그림책이나 시, 노래가사 등이다. 따라서 참여자들을 고려한 측면에서는 무리가 없어 보인다. 다만 1세션의 선정 자료인 '나는 나의 주인'은 세부목표와 어울리지 않고, 2세션의 '겁쟁이 빌리'나 7세션의 '나도 최고가 되고 싶어요', '난 내가 맘에 들어'는 수준에 맞지 않는다. 따라서 다른 자료로 교체를 할 필요가 있어 보이고, 더불어 5세션의 선정 자료인 노래 '지난 날'을 구성한 문서를 보니 모두 가운데 정렬을 해두었던데, 이 또한 바람직하지 않은 선택이다. 특히 시집에 담긴 시를 한글 파일에 옮겨 제시를 하고자 할 때에는 시인이 선택한 구성 그대로를 전하고자 노력하기 바란다. 왜냐하면 연의 구분이나 행의 구분, 문장 부호에는 모두 큰 뜻이 담겨 있기 때문이다. 그 자체를 참여자들이 해석하고 스스로에게 유발된 생각이나 감정을 나눌 수 있도록 해주자는 것이다.

3) 관련 활동에 대한 면

2조는 관련 활동에서도 수정을 할 부분이 많은데, 우선 2세션의 활동 '풍선을 넣은 방석에 앉아보고 소감 나누기'는 또 다른 불안을 유발할 수 있다. 또한 참여자들이 동시에 실시를 하는 것이 아니라면 먼저 활동을 하는 사람들을 지켜보며 충분히 학습을 할 것이다. 따라서 효과적이지 않을 가능성이 높다. 이어서 5세션의 활동 '〈듣기 싫은 말〉 활동지 작성'도 세부목표인 미해결 관계 정리와 관련이 없어 보인다. 따라서 세부

목표에 따라 미해결된 관계가 있는지 점검하고, 이어서 정리가 될 수 있는 활동으로 수정할 필요가 있다. 또한 7세션의 '자신에 대한 긍정 글쓰기' 활동지에도 '마음에 들지 않는 점'을 적으라고 구성한 부분은 없애는 것이 좋겠다. 마지막으로 1세션 활동지의 그림은 아예 빼는 것이 낫겠고, 2세션의 발문도 단계에 따라 재구성을 하는 것이 좋겠다. 그럼에도 불구하고 4세션의 활동은 매우 적절해 보였다. 그래서 그 점은 아낌 없는 칭찬을 해드리고 싶다.

4) 종합 평가

수퍼바이지에게 있어 수퍼비전은 많은 준비를 해야 하는 과정이기 때문에 부담스러운 활동이다. 그런데 부담을 이겨내며 여러 측면에서 준비를 하고 수퍼바이저에게 자문을 구하면 그만큼 많은 것을 얻을 수 있는 과정이기도 하다. 그런 면에서 2조는 매 세션의 활동지까지 꼼꼼하게 구성을 해 본 노력이 돋보이는 팀이었다. 다만 세부목표를 수립하고 자료를 선정한 뒤 관련 활동을 정하는 과정에서 부족함이 엿보이지만, 그 정도의 준비라면 향후 더 좋은 프로그램을 계획할 수 있을 것이라 예상된다.

4) 수퍼바이지 3조 : 노년기 통합감 증진 독서치료

《 3조 - 노년기 통합감 증진을 위한 독서치료 프로그램 》

1. 프로그램의 필요성

노년기의 중요 과제인 자아 통합감을 갖게 하여 신체적, 경제적인 위협으로부터 자신의 삶을 지켜낼 수 있는 지혜를 가짐으로써 삶을 통찰할 수 있게 한다. 그러므로 노년기에 통합감을 형성해 보다 만족스러운 가운데 이 시기를 보낼 수 있도록 돕는다.

2. 프로그램의 구성

한글해독이 가능한 만 50세~65세 어르신 대상으로 10명 내외로 1회당 2시간씩 총 10회로 구성한다.

선정 자료는 그림책, 시, 수필, 노래가사 등을 선정하여, 참여자들이 자신의 감정을 이해하고 수용하며, 자신의 욕구와 미해결된 관계로 인한 감정 등에 정리를 할 수 있도록 도울 것이다.

세션	세부목표	선정 자료	관련 활동
1	프로그램의 이해 및 친밀감 형성	시 〈자화상〉/윤동주	프로그램소개, 집단 서약서 작성, 별칭 짓기 – 서로 소개해줌
2	추억 회상하기	시 〈그 아이의 연대기〉	'아리랑 고개' – 나의 인생 그래프 그리기, 쓰기, 나눔
3	내 감정 알기	가요 〈옛사랑〉	감정카드 사용, 나누기 만다라 색칠하기
4	자신의 욕구 이해	시 〈아름다운 사람을 만나고 싶다〉	패러디 시 쓰기 – '~하고 싶다'
5	못다한 이야기	도서 〈오제은 교수의 자기사랑 노트〉중에서	친밀 관계도 표현하기
6	가족 이해	그림책 〈엄마의 의자〉	가족이 겪은 갈등·시련 극복 경험나누기
7	타인 이해와 관계 개선	산문 〈있는 그대로가 좋다〉	상대방 감정읽기 – 활동; 감정공 전하기
8	자긍심 증진	수필 〈미운 돌멩이〉	나에게 주는 선물 – 활동; 지점토로 만들기
9	자아통합 증진 및 죽음불안 감소	그림책 〈내가 함께 있을게〉	유언장 쓰기
10	자부심 고취 및 의사결정력 증진	시 〈이렇게 나이 들고 싶다〉	버킷리스트 작성하기

☞ 수퍼비전

1) 목표 설정에 대한 면

3조 역시 세부목표에 담긴 표현 대부분을 필자의 책에서 인용을 했다. 그러면서 몇몇 세션은 수정을 가했는데, 그 과정에서 5세션의 경우는 명확하지 못한 목표가 되어 버렸다. 따라서 2조와 마찬가지로 창의성 점수는 낮게 평가를 할 수밖에 없다. 더불어 구성을 보면 참여 대상자를 '한글 해독이 가능한 만 50세부터 65세 어르신'으로 정하고 있는데, 만 50세라는 나이를 노년기라고 규정한 자료는 어디에서도 찾아볼 수 없다. 따라서 참여 대상도 재점검을 할 필요가 있다.

2) 선정 자료에 대한 면

5세션을 위한 선정 자료는 해당 도서의 일부를 발췌한 것이었는데, 그 내용은 '어린 시절 아버지와의 관계 경험(부정적)', '어린 시절 어머니와의 관계 경험(부정적)', '인간관계 경험 : 어린 시절 나에게 상처를 준 사람들/사건들'이었다. 이를 통해 원가족에서 절대적 영향력을 미쳤던 부모, 나아가 중요한 주변 사람들과의 관계에서 미해결된 부분을 찾고자 한 것 같은데, 적어야 할 분량도 많고 이 활동 뒤에 '친밀 관계도 표현하기'가 매끄럽게 연결되지 않는 느낌이다. 따라서 관계를 점검하려 '대인관계 동심원' 정도의 활동을 하고, 이어서 부정적인 관계로 남아 있는 사람들과의 개선점을 한 가지라도 모색하는 것이 더 효과적이겠다.

3) 관련 활동에 대한 면

프로그램 계획서에는 간결하면서도 적확한 어휘를 골라 쓸 필요가 있다. 그런 측면에서 2세션의 관련 활동에 담긴 내용은 '나의 인생 그래프 그리기' 정도면 충분하겠다. 더불어 3세션에는 '만다라 그리기' 활동이 담겨 있는데, 평가에 앞서 만다라를 그리는 이유에 대해 물으니 집중이 잘 되는 효과가 있기 때문이라는 답이 돌아왔다. 더불어 참여자들이 만다라 문양을 그리거나 고르고 색을 입힌 뒤 제목을 정한 작품을 해석할 수 있는 능력에 대해 물었을 때에도 확신에 찬 대답을 들을 수 없었다. 이는 치료사가 제 역할을 하지 못할 상황을 자초한 것이다. 따라서 스스로 해석할 수 있는 범위 내에서의 활동을 정할 필요가 있다. 이어서 7세션의 '감정 공 전하기'도 참여자들에게 충분히 설명을 해서 이해를 구하지 않으면 공을 준비하고 전하는 의미가 퇴색될 것으로 예상된다.

4) 종합 평가

수퍼비전을 받는 팀이 네 개 조가 되다 보니 수퍼바이저의 입장에서도 자연스레 비교를 하게 됐는데, 3조는 다른 팀에 비해 구성원의 나이가 많고 활동성 또한 적은 특징이 있었다. 그런데 이런 성향은 프로그램에도 고스란히 반영이 된다. 따라서 3조 구성원들은 프로그램을 통해 만나는 참여자들에게 긍정 에너지를 전달하는 것은 물론, 스스로의 자원도 발휘할 수 있도록 돕기 위해서라도 활동성을 키울 필요가 있다. 기타 자세한 내용은 앞서 이야기를 했으니 참고를 해서 수정 보완을 가하셨으면 한다.

5) 수퍼바이지 4조 : 영 실버의 통합감 증진을 위한 독서치료

▶ 영 실버의 통합감 증진을 위한 독서치료

1. 프로그램의 필요성

우리나라는 이미 2005년 '고령화 사회'에 진입한데 이어, 급속도로 '고령사회'를 향해 가고 있다. (유엔의 기준에 의하면 65세 이상의 고령인구가 전체국민의 7% 이상이면 고령화 사회라고 하며, 14%이상이면 고령사회로 구분한다.) 더구나 베이비부머(한국 전쟁 후 1955년에서 1965년 사이에 출생 자)세대가 은퇴를 하고 있어 노령인구의 증가가 최근 커다란 사회문제로 대두하고 있다.

대부분 가정 경제를 책임졌던 남자 노령자는 은퇴 후 가정과 사회에서 역할을 상실하고 지위가 낮아져 상실감, 고독감, 소외감을 느끼게 되며, 건강문제나 원활하지 못한 가족관계 문제로 인해 우울한 노년을 보내게 된다. 한편 가사를 책임져온 주부들은 중년에 이르러 기대감을 채워주지 못하는 남편과 대화마저 단절되고 진학, 취업, 결혼 등으로 독립해가는 자녀들과 자연스레 이전보다 소원해지면서 삶의 보람을 잃고 말아 이제껏 애정의 보금자리이던 가정이 빈 둥지만 같고, 따라서 자신도 빈껍데기 신세가 되었다는 심리적 불안을 느끼는 '빈둥지 신드롬'이 나타나게 된다.

우리는 이 같은 위기의 시기를 맞은 영 실버(55~65세)를 대상으로 본 프로그램을 기획한 바, 참여자들이 자기가 지나온 삶과 내면을 돌아보고, 현재 겪고 있는 스트레스와 앞으로 겪게 될 변화를 수용, 어려움을 이겨나갈 힘을 찾을 수 있도록 '자아통합감'을 높이는 시간과 기회를 제공하는데 목표를 두었다.

2. 프로그램의 구성

본 프로그램은 영실버[2]를 대상으로 참여인원 10명 내외, 회당 2시간씩 총 10회로 진행된다. 영실버의 특성을 고려하여 선정자료는 다양하게 하여 독서분량이 적은 도서와 그림책, 시, 영상 등을 주로 선정했다. 관련된 활동은 선정자료를 통해서 자신이 찾아갈 수 있도록 연계하여 구성하였다.

---

[2] 영실버(young silver) :본 프로그램에서는 관련법에서 규정한 고령자(55세이상)에서 노인법에서 규정하고 있는 노인(65세)이하를 '영실버'라고 정의한다.

영실버의 통합감 증진을 위한 독서치료 프로그램

세션	세부목표	선정자료	관련활동
1	프로그램 이해하고 친밀감 형성하기	〈그림책〉『이름 보따리』	①프로그램 안내 ②자아존중감(SEL) 검사 ③자기소개와 기대 발표 ④집단서약서 작성
2	내 인생 돌아보기 (전체조망)	〈그림책〉『나의 사직동』 〈그림책〉『할머니의 조각보』	①생애 곡선 그리기
3	나의 고민 드러내기 (현재/표면)	〈도서〉『내가 가장 힘들 때』 〈그림책〉『아낌없이 주는 나무』 〈영상〉「강연100 ℃(60회)/ 엄마의 노래(김희선)」	①관계지도 그리기
4	상처 들여다보기 (뿌리/내면)	〈도서〉『자기사랑노트』 〈영상〉「지식채널ⓔ」	①(도서 중 발췌) 활동지
5	관계 재구성하기 (나와 너 다시 알기)	〈도서〉『5가지 사랑의 언어』 〈그림책〉『학과 해오라기』	①사랑의 언어 검사 (배우자 포함) ②몽타주 그리기
6	표현능력 키우기 (서로 존중하기)	〈도서〉『비폭력 대화』 〈카툰〉「광수생각」	①비폭력 대화 활동지 ②역할극 하기
7	나의 소망 알기 (기대 탐색)	〈시〉「내가 원하는 것」 〈시〉「수선화에게」	①모방 시 쓰기
8	변화수용하기 (자긍심 갖기)	〈도서〉『나이 드는 것의 미덕』	①사례 나누기 ②나 칭찬, 자랑하기
9	꿈 찾기 (목표, 지도 갖기)	〈도서〉『멈추면 비로소 보이는 것들』 〈도서〉『보물지도』	①지도 만들기 (행복 내비게이션)
10	마무리 (정리하며 격려하기)	〈영상〉『버킷 리스트』 〈시〉「죽기 전에 꼭 해볼 일들」	①나의 꿈 목록 쓰기 ②자아존중감(SEL)검사 ③참여 소감 나누기

참고문헌 : '노인을 위한 독서치료'. 임성관. 시간의물레. 2012.

☞ 수퍼비전

1) 목표 설정에 대한 면

4조는 수퍼비전을 받기 위해 구성한 문서의 형식을 제대로 갖춘 팀이다. 따라서 우선 그 부분에서 칭찬을 드리고 싶다. 특히 프로그램의 필요성은 간결하면서도 명확해서 아주 좋다. 그러나 세부목표는 수정을 가할 필요가 있다. 특히 3, 4회에서는 내외면의 상처를 살펴보는데, 이후 그것을 해결하는 시간이 부족하다. 또한 5, 6회는 관계의 측면을 다루고 있으므로, 이 세부목표를 넣을 거면 나에 대한 면을 모두 다룬 후 연결을 짓는 것이 매끄럽겠다.

2) 선정 자료에 대한 면

4조도 선정한 자료를 보면 양이 많다. 1세션을 제외하면 자료가 두 편 이상인데, 세션 당 2시간인 점을 감안하면 한 편을 골라서 상호작용을 충분히 하는 것이 나을 수도 있다. 그럼에도 불구하고 자료의 종류가 도서, 시, 영상으로 다양한 점은 칭찬을 드리고 싶다. 이어서 적정성 여부를 살펴보면 2세션의 '나의 사직동'으로는 세부목표 '내 인생 돌아보기(전체조망)'가 불가능해 보인다.

3) 관련 활동에 대한 면

4조가 계획한 프로그램의 종합목표도 통합감 증진이다. 그런데 1세션과 10세션에 사전·사후로 선정된 검사는 '자아존중감'이다. 따라서 그 관계를 명확히 알 수가 없어 적정한 것인지 다시 점검할 필요가 있어 보인다. 더불어 자아존중감 검사는 'SEI'라고 하는데 오타가 난 부분도 세심하게 고쳤으면 한다. 이어서 3세션의 활동은 '관계지도 그리기'인데, 이 역시 나의 고민을 관계의 측면으로만 한정을 지은 느낌이고, 5세션의 '감사일기 쓰기'도 세부목표와 어울리지 않는다. 마지막으로 8세션의 '나에게 상, 선물 주기' 또한 변화를 수용해야 한다는 전제가 있기 때문에 적정해 보이지 않는다.

4) 종합 평가

다른 팀들도 그랬지만 4조 역시 수퍼비전을 받기 전까지 프로그램을 여러 차례 수정을 했다. 그 결과는 수퍼비전 현장에서도 확인할 수 있었는데, 이미 점검을 마치고 온 상태에서 새 계획서를 받았기에 당황스럽기도 했지만 한 편으로는 노력으로 보여 감사한 마음까지 들었다. 게다가 4조는 수퍼비전 자료를 구성하는 면에서의 규칙도 잘 따랐기 때문에 이미 계획된 내용을 조금 더 수정 보완한다면 좋은 프로그램을 만들어 낼 것이라 여겨진다. 나아가 정확을 지향하며 책임감 있는 모습을 보여주는 치료사들이 되지 않을까 하는 생각을 해보았다.

6) 수퍼바이지 주○○: 노년기 통합감 증진 독서치료 – 달려라! 새로운 내 청춘~

▶2013년 통통통 지역연합 네트워크 힐링 독서프로그램
– 달려라! 새로운 내 청춘~

- 구성 : 성인(55세~65세 내외). 6회, 2시간(120분), 10명 내외
- 목적 : 1. 책읽기로 나와 친구가 되고, 살아갈 날의 행복을 설계할 수 있다.
         2. 독서치료프로그램 수료 후 후속 독서동아리에 참여할 수 있다
- 주제 : 내 안의 행복 찾기
- 대상 : 성인(55세~65세 내외) 10명 내외
- 주도서 : 모리와 함께한 화요일/미치 앨범

회기	주제 상황	자료	활동 내용
1	마음열기	[자 료] 독서치료 프로그램의 운영/김정근 [그림책] 나랑 같이 놀래?/한지선/푸른숲주니어 [노래] Bravo! my life/봄여름가을겨울 http://www.youtube.com/watch?v=AYBq5ZIJ4dQ [참고도서]꼬마곰과 프리다/앤서니 브라운/현북스[활동지] 우리들의 약속 [여는노래]출발/김동률 http://www.youtube.com/watch?v=mNtyx1kDuAU&list=RDCR43_9XeK-o	① 프로그램 안내 ② 자아존중감 검사(사전검사) ③ 별칭 짓고 자기소개하기/서약서 작성 ④ 셰이프 게임(Shape Game) ⑤ 자료, 그림책, 노래 나누기 ⑥ 좋아하는 물건 가져오기 안내
2	나와 만나기	[그림책] 꽃 한송이가 있었습니다/사이드 글/ 크베타 파코브스카 그림/베틀북/2005 [동영상] 힐링캠프-이효리 내가 너무 불쌍하다(5분-12분) http://healingcamp.sbs.co.kr/vod/best_netv.jsp?uccid=10001314488&st=0&cooper=NAVER [시] 있는 그대로의 내가 좋아/정채봉 [노래] 내 안의 그대/서영은 http://www.youtube.com/watch?v=BTZ_5hQNeLQ [참고자료] 트루칼라-색깔로 만나보는 나	① 내가 좋아하는. (물건, 색깔, 날씨, 사람..) ② 그림책, 시, 동영상 나누기 ③ 나의 인생 곡선(1)-과거, 현재 ④ 한 줄 글로 만나는 내 마음
3	자신과 친구 되기	[그림책] 배낭을 멘 노인/박현경·김운기/문공사 [애니] 배낭을 멘 노인/박현경, 김운기/한국영화아카데미 http://blog.naver.com/PostView.nhn?blogId=nextu37&logNo=10109844816 [노래] 그대가 있음에/양희은 http://www.youtube.com/watch?v=afnvrAWTYYI [시] 오래 흔들렸으므로/구광본 [자료] 감정, 욕구목록 [자료] 모리와 함께한 화요일-너무도 외로웠으니까요	① 나의 나무 그리기 (사포지에 크레파스) ② 그림책, 애니, 노래, 시, 자료 나누기 ③ 감정, 욕구목록으로 만나는 나 ④ 한 줄 글로 나와 친구 되기

4	영원한 순환 —삶과 죽음	[그림책] 내가 함께 있을게/볼프 에를브루흐/웅진주니어 [영상물] 9.11테러-어느날 내가... [노래] 혼자가 아닌 나/서영은(드라마 '눈사람' OST) http://blog.naver.com/btmhj?Redirect=Log&logNo=150177362991 [자료] 모리와 함께한 화요일-오늘이 그날이니?	① 만다라 색칠하기 ② 노래, 자료, 그림책 나누기 ③ 영상물 감상 후 포스트 잇 문자메세지 ④ 나의 인생 곡선(2)-미래 ⑤ 하이쿠 쓰기
5	내안의 꿈 찾기	[그림책1] 꿈꾸는 우산/장윤경/푸른숲주니어 [그림책2] 천 개의 바람 천 개의 첼로/이세 히데코 /천개의 바람 [노래] 나의 꿈/안치환 http://www.youtube.com/watch?v=9lMZcVu9E4g [시] 만일 내가 인생을 다시 산다면/나딘 스테어 [동영상] 그림할머니 http://www.youtube.com/watch?v=4tkJAU1GLGI [활동지] 행복네비게이션 만들기 8단계 [활동지] 자기 성장 보고서 배포	① 자기 긍정 게임 ② 노래, 그림책, 동영상, 시 나누기 ③ 행복네비게이션(1) 만들기 ④ 후속독서동아리 안내/ 자기성장보고서 배포 ⑤ 나의 꿈풍선 날리기
6	나 실현 하기	[그림책] 날마다 멋진 하루/신시아 라일런트/초록개구리 [노래] 감사/김동률 http://www.youtube.com/watch?v=GXn46Qxr_Xg [동영상] 새도우 댄스 http://www.youtube.com/watch?v=SosyNi8JuAg [활동지] 자기 성장 보고서 [활동지] 감사일기 쓰는 법 [자료] 모리와 함께한 화요일-완벽한 하루	① 행복 네비게이션(2)/ 마법게시판 활동 ② 그림책, 동영상, 노래 나누기 ③ 자기 성장 보고서 나누기 ④ 감사일기 쓰기 ⑤ 자아존중감 검사(사후검사) ⑥ 평가지 작성/설문지 작성 ⑦ 후속독서동아리 접수/수료식

☞ 수퍼비전

수퍼바이지 주○○님은 도서관에서 사서로 근무하는 분이다. 그러면서 도서관을 주무대로 독서치료를 활발히 실행하고 있는 독서치료사로서의 역할, 대학원에서 공부를 하는 학생으로서의 역할, 나아가 가정에서는 주부의 역할도 해내고 있는 분이다. 필자는 수퍼바이지를 남산도서관 직무연수 독서치료 과정을 통해 강사와 수강생 입장으로 두 번을 만났는데, 진중하면서도 차분한 느낌을 받았다. 따라서 독서치료 프로그램을 계획하고 실행하는데 있어서도 신중한 면이 있을 것이라 짐작을 해봤다.

1) 목표 설정에 대한 면

수퍼바이지가 제시한 프로그램은 도서관에서 참여자를 모집하기 위한 홍보 자료와 같은 느낌이 짙다. 따라서 종합목표 기술도 명확히 되어 있지 않고, 프로그램의 필요성도 제시 되어 있지 않다. 다만 '목적'에 두 문항으로 제시한 내용이 있는데, 이 또한 명확하지 않고 두 번째 문항은 계획서에 기술하지 않았어야 할 내용이다. 그러므로 이 부분은 전면적으로 수정을 해서 다시 제시를 할 필요가 있는데, 이를테면 프로그램 제목을 '펼쳐라, 새로운 내 인생!'으로 한다면 목표가 자세히 드러나는 제목이 되지 않을까 싶다. 마지막으로 세부 계획표의 항목별 제목은 세션 혹은 회기, 세부목표, 선정 자료, 관련 활동으로 바꾸면 좋겠다. 이어서 세부목표의 흐름이 매끄럽지 못한데, 2세션과 3세션, 5세션과 6세션은 비슷하다는 느낌, 4세션 '영원한 순환'은 맥락에 맞지 않는 느낌이다.

2) 선정 자료에 대한 면

필자는 솔직히 6세션의 프로그램을 계획하면서 이렇게 많은 자료를 넣은 것은 처음 본다. 5세션에는 최대 7개의 자료가 담겨 있는데, 이 자료들을 언제 어떻게 다 활용할 생각인지 궁금한 마음이 먼저 든다. 더불어 참여자들에게 계속 자료만 제시를 하지 않을까 하는 걱정도 든다. 물론 자료의 종류가 다양하다는 장점이 있지만 적정하지 않은 것들도 많아 상승효과보다는 부정적인 결과를 빚을 가능성이 높을 것 같다. 일례로 1세션에 담긴 김동률의 노래 '출발'과 2세션 서영은의 노래 '내 안의 그대'는 참여자들과 어울리지 않는 2~30대 감성의 곡이다.

3) 관련 활동에 대한 면

선정 자료 못지않게 관련 활동 또한 지나치게 많다. 따라서 선정 자료를 수정해 나가면서 관련 활동 또한 간결하게 정하면서 참여자들과 이야기로 소통을 하며 세부목표를 이룰 수 있는 방안을 모색하셨으면 한다.

4) 종합 평가

수퍼바이지 주○○님에게 해드리고 싶은 말을 한 문장으로 정리하자면 '때로는 모자람이 지나침보다 나을 때가 있다'이다. 본 프로그램은 종합목표와 프로그램의 필요성은 매우 부족한 반면 선정 자료와 관련 활동은 지나치게 넘친다는 인상을 준다. 따라서 반대로 실행을 해보실 필요가 있다. 더불어 자료와 활동을 많이 고른 것이 치료사로서의 불안은 아닌지 점검도 해보셨으면 한다. 그러면서 이번 프로그램에 활용하지 못하는 자료 및 활동들은 잘 보관해 두었다가 다른 프로그램 계획 시 활용을 하시기 바란다.

5. 장애인 대상 프로그램

1) 수퍼바이지 김○○:이룸인의 적극적 사회참여를 돕기 위한 독서치료

▶이룸인의 적극적 사회참여를 위한 독서치료 프로그램

1. 프로그램 목표

고등학교를 마치고 대학에 진학하면서 학생들은 지금까지와는 다른 적극적인 사회참여를 꿈꾸게 됩니다. 그런데 이룸 대학에 진학한 참여자들은 경미하지만 지적 장애나 자폐라는 특수한 상황을 안고 있는 것이 사실입니다. 이것은 프로그램 참여자들에게 사회 참여를 적극적으로 하는데 부담스러운 요소가 될 수 있습니다.

프로그램 세션이 짧다는 아쉬움이 있기는 하지만 참여자들이 의사소통 능력이 되고, 장애가 경미하다는 점을 들어 대학 설립 취지를 반영해 적극적인 사회 참여에 필요한 내용을 구성하여 세션을 계획하였습니다. 그래서 참여자들이 8회기 동안 선정자료를 읽고 발문을 하는 동안 동일시와 카타르시스를 경험하고, 통찰을 통해 생활에 적용할 수 있도록 도와 보다 적극적인 사회인으로 발돋움하도록 하는 것을 목표로 하였습니다.

2. 프로그램 구성

1) 참여 기관 및 총 운영 회수 : 군포시장애인종합복지관, 총 8회

2) 운영 요일 및 시간 : 월요일 오전 10시~12시

3) 참여대상 : 이룸 대학 학생들(23~4세, 남 6명, 여 4명)

4) 프로그램 진행 : 김○○·한○○

5) 프로그램 세부계획

세션	세부 목표	선정자료	관련활동
1	마음열기	도서 : 나 시 : 그 아이의 연대기	오리엔테이션, 약속정하기, 인생선그리기(현재), 자기소개
2	욕구 찾기	시 : 가끔 시 : 내가 원하는 것	모방 시 쓰기
3	감정 인식 및 해소	도서 : 쏘피가 화나면, 정말 정말 화나면…	화표현하기(그림), 신문 찢기, 조절하기(풍선)
4	나 수용하기	도서 : 얼룩이 싫은 얼룩소 도서 : 나는 내가 좋아	전신상 그리기
5	소통하기	도서 : 학과 해오라기	대화법 역할극
6	결정능력 기르기	도서 : 할까 말까	활동지 그래 결정 했어
7	진로탐색	도서 : 우체부 슈발 도서 : 나, 화가가 되고 싶어	꿈 목록 쓰기 (북 아트)
8	미래 설계	동영상 : 자서전	인생선그리기(미래), 소감나누기

☞ 수퍼비전

본격적인 수퍼비전에 앞서 '5. 장애인 대상 프로그램'에 담긴 내용들에 대한 이해를 구하자면 다음과 같다.

우선 수퍼바이지들은 휴독서치료연구소의 연구원들로 독서심리상담사 1급과 2급을 갖고 있는 분들이다. 이론 과정과 실습 수련 과정을 모두 마쳤으며, 현장에서 최대 4년 이상 독서치료사로 성실히 활동하고 있는 분들이기도 하다. 따라서 앞서 수퍼비전을 받은 분들과는 수준에서 차이가 있으며, 따라서 수퍼비전 또한 다른 측면에서 실시가 되어야 한다.

이어서 제시된 장애인 대상 프로그램은 2013년 하반기에 실시된 경기도청의 '장애인과 함께 책읽기 사업'에 동참하여, 경기도 내 장애인복지관 10곳에서 실제도 실행된 내용 중 6개를 선정한 것이다. 처음 계획된 프로그램은 실행이 되면서 수정 보완된 부분도 있지만, 수퍼비전은 가능한 처음에 계획된 내용으로 진행하고자 했다. 따라서 본 내용은 장애인 관련 프로그램을 계획하는 분들에게 도움이 될 것이다.

1) 목표 설정에 대한 면
본 프로그램에 참여한 분들은 비교적 장애가 경미하고 의사소통 능력이 된다는 특징이 있다. 또한 나이가 비슷한 분들로만 구성이 되어 있다는 특성도 있다. 따라서 수퍼바이지는 그 부분을 놓치지 않고 프로그램 목표를 설정했음에 대해 기술을 했다.

2) 선정 자료에 대한 면
프로그램에 참여한 분들이 경미한 장애를 갖고 있다고 해도(지적장애 3급) 1세션을 위해 선정한 '그 아이의 연대기'는 어려웠을 것 같다. 그 이외 자료들은 비슷한 수준의 그림책이 대부분이라 참여자들이 이해하고 활동에 참여하는데 무리가 없어 보인다.

3) 관련 활동에 대한 면
관련 활동에 작문 활동이 많아 보인다. 활동지에 적어야 할 분량이 얼마나 되는지 살펴보고, 만약 많은 문장을 기술해야 하는 구조라면 간단하게 수정을 가할 필요가 있다. 기타 미술과 연극 활동에서는 흥미를 갖고 적극적으로 참여할 수 있을 것 같다.

4) 종합 평가

이 프로그램과 향후 제시될 장애인 대상 프로그램들은 모두 8회로 구성이 되어 있다. 따라서 단기이기 때문에 커다란 목표를 세우기가 어렵다는 한계가 있었을 것이다. 이럴 때는 목표를 쪼개고 쪼개서 한 가지 측면이라도 도움이 될 수 있도록 구성을 하는 것이 필요한데, 수퍼바이지는 그런 부분을 놓치지 않았다. 이는 프로그램을 계획하기 전 대상 기관의 담당자와 지속적인 소통을 한 결과일 것이다. 그래서 참여 대상자들을 파악하고 분석한 뒤 필요한 부분을 찾아내고, 그에 따라 자료와 활동을 선정했기 때문일 것이다. 이런 과정과 자세는 초심 수퍼바이지들이 배워야 할 부분으로, 그런 노력 덕분이었는지 프로그램은 좋은 평가 속에 종결이 되었고, 경기도 사업과 무관하게 계속 진행하고 싶다는 요청을 받기도 했다. 이를 통해 노력이 가져오는 결과는 달콤한 열매라는 것을 다시금 느끼실 수 있을 것이다.

2) 수퍼바이지 홍○○:지적 장애인의 사회적응능력 향상을 위한 독서치료

▶ 지적장애인의 사회적응능력 향상을 위한 독서치료 프로그램

1. 프로그램 목표

지적장애인은 사회의 요구에 충분히 적응할 수 있는 능력, 자신의 일을 스스로 처리하는 능력, 동료와 동등한 경쟁을 할 수 있는 능력을 갖고 있지 못하므로 이것이 본질적인 장애요인이 됩니다. 또한 오랜 시설보호와 사회적 요인들로 인해 일상적인 사회활동에 참여할 기회를 얻지 못해 사회 안에서 살아가는 데 필요한 기초지식마저 갖고 있지 못한 경우가 있기 때문에, 지적 장애인들에게는 사회에 적응할 수 있는 능력을 함양시켜 주는 과정이 우선적으로 필요합니다.

따라서 본 프로그램은 치료적 정보를 담고 있는 매체인 문학작품을 나눔으로 인해 지적장애인들이 사회적응능력 향상에 도움을 주는 데 목표가 있습니다.

2. 프로그램 구성

1) 참여 기관 및 총 운영 회수 : 파주시장애인복지관, 총 8회

2) 운영 요일 및 시간 : 월요일 오후 1시 30분~3시

3) 참여 대상 및 참여 가능 인원 : 지적장애인 성인남녀 15명 이내

4) 프로그램 진행 : 홍○○

5) 프로그램 세부계획

세션	세부 목표	선정 자료	관련 활동
1	마음 열기	도서 : 이름보따리	프로그램 소개, 집단 서약서 작성, 별칭으로 자기소개하기
2	감정 인식하기	도서 : 감정은 다 다르고 특별해	다양한 감정 알기 오늘 기분이 어때요?
3	감정 조절하기	도서 : 쏘피가 화나면 – 정말, 정말 화나면…	나만의 화푸는 방법 찾기, 화가 난 풍선, 종이 찢기
4	타인과 관계 증진 1	도서 : 달라서 좋아요	내 친구 소개하기 (나와 다른 점 찾기)
5	타인과 관계 증진 2	도서 : 돌멩이 스프	함께 하는 즐거움 (링 과자 옮기고 함께 나누기)
6	집중력 키우기	도서 : 똑똑한 그림책	메모리 게임!
7	인내심 키우기	도서 : 노란 양동이	도미노 게임, 젠가 놀이
8	감사하는 마음 나누기	도서 : 칭찬받고 싶어요	롤링페이퍼, 소감 나누기

☞ 수퍼비전

1) 목표 설정에 대한 면

수퍼바이지도 기술한 것처럼 지적 장애인들은 사회활동에 참여할 기회가 부족해 그에 필요한 기초 지식이나 적응 능력이 부족하다. 따라서 지속적으로 그 부분에 대한 지원이 필요한데, 본 프로그램은 그 목표를 위해 계획된 것이다. 그러나 세부목표를 보면 '감정'의 측면에 두 세션이나 할애를 하고 있다. 또한 '집중력'과 '인내력' 등 사회 적응능력을 위한 근원적인 능력에 대해 다루고 있다. 물론 그동안 지내면서 겪은 부정적인 마음들이 있을 테고, 그런 마음을 슬기롭게 표출을 시키는 것 또한 중요하고 필요한 작업일 것이다. 더불어 '집중력'과 '인내력'도 높아야 사회에 잘 적응해 나갈 수 있을 것이다. 그러나 짧은 기간이라는 점을 더 고려했다면 실질적인 세부목표를 수립 했어야 한다. 그렇다면 어떤 방안이 있을까? 차라리 4·5세션에 담긴 '관계'의 측면으로만 풀어가는 것도 한 방법일 것이다. 그러면서 그에 따른 감정도 다루고, 나아가 관계를 잘할 수 있는 방안도 실습을 통해 습득할 수 있는 기회를 주었다면 종합목표에 부합이 되는 흐름이었을 것이다.

2) 선정 자료에 대한 면

현 계획서에 담긴 세부목표대로라면 선정 자료가 나쁘지는 않다. 하지만 세부목표를 대폭 수정해야 하는 상황이기 때문에, 그에 따라 선정 자료도 수정이 불가피해 보인다.

3) 관련 활동에 대한 면

관련 활동 역시 마찬가지이다. 계획 작성의 흐름은 세부목표 수립 – 자료 선정 – 관련 활동 선정이기 때문에, 세부목표가 수정되면 모두 함께 수정이 되어야 한다.

4) 종합 평가

수퍼바이지 홍○○님은 프로그램을 계획하고 실행하는 면에 있어 걱정이 많은 분이다. 그런데 이 걱정은 긍정적인 결과를 낳는 경우가 많다. 왜냐하면 그만큼 준비하고 집중을 하며 지속적으로 수정 보완도 가하기 때문이다. 따라서 그 태도를 바꾸시지

않아도 되겠으나, 가끔은 자신의 선택에 대한 믿음을 갖고 추진해 나갈 필요도 있겠
다. 왜냐하면 치료사의 불안이 참여자들에게 전해질 수도 있기 때문이다.

  수퍼바이지 홍○○님은 순발력과 융통성이 있는 분이기도 하다. 따라서 필자가 피
드백을 가하면 발 빠르게 수정을 가하고 치료 현장에서도 융통성 있게 진행을 해나간
다. 이런 점은 치료사에게 반드시 필요한데, 그런 부분에서는 칭찬을 해드리고 싶다.

3) 수퍼바이지 최○○ : 장애인의 긍정적 내 모습 찾기를 위한 독서치료

▶ 장애인의 긍정적인 내 모습 찾기를 위한 독서치료 프로그램

1. 프로그램 목표

본 프로그램은 자신을 알고 좀 더 객관화시켜 자신의 감정과 생각을 긍정적으로 표현해 자신감을 갖고 적극적인 생각을 가져 자신을 표현하게 하고, 함께 어울려 활동하는 모습에서 서로 배려하는 마음을 가질 수 있도록 돕는데 목표가 있다. 프로그램은 장애가 있는 분들이 참여자이고 집단 형태의 구성이라 세부 목표를 간단히 잡고 활동을 통해 흥미를 잃지 않도록 하고자 간단한 게임과 만들기를 통해 참여 할 수 있도록 진행을 구성했다. 다루고 있는 영역으로는 우선 참여자들의 '자기소개'와 '참여동기'가 무엇인지를 첫 회기로, 다음 회기에 '나 알기'를 통해 나를 찾아보고 자신의 문제가 어떤 것인지를 알아, 마지막 세션에 '끊임없이 성장하는 자신의 모습'을 들여다보는 계기를 갖는 것으로 마무리 하고자 한다.

2. 프로그램 구성

1) 참여 기관 및 총 운영 회수 : 의정부장애인복지관, 총 8회

2) 운영 요일 및 시간 : 월요일 오후 1시 30분~3시

3) 참여 대상 및 참여 가능 인원 : 지적장애인 성인남녀 20명 이내

4) 프로그램 진행 : 최○○

5) 프로그램 세부 계획

세션	세부 목표	선정 자료	관련 활동
1	프로그램 안내, 자기소개	도서 : 세상에서 가장 긴 이름 시 : 내 00참 신기하지요?	활동지, 이름 꾸미기
2	나 알기 1 - 나 알리기	도서 : 느끼는 대로	나를 들여다 보기 -스크래치
3	나 알기 2 - 감정	도서 : 화내지 말고 예쁘게 말해요	나의 얼굴 표현하기
4	나 알기 3 - 자신감	도서 : 내 귀는 레몬 빛	나의 장점 단점
5	문제 해결 1 - 지혜와 용기	도서 : 뾰족산에 사는 작은 리토라	약 처방하기
6	문제 해결 2 - 긍정적인 면 보기	도서 : 난 네가 부러워	긍정적인 말하기
7	나의 미래	도서 : 내가 바라는 건요	활동지
8	도전	도서 : 비행 꼬꼬 웰리, 도서 : 너는 어떤 씨앗이니?	풍선 비행기 날려보기(나의 꿈)

☞ 수퍼비전

1) 목표 설정에 대한 면

이 프로그램의 종합목표는 '긍정적인 내 모습 찾기'이다. 긍정적인 내 모습은 결국 자아존중감이나 자기효능감의 측면으로 보이는데, '1. 프로그램 목표'에 기술한 내용을 보면 '자신을 알고 좀 더 객관화시켜 자신의 감정과 생각을 긍정적으로 표현해 자신감을 갖고 적극적인 생각을 가져 자신을 표현하게 하고'라는 내용에서 자세한 의도를 확인할 수 있다. 그런데 과연 참여자들이 기술하신 바대로 해낼 수 있을 것인가는 의문이다. 이는 세부목표를 봤을 때에도 든 생각인데, 그 흐름이 나쁘지는 않지만 일반 성인들을 대상으로 한 프로그램처럼 보인다. 따라서 목표들이 갖고 있는 깊이와 넓이에 대해 다시 한 번 생각을 해보셨으면 한다.

2) 선정 자료에 대한 면

현 계획서에 담긴 세부목표대로라면 선정 자료가 나쁘지는 않다. 하지만 세부목표에 대한 깊이와 넓이를 고려했을 때 수정이 필요하다면 선정 자료도 수정이 불가피해 보인다. 또 한 가지 덧붙이자면, 왜 치료사들은 '감정'을 이야기할 때면 '화(분노)'를 중심으로 자료 선정을 하는지 모르겠다. 아시다시피 감정의 스펙트럼은 다양하다. 그러므로 여러 감정이 두루 표현될 수 있는 자료를 선정해 활용하시기 바란다.

3) 관련 활동에 대한 면

자료가 바뀌면 관련 활동 역시 수정이 될 것이다. 따라서 현재 들어가 있는 활동 중심으로 피드백을 가하자면, 그 세션에 어떤 활동을 할 것이라는 것은 짐작이 되지만 어떻게 할 것인가에 대한 궁금증이 남는다. 예를 들어 3세션의 '나의 얼굴 표현하기', 4세션의 '나의 장점 단점', 5세션의 '약 처방하기', 6세션의 '긍정적인 말하기'가 그런데, 따라서 보다 세부적인 표현이 되어 있었더라면 좋았을 것 같다.

4) 종합 평가

수퍼바이지 최○○은 평소 감각을 지향하는 분이다. 이런 특성은 프로그램을 계획하면서 자료와 관련 활동을 선정할 때 고스란히 반영된다. 하지만 이 프로그램에서는 그런 특성을 발견할 수가 없고 명확하지 않은 측면들이 더 많이 보여 아쉬웠다. 따라서 명료하도록 프로그램 목표부터 수정을 했으면 한다. 현재 담겨 있는 내용은 문장이 길다는 느낌을 주는데, 일단 문장을 잘라서 길이를 줄이는 것도 한 방법이다. 더불어 세부목표에 따라 선정 자료와 관련 활동도 검토를 하셨으면 한다.

4) 수퍼바이지 조○○ : 지적장애 성인의 주체적 자기표현과
관계 형성을 위한 독서치료

▶지적 장애 성인의 주체적 자기표현과 관계 형성을 위한 독서치료 프로그램

1. 프로그램 목표

장애인은 그들의 개인적인 한계로 인해 보호받아야 하는 존재, 사회에 적응하도록 훈련받고 통제받아야 하는 존재로만 인식되어 왔다. 이러한 편견은 그들의 감정과 의사, 욕구를 무시하고 표현의 기회마저 빼앗은 채 그들을 피동적인 존재로 만들고 있다. 삶에서 주체성은 행복감이나 자존감 등 삶의 질을 높이는 중요한 요소이다. 이는 장애를 가진 이들에게도 예외일 수 없다.

본 프로그램은 취업 훈련 프로그램에 참여하고 있는 지적 장애 성인 집단을 대상으로 그들의 주체적인 자기표현과 관계 형성을 그 목표로 한다. 그들로 하여금 자신의 감정과 욕구를 드러내고 인정받는 것에서부터 집단 내 관계에서도 표현과 행동의 주체가 될 수 있도록 기회를 마련하고자 한다. 짧은 기간이나마 이러한 경험을 통해 그들의 집단 내 관계에도 활력을 주고 행복감과 자존감 향상으로도 이어지기를 기대한다.

2. 프로그램 구성

1) 참여 기관 및 총 운영 회수 : 안산시장애인복지관, 총 8회

2) 운영 요일 및 시간 : 목요일 오후 1시 30분~3시

3) 참여 대상 및 참여 가능 인원 : 지적장애인 성인남녀 14명

(지적장애 2·3급 취업 훈련 중인 분들)

4) 프로그램 진행 : 조○○

5) 프로그램 세부 계획

세션	세부목표	선정 자료	관련 활동
1	소개하며 친해지기		프로그램 소개, 서약서 작성, 이름표 만들기, 나 소개 & 인터뷰
2	내 마음 알기	[도서] 내 마음을 보여줄까?	지금 내 마음은, 감정 이름과 연관 짓기
3	'화' 감정 해소하기	[도서] 쏘피가 화나면 정말 정말 화나면	화난 경험 나누기, 화 풀기 게임
4	욕구 표현하기	[도서] 내가 여럿이라면	내가 여럿이라면 _내가 하고 싶은 것 vs 하기 싫은 것
5	관계 능력 기르기 _경청	[도서] 내 말 좀 들어 주세요, 제발	말 전달 게임, 스피드 퀴즈
6	관계 능력 기르기 _칭찬	[도서] 조지와 마사	다트와 함께 하는 칭찬 릴레이
7	친밀감 키우기	[도서] 빨간 사과 하나	눈감고 인간 터널 지나기, 서로에게 책 선물하기
8	마무리	[도서] 악어가 최고야	손바닥 책 만들기 _내가 최고야&너도 최고야, 활동 파일 받기, 소감 나누며 마무리

☞ 수퍼비전

1) 목표 설정에 대한 면

이 프로그램의 종합목표는 '주체적 자기표현과 관계 형성'이다. 결국 피동적인 존재로 살아가는 장애인들도 자신의 행복을 위해 스스로 기회를 만들 수 있도록 도와야 한다는 취지로 보이는데, 필자의 생각이 맞다면 '주체적'보다는 '능동적'이라는 단어가 어떨까 싶다.

이 프로그램에 참여를 한 분들은 취업 훈련을 받고 있는 상황이다. 물론 참여자들이 어떤 취업 훈련을 받고 있는지 명시되어 있지는 않고, 장애가 있다는 전제가 있기 때문에 복잡하고 어려운 일이 아닐 거라는 점도 짐작이 된다. 그럼에도 불구하고 많은 장애인들 중에서 선발이 되었을 거라는 면에서 기능이 좋은 편이고, 따라서 의사소통도 원활할 거라는 느낌이 든다. 만약 그렇다면 그 부분도 함께 기술이 되었더라면 하는 아쉬움이 남는다.

세부목표의 흐름에서도 아쉬움은 이어지는데, 그 이유는 종합목표가 '주체적 자기표현'임에 반해 관계 쪽으로 흘러갔기 때문이다. 따라서 관계 이전에 '나'라는 측면에서 충분히 다루어질 수 있도록 수정을 했으면 한다.

2) 선정 자료에 대한 면

독서치료에서 자료는 치료를 돕는 촉매로서의 역할을 한다. 따라서 치료사는 종합목표 및 세부목표, 참여자를 고려해 적정 자료를 선정하고 제시한 뒤 발문을 통한 상호작용을 추구해 나가야 한다. 그런 측면에서 1세션은 참여자들에게 독서치료의 특성과 효과를 인식시킬 수 있는 기회이기 때문에 매우 중요하다. 따라서 적정 자료를 반드시 선정하라는 주문을 하는데, 이 프로그램의 1세션에는 선정 자료가 없다. 물론 첫 세션이기 때문에 프로그램 소개와 서약서 작성, 서로를 소개하는 작업이 중요하지만, 그 활동으로 이끌어 가는 과정에 도움이 될 자료를 선정해 제시했어야 한다.

3) 관련 활동에 대한 면

치료사는 활동을 통해 얻은 결과물을 잘 보관해서 평가 보고서를 작성하는데 도움

자료를 활용해야 함은 물론이고, 참여자들의 요청이 있을 경우 돌려줄 의무와 책임이 있다. 그런 측면에서 8세션에 '활동 파일 받기'가 담겨 있는 점이 눈에 띈다. 더불어 작문만이 아니라 게임과 놀이도 적절히 섞여 있어 체험을 통해 학습이 될 수 있겠다.

4) 종합 평가

수퍼바이지 조○○님은 평소 자기 생각을 조리 있게 말씀하는 스타일이다. 그래서 자기주장이 확실하고, 그것을 표현할 수 있는 능력도 갖춘 분이라 여겨졌다. 어쩌면 그 특성이 종합목표에 녹아든 것이 아닌가 싶다. 그러나 세부목표에서는 '나'보다 '관계'를 더 지향한 면이 있어 아쉬웠다. 따라서 참여자들이 자신을 더 생각해 보고, 이어서 자신만의 방법과 능력의 범위 내에서 충분히 표현을 할 수 있는 기회, 나아가 소통을 할 수 있는 방법으로 표현할 수 있는 기회를 제공하면서 관계를 지향했다면 더 좋은 프로그램이 되지 않았을까 생각한다.

5) 수퍼바이지 전○○ : 책읽기를 통한 자기 이해하기 독서치료

▶ 책읽기를 통한 자기 이해하기 독서치료 프로그램

1. 프로그램 목표

장기간에 걸친, 일상생활과 사회생활의 무수한 제약 속에서, 행복을 추구하는 삶, 건강한 삶을 영위하려는 인간의 노력은 '자기 이해'에서부터 시작될 수 있다. 자기이해란 자신의 지각, 감각, 정서, 인식, 사고의 작용을 통해서 자기의 주관적 현실과 객관적 현실의 식별을 명확히 하면서 주체적 자기, 객체로서의 타자(他者), 객체로의 자기, 자기와 타자(他者)와의 상호관계를 파악하는 태도를 말한다. 사람들은 "남이 어떻게 알아, 내가 나를 제일 잘 알지"라고 쉽게 말하다가도, "내 마음 나도 몰라"라고 쉽게 부정하기도 한다. 그만큼 '자기 자신을 안다는 것'은 알쏭달쏭 어려운 일지도 모른다. 그러나 중대한 일인 것만큼은 확실하다. '자기 자신을 안다는' 이 중대한 일은 무엇인가를 쌓아올릴 수 있는 토대가 될 수도 있고, 나 자신을 변화시키는 계기가 될 수도 있고, 또한 나 자신을 비난하거나 파괴하기 전에 나 자신이 '나'를 용서할 수 있는 기회가 될 수도 있기 때문이다.

본 프로그램에서는 여러 가지 정신적, 신체적으로 어려운 문제에 직면하는 참여자에게 자기 자신을 객관적으로 돌아보고 자신을 이해하는 시간을 갖고 나아가 긍정적인 자존감을 가질 수 있도록 돕고자 한다.

2. 프로그램의 구성

1) 참여 기관 및 총 운영 회수 : 시흥시장애인복지관, 총 8회

2) 운영 요일 및 시간 : 화요일 오전 10시~12시

3) 참여 대상 및 참여 가능 인원 : 성인(신체장애)남녀 15명

4) 프로그램 진행 : 전○○·최○○

5) 프로그램 세부계획

세션	세부 목표	선정 자료	관련 활동
1회	마음 열기	도서 - 나, 만희네 집	·프로그램소개 ·우리들의 규칙(서약서) ·자기소개 ·우리집을 소개합니다
2회	나의 과거	도서 - 할아버지의 바닷속 집	·나의 성장앨범 만들기(꼴라쥬)
3회	나의 현재	도서 - 빨간 나무, 내 다리는 휠체어	·인생선 ·내 인생에서 가장 중요한 사건
4회	내가 보는 나	도서 - 나는 나야 시 - 나는 누구인가	·나는 누구인가 ·가치관 경매 ·내가 버리고 싶은 것, 갖고 싶은 것
5회	남이 보는 나	도서 - 사람마다 보는 눈이 달라요, 왜 내가 이상하니?	·알리고 싶은 나 ·남이 보는나, 내가 보는 나
6회	내안의 욕구 찾기	도서 - 나 화가가 되고 싶어	·내가 하고 싶은 일
7회	나 수용하기	도서 - 난 내가 좋아 산문 - 사람은 모두가 꽃이다 (모두가 장미일 필요는 없다)	·칭찬 릴레이
8회	다시 나에게 돌아가기	시 - 나한테 나 돌아가기	·자신 있게 말할 수 있는 나 ·소감나누기

☞ 수퍼비전

1) 목표 설정에 대한 면

이 프로그램은 신체장애를 갖고 있는 성인들을 위해 계획되었다. 따라서 다른 장애인 프로그램과는 대상에서 차이가 있다. 프로그램을 진행한 수퍼바이지 전○○님은 신체장애만 있는 분들을 만난 것이 행운이었다고 말씀하셨는데, 이유는 독서치료의 특성 때문이다. 아시다시피 독서치료는 치료사가 세션별로 적정 자료를 제시하고 참여자들이 그것을 읽은 뒤 이해를 바탕으로 상호작용을 나누는데 의미를 둔다. 따라서 지적인 장애가 있는 분들이 아니기 때문에 상호작용이 원활할 가능성이 훨씬 높았을 것이다.

이 프로그램의 종합목표는 '책읽기를 통한 자기 이해'이다. 그런데 진술했듯이 독서치료는 읽기를 바탕으로 하기 때문에 제목에 굳이 책읽기를 넣을 필요가 없다. 대신 '신체장애인의 자기 이해 증진을 위한 독서치료 프로그램' 정도로 수정이 되면 좋겠다. 더불어 '1. 프로그램 목표'를 읽다 보면 오타(어려운 일지도 → 어려운 일일지도) 및 띄어쓰기에서의 오류가 보이는데, 바로 잡을 필요가 있다. 마지막으로 세부목표의 흐름은 괜찮아 보인다.

2) 선정 자료에 대한 면

각 세션별 선정 자료를 보면 직접적으로 장애를 다룬 책을 두 권 선정(3세션과 5세션)하고 있다. 이 점 역시 다른 수퍼바지이들과의 차이인데, 적정 위치에 적정 자료가 들어가 있다고 평가할 수 있다. 다만 참여자들 중 직면을 시키는 면에 있어서 불편함을 토로할 수도 있으니, 3세션 이전에 파악된 내용을 바탕으로 수정이 필요하면 다른 자료로 교체를 하는 것도 좋겠다. 더불어 2세션의 '할아버지의 바닷속 집'도 주인공이 할아버지가 아니면서 과거를 회상하는 내용의 자료가 있다면 찾아보셨으면 한다.

3) 관련 활동에 대한 면

신체장애가 있는 분들은 아무래도 움직임에 어려움이 있다. 따라서 연극 활동 등 움직임이 있는 활동은 배제가 된 것을 확인할 수 있다. 대신 간단히 활동지를 작성한 뒤 이야기를 나누는 활동, 콜라주 등의 미술 활동이 담겨 있다. 따라서 차분한 분위기 속에 프로그램이 진행될 거라는 예상을 할 수 있겠는데, 참여자들 자신에게는 많은 역동이 유발될 수 있도록 이끌어 주셨으면 한다.

4) 종합 평가

수퍼바이지 전○○님은 긍정 에너지를 많이 갖고 계신 분이다. 따라서 함께 하는 사람들에게 항상 웃음을 주는 장점을 갖고 있다. 이런 특성은 신체장애가 있는 분들과의 프로그램에서도 발휘가 되었을 것으로 예상되고, 그 결과 또한 좋았을 것이라 짐작이 된다. 하지만 참여자들 스스로 깊이 있는 이야기를 꺼내놓았는지 궁금하기는 하다. 왜냐하면 치료사에게 긍정 에너지가 많아 잘 웃고 활기차게 진행을 하기 때문에, 오히려 어두운 이야기를 꺼내는 것이 부담스러울 수 있다. 더불어 자신의 고민이나 걱정을 있는 그대로 수용해 주는 대신, 아무 일도 아니라는 식으로 대수롭지 않게 여길지 모른다는 생각이 들 수도 있기 때문이다. 그러므로 치료사는 어느 한쪽으로 너무 과하거나 부족하지 않은 모습일 필요가 있다. 이 부분은 수퍼바이지 전○○님께서 스스로 점검해 보시기 바란다.

6) 수퍼바이지 이○○ : 성인 지적 장애인의 의사소통능력 향상을 위한 독서치료

▶성인 지적 장애인의 의사소통능력 향상을 위한 독서치료 프로그램

1. 프로그램의 목표

지적 장애인은 대화기술이 부족하여 다른 사람과의 상호작용에 어려움을 겪게 됩니다. 상대방과 대화를 할 때 자기에게 초점이 있어서 상대방의 언어적. 비언어적 메시지를 정확하게 파악하기 어렵습니다. 이런 이유로 타인과의 관계에서 오해를 불러일으키기 쉽고, 관계에 어려움을 경험하게 됩니다. 이는 지적 장애인이 자신이 속한 사회에서 거부당했다는 좌절감과 소외감을 경험하게 하고, 이들이 사회 속에서 어울려 살아가는 데 자신감을 잃게 합니다. 이들이 사회적 기술의 하나인 대화 기술을 습득하여 사회의 한 구성원으로서 당당히 설 수 있도록 돕는 것은 무엇보다 필요한 일입니다.

따라서 본 프로그램은 치료적 정보와 문제 해결을 배울 수 있는 문학작품을 꾸준히 읽고, 집단 참여자들과의 상호작용을 통해 대화 기술을 익힘으로써 자신이 속한 사회 구성원으로서 적응하는 것을 돕고자 계획하였습니다.

2. 프로그램 구성

1) 참여 기관 및 총 운영 회수 : 수원시장애인복지관, 총 8회

2) 운영 요일 및 시간 : 금요일 오전 10시 30분~12시

3) 참여 대상 및 참여 가능 인원 : 성인 15명 (지적장애, 자폐)

4) 프로그램 진행 : 이○○・문○○

5) 프로그램 세부계획

세션	세부 목표	선정 자료	관련 활동
1	마음 열기	광고 - 안녕하세요? 도서 - 친구를 찾습니다	프로그램 소개, 자기소개, 약속정하기
2	대화기술 익히기 1 (몸짓, 표정)	도서 - 우리는 손으로 말해요 이미지 - 몸짓, 표정	알아맞히기 게임
3	대화기술 익히기 2 (말)	알리키 인성교육 3 : 대화	역할 연습 (상황 제시)
4	대화기술 익히기 3 (경청)	도서 - 딴 생각하지 말고 귀 기울여 들어요	경청 연습 (거울 놀이)
5	대화기술 익히기 4 (고운 말 사용)	도서 - 쉿, 나쁜 말은 안 돼요	나쁜 말 찾기 → 고운 말로 바꿔주기
6	대화기술 익히기 5 (효과적으로 거절하기)	도서 - 아무 말도 못 하고	거절 연습 (상황제시)
7	대화기술 익히기 6 (글)	도서 - 탁탁 톡톡 음매~ 젖소가 편지를 쓴대요	편지쓰기 (가족·친구·동료 등)
8	상호작용하기	도서 - 우리 모두 다함께	협동화 그리기 소감 나누기

☞ 수퍼비전

1) 목표 설정에 대한 면

이 프로그램의 종합목표는 아주 구체적이다. 제목에는 '의사소통능력 향상'이라고 적었지만, '1. 프로그램 목표'에 기술한 내용을 보면 그것을 다시 좁혀 '대화 기술을 익힐 수 있도록 도와 적응을 돕는 것'이라고 되어 있다. 더불어 세부목표의 흐름 역시 그 범위로만 좁히고 있어, 목표는 아주 구체적이고 명확해 보인다.

2) 선정 자료에 대한 면

이 프로그램을 위해 선정한 자료들은 종합목표 및 세부목표, 참여자를 고려한 적정 자료들로 보인다. 다만 복지관에서 여건이 가능했다면 각 세션을 마무리 지을 때 적정 동영상을 보여주었더라면 어땠을까 하는 생각이 든다. 왜냐하면 대화는 사람들과 해야 하는 것이므로, 드라마나 영화 등의 장면이 도움이 될 거라 생각되기 때문이다.

3) 관련 활동에 대한 면

이 프로그램을 위해 선정한 활동은 주로 상황에 따른 역할극이 주가 된다. 따라서 참여자들에게 무엇인가 어려운 것을 쓰게 하는 부담은 주지 않을 테지만, 어떤 상황을 어떻게 제시하느냐에 따라 변수가 될 것 같다.

4) 종합 평가

수퍼바이지 이〇〇님은 장애인 관련 프로그램을 몇 년째 진행하고 있다. 따라서 다른 수퍼바이지들보다 장애인들을 잘 이해할 가능성이 높다. 그 결과인지 프로그램의 목표가 아주 명확한 점이 돋보인다. 더불어 지적 장애인들이기 때문에 쓰기 활동에 집중하기보다 실질적인 연극 활동으로 구성을 한 점도 적절해 보인다. 다만 구체적이면서도 쉬운 상황 제시와 설명이 뒤따라야 효과를 볼 것이다.

♣ 수퍼바이지 소감 – 수퍼비전을 말하다

사회가 디지털화로 급진전하면서 사람들의 아날로그적인 정서에 대한 동경은 깊어지는 것 같다. 지금까지 몸이 화두라면 앞으로는 마음이 화두가 되지 않을까? 그림과 음악처럼 책이 치유의 역할을 하는 것이 공공도서관에 근무하는 사서의 눈에는 넘보고 싶은 매력적인 분야로 다가왔다.

그렇게 시작한 임성관 선생님과의 독서치료프로그램을 심화과정까지 무사히(…) 마쳤다. 기초과정을 할 땐 일곱 마리 눈먼 생쥐가 코끼리를 만지는 것만 같았다. 물론 지금도 여전히 어렵다. 그럼에도 불구하고 심화과정을 계속하여 수강한 이유는 끈기 있는 나의 성품(?)과 임상경험이 풍부한 선생님의 강의를 가까운 곳에서 함께 할 수 있다는 행운을 놓치고 싶지 않아서였다.

심화과정 프로그램의 꽃은 나만의 독서치료 프로그램을 짜서 여러 동학(수퍼바이저)들 앞에서 수퍼비전을 받는 것이었다. 강의 첫 시간, 선생님께서 수퍼비전에 관하여 언급하실 땐 먼 훗날 일일 거라고만 생각했지 몇 달 후 닥칠 고단함은 전혀 예상치 못하였다. 그러나 그 시간은 생각보다 빨리 다가왔다.

중학생인 큰아이를 생각하며 '청소년 자아정체성 확립을 위한 독서치료 프로그램'을 만들기 위해 논문, 이론서, 상황별 도서목록 등 많은 관련 자료들을 책 먹는 아이처럼 먹어 치웠다. 그러나 목표부터, 대상, 인원, 시간, 자료, 관련 활동을 선정하는 것에 있어 어느 것 하나 쉬운 것이 없었다. 그래도 열심히 공부하고 준비해서 프로그램을 완성하고, 임성관 선생님과 동료들에게 수퍼비전과 피어비전을 받고 난 후의 기분은 둘째를 낳았을 때의 홀가분함과도 같았다.

그처럼 막연하고 힘들게 수퍼비전을 받았지만, 그간 이루어진 깊이 있는 책 읽기와 더불어 다양한 매체와 text의 활용을 배워가는 과정은 지금껏 스쳐지나가던 보석들을 재발견하는 시간들이었다. 그리고 책은 혼자 읽을 때보다 함께 나누면 재미도 있고 힘도 세진다는 것을 다시금 알게 해 주었다.

– 수퍼바이지 김○○

어떤 프로그램을 하나 만든다는 것은 굉장히 힘든 작업입니다. 대상을 정하는 것에 서부터 프로그램의 목표를 정하고, 다시 세부목표를 정하고, 자료를 찾고, 그에 맞는 활동까지 일관성 있게 연결해 간다는 것은 폭넓은 지식과 안목을 필요로 한다는 것을 새삼 깨닫게 되었습니다.

제가 만든 프로그램 '꿈을 향한 일기장'은 내일에 대한 막연함과 '나는 할 수 없어'라고 생각하는 마음에 자신감을 불어 넣어 주고 싶은 바람을 담았습니다. 뭔가를 하기도 전에 할 수 없다는 마음으로 접어야 하는 일들이 의외로 많다는 생각을 했습니다. 그러면서도 마음 한 곳에서는 늘 그것에 대한 동경이 남아 자신을 혼란의 나락으로 끌고 가지요. 주제부터가 너무 추상적이고 난해했을까요? 그래서인지 어떤 부분은 바로 와 닿지 않은 부분들도 있었던 것 같습니다. 이 프로그램에는 평소 제가 힘들고 어려움에 처했을 때 제 자신을 북돋으며 위안을 주던 것들을 많이 넣었습니다. 그러다 보니 자료 선정에서 수준 차이가 많이 났던 것 같습니다.

프로그램을 계획한다는 것도 힘들고 중요하지만 또 무엇보다 중요한 것은 그 프로그램을 끌고 가는 역량이라는 생각을 했습니다. 프로그램에 참여하는 내담자 및 참여자들에게 권위 있는 모습과 확고한 신뢰감을 줄 수 있어야 하니까요. 수퍼비전을 받으면서 많은 것을 깨닫고 생각하게 되었습니다. 비로소 독서치료에 한 발 나아간 느낌이랄까요? 앞으로 더 많은 사람들을 만나고 배우며 열심히 공부를 하겠지요. 독서치료는 그저 책을 읽는 것만으로도 절반은 치료가 된다니 앞으로도 책은 정말 많이 읽어 볼 계획이랍니다. 열심히 지도해주신 임성관 선생님께 감사의 말씀을 드립니다.

－ 수퍼바이지 박○○

기초과정이 독서치료란 무엇인가에 대한 답이 되었다면, 심화과정은 독서치료를 위해 무엇을 해야 하는가를 배우는 시간이었다. 특히 수퍼비전은 과정동안 배운 것들에 자신의 생각을 넣어, 새롭게 배치하고 해석하며, 자신만의 독서치료 틀을 짜는 작업이기도 했다.

하지만 수퍼비전은 설계한 프로그램의 내용이 아니라 마치 내 자신이 평가되는 느낌으로 다가와 무척 부담스러웠다. 그럼에도 불구하고 반드시 필요한 시간이었음을 인정한다. 왜냐하면 객관적인 시각들을 통해 부족한 점과 간과한 부분들을 알고 보완할 수 있는 기회를 주었기 때문이다.

책 안에 작가의 삶이 녹아있듯이, 수퍼비전 안에도 수퍼바이지 개개인의 삶이 담기는 듯하다. 누군가를 위한 독서치료 프로그램을 만드는 시간들이, 한편으로는 내 삶에 대한 수퍼비전을 가져보는 자리가 되어주기도 했다.

따라서 새로운 좋은 책과 글들로 내 자신을 먼저 채워 나가야 할 것 같다. 나는 우연히 만난 글 하나가 우리 삶에 주는 힘을 확신한다. 그러기에 이 작업들이 계속 재미있을 거 같다.   ― 수퍼바이지 신○○

임성관 선생님의 지도하에 '독서치료 프로그램'을 계획할 때만해도 수퍼비전의 필요성을 그다지 느끼지 못했다. 하지만 막상 수퍼비전을 받게 되자, 독서치료 현장에서의 오랜 경험으로 프로그램의 부족한 부분을 정확히 짚어내는 선생님에게 고개를 끄덕이지 않을 수 없었다. 동시에 다른 동료들이 수퍼비전을 받는 모습을 보면서 프로그램의 장단점을 보는 눈을 기르게 됐다. 앞으로 독서치료 프로그램을 진행하게 되면 제자라는 명목으로 선생님을 많이 괴롭혀드리지 않을까 싶다.

                                           ― 수퍼바이지 고○○

♣ 나가기

또 한 권의 책을 끝냈지만, 이번만큼은 그 어느 때보다도 부끄러운 마음이 앞선다. 왜냐하면 필자가 정말 독서치료 수퍼바이저로서의 자격을 갖추고 있는가 하는 생각이 머릿속을 떠나지 않았기 때문이다. 그럼 떳떳하게 나설 수 있을 때 책을 썼으면 됐지 않았느냐고 말씀하실 분도 계실 텐데, 그 말씀이 백번 천 번 옳다. 하지만 필자는 부족하더라도 이 책을 꼭 쓰고 싶었다. 왜냐하면 엄격히 말해 우리나라에는 독서치료 수퍼비전을 제대로 해 줄 수 있는 수퍼바이저가 없기 때문이다. 역시 필자의 생각에 이견이 있는 분들도 계시겠지만, 아무리 설득과 위협을 가한다 해도 그 소신에는 변함이 없을 것이다. 왜냐하면 수퍼바이저는 수퍼바이지가 요청하는 수퍼비전 활동에서 도움을 주어야 하는 사람이다. 더불어 치료를 받으러 온 내담자 및 참여자의 안녕을 함께 돕는 사람이다. 그러려면 이론적인 배경은 물론이고 다양한 현장에서 다양한 대상들과 다양한 목표를 위한 치료 작업을 해 본 경험이 있어야 한다. 하지만 그런 분들이 없다. 이론적인 면이야 얼마간이든 공부를 하셨겠지만, 현장에서의 경험은 미천한 분들이 부지기수다. 그럼에도 불구하고 수퍼바이저로 활동을 하고 있다. 이건 또 다른 범죄이지 않을까?

필자는 2004년부터 휴독서치료연구소를 설립해 운영하며 다양한 장면에서 다양한 내담자 및 참여자들을 만나며 다양한 목표의 프로그램을 진행해 왔다. 그 사례들을 정리하며 12회 이상 되는 집단 치료 프로그램의 운영 횟수를 헤아려 보니 벌써 80회가 넘었고, 12회 이하의 프로그램까지 합하면 150회가 넘어 있었다. 물론 그 안에는 운영에 실패한 프로그램도 있고 정말 잘 된 것들도 있지만, 어쨌든 혼자 모든 환경을 만들어 가며 작업을 해냈다는 점에 의미를 부여하고 싶다. 사실 이는 굉장한 기록이자 노력의 산물이다. 그래서 필자는 우리나라에서 활동 중인 그 어떤 독서치료전문가나 독서치료사들보다 현장 경험이 월등히 많다고 자부를 하고, 이런 면들에 더해 대학원에서 상담심리를 전공한 이론적 배경을 접목하면 완벽하지는 못해도 다른 수퍼바이저에 비해 훨씬 좋은 내용의 수퍼비전을 해줄 수 있다는 자신감도 있다. 마침 독서치료 심화과정에서 반드시 프로그램을 계획해 수퍼비전을 받아야 하는 수강생들도 있었기에, 그분들의 도움을 받아 더욱 도약하기 위한 도전을 한 셈이다.

이 책은 이런 목적으로 활용되기를 다시 한 번 바란다. 우선 독서치료사 자격을 취득했지만 한 번도 프로그램을 계획해 본 적이 없는 분, 현장에서 코리더나 리더로서의 경험이 없는 사람으로서 프로그램을 짜야 하는 분, 수퍼바이저로 활동은 하고 있지만 제대로 된 수퍼비전을 해주지 못하고 있다며 양심의 가책을 받고 있는 분, 그런 분들은 반드시 구해서 꼼꼼하게 읽어 보시라. 만약 그렇게 한다면 프로그램을 어떻게 계획해야 하는가에 대해서는 물론이고, 이런 부분에 이르기까지 수퍼비전을 해주어야 하는 것이라는 점을 깨달을 것이다. 그래도 부족하면 직접 필자에게 수퍼비전을 받으러 오는 경험을 하는 것도 좋다. 책을 통한 만남보다 훨씬 실제적일 것이고, 어떤 오해도 발생하지 않을 테니까.

다시 한 번 감사 인사 올리며, 어떤 측면에서든 더욱 발전하는 독서치료 분야가 되기를 기대해 본다.

▲ 저자 임성관

♣ 학력사항
한국사이버정보대학원 졸업
중앙대학교 교육대학원 사서교육전공 석사 졸업
서울불교대학원대학교 상담심리전공 석사 졸업
경기대학교 일반대학원 문헌정보학과 박사 졸업
한국독서치료학회 독서치료전문가과정 1기 수료
숙명여자대학교 사이버교육원 아동교육전문가과정 독서치료 1기 수료

♣ 경력사항
휴독서치료연구소 소장
경기대학교 교육대학원 사서교육전공 강사
숭의여자대학 문헌정보과 강사
대한출판문화협회 올해의 청소년도서 선정·보급사업 심사위원
한국독서교육학회 섭외이사 및 독서치료분과장
경기도립성남도서관 독서서포트단 자문위원
인천화도진도서관 독서심의위원

♣ 저작현황
2013년 : 『성인을 위한 독서치료 1』
2012년 : 『색깔』, 『노인을 위한 독서치료』
2011년 : 『독서치료의 모든 것』, 『(자녀의 독서를 고민하는) 엄마들의 책』, 『독서치료에
　　　　서의 문학작품 활용』
2010년 : 『독서치료 수퍼비전의 실제』, 『책과 함께하는 마음 놀이터 4』, 『독서 : 교육·지
　　　　도·상담·코칭·클리닉·치료』, 『열두 가지 감정 행복 일기』
2009년 : 『초등 학습능력 올리는 독서코칭』, 『책과 함께하는 마음 놀이터 3』, 『책과 함
　　　　께하는 마음 놀이터 2』, 『우리 아이 마음 채워줄 책 한 권』
2008년 : 『책과 함께하는 마음 놀이터 1』, 『책 좋아하는 아이 만들기』
2007년 : 『독서치료 연구』, 『독서치료 프로그램의 실제』
2005년 : 『시 치료』

♣ 연구현황
「읽기 부진아를 위한 독서치료 프로그램 연구」
「독서치료 효과에 관한 실행연구 : 부모와 자녀의 상호작용 증진을 중심으로」
「독서치료 효과 증진을 위한 수퍼비전 실행 연구」
「노년기 치료적 독서 활동 필요성에 관한 연구」 등 다수

【개정판】 독서치료수퍼비전의 실제

▶
초 판 2 쇄 | 2023년 9월 25일
저   자 | 임 성 관
펴 낸 이 | 권 호 순
펴 낸 곳 | 시간의물레

▶
등   록 | 2002년 12월 9일
주   소 | (10888)경기도 파주시 숲속노을로 150 708-701
전   화 | (031)945-3867
팩   스 | (031)945-3868
전자우편 | timeofr@naver.com

▶ ISBN 978-89-6511-085-9 (93010)

정가 20,000원
ⓒ 임성관 2014